© 2015 Christophe COUPEZ
Illustration : Fotolia.com
Edition : BoD - Books on Demand
12/14 rond-point des Champs Elysées
75008 Paris
Imprimé par BoD Books on Demand, Norderstedt, Allemagne
ISBN : 9782322018710
Dépôt légal : juin 2015

PENSER AUTREMENT

L'INTRANET
LA DIGITALISATION
LES RESEAUX SOCIAUX
D'ENTREPRISE

Par Christophe Coupez

Merci à Patrick Guimonet

J'adresse tous mes remerciements à Patrick Guimonet, MVP et Microsoft RD[1], fondateur de la société ABALON, pour m'avoir proposé de rejoindre sa société, pour son accompagnement, sa relecture de ce livre, et sa préface.

Bouygues Telecom

Ce livre est une synthèse d'une expérience issue d'une quinzaine d'années dans le digital interne d'une grande et belle entreprise : Bouygues Telecom. Je n'aurais jamais pu l'écrire si cette entreprise ne m'avait pas donné l'opportunité de travailler sur tous les domaines à la fois du digital interne, d'explorer, d'inventer, de construire et d'innover, en collaboration avec de grands professionnels.

Mes anciens managers

Mes remerciements à mes managers successifs chez Bouygues Telecom qui m'ont fait confiance, qui m'ont permis d'explorer de nouvelles solutions et de les mettre en œuvre en parfaite agilité.

Henri FAVREAU, Guillaume FOLTRAN

La Communication Interne & digitale

Mes remerciements à l'équipe de la Communication interne & digitale de Bouygues Telecom pour avoir compris les gains du digital interne, pour avoir réussi à évoluer dans leurs missions au fil des années et pour leur capacité à travailler en parfaite symbiose avec mon équipe.

Sarah ALEZRAH (CDO), Aurélie SIMONIN,
Olivier SONNEVILLE, Alexandre DYMON

Mon équipe

Avoir des idées, c'est bien : pouvoir les réaliser, c'est essentiel. J'adresse mes remerciements et mes félicitations à toutes celles et ceux qui ont travaillé dans mon équipe au fil des années chez Bouygues Telecom, internes et prestataires, et qui ont apporté leur compétence et leur talent à la réussite de nos projets. Ce livre est surtout le leur.

(Dans l'ordre alphabétique, et j'en oublie)

Elodie ANNEQUIN, Pierre AUGER, Abdelkrim LAHLOU, Éric BALLOT,
Frédéric BELLOC, Erwan BIZERAY, Nicolas CHRETIEN, Patricia CLEMENT,
Jérôme DECOUENNE, Lionel DELANOE, Patrick Hervé EDIMA, Carole LE TENAF,
Florent LOEFFEL, Benjamin MOREL, Nicolas MOTRON, Fadwa MOUDNIB, William PRISO, Julien SEGUIN,
Mickael SEMO, Sébastien SORIA, Christophe TIRAOUI

---

[1] Most Valuable Professional et Microsoft Regional Director

TABLE DES MATIERES

Quelques mots sur l'auteur

Titulaire d'une MIAGE[2] et d'un DESS[3] en gestion de projets, Christophe COUPEZ a débuté sa carrière en 1996 au sein du Groupe BOUYGUES en qualité d'auditeur en Informatique.

En 2000, il a intégré BOUYGUES TELECOM au sein d'une équipe en charge de la maîtrise d'œuvre de l'Intranet tout naissant. De 2006 à 2014, il a été responsable du pôle Intranet, en qualité de maîtrise d'œuvre.

Dans le cadre de sa fonction, il a assuré la maîtrise d'œuvre des différents services Intranet de l'entreprise (*portail d'Entreprise, SharePoint, RSE, outils Web métier, …*) et imaginé de nouvelles solutions Intranet. Il a conçu et piloté leur développement, le tout en fort partenariat agile avec les métiers (*maîtrise d'ouvrage*).

Membre du « Club des Experts » de BOUYGUES TELECOM, il a animé en parallèle de 2012 à début 2015 une démarche personnelle qu'il a baptisée « Travailler autrement ». Son but : évangéliser les collaborateurs à l'utilisation de SharePoint et du Réseau Social d'Entreprise dans le cadre de leur travail quotidien.

Christophe COUPEZ fait également la promotion d'une approche différente en matière de projets informatiques sur lequel il a publié un autre ouvrage intitulé : « **PENSER AUTREMENT vos projets informatiques** ».

Christophe COUPEZ a aujourd'hui rejoint la société ABALON auprès de Patrick GUIMONET en qualité de consultant, spécialiste du digital interne. Il assure des missions d'accompagnement des entreprises sur toutes les questions liées au digital interne et à la mise en œuvre des usages au sein des entreprises.

Pour le retrouver ou le contacter, rendez-vous sur son site internet http://www.projetsinformatiques.com

---

[2] Maîtrise d'Informatique Appliquée à la Gestion des Entreprises
[3] Diplôme d'Etudes Supérieures Spécialisées

PREFACE

Par Patrick Guimonet
MVP et Microsoft RD[4], fondateur d'Abalon

Après un premier livre sur le thème « **Penser autrement vos projets informatiques** » que j'avais beaucoup apprécié pour son approche différente, pragmatique et, en un mot, rafraîchissante, je suis particulièrement satisfait d'être associé au travers de cette préface, à la sortie du deuxième livre de Christophe.

Sur un même ton simple et ouvert, Christophe nous fait parcourir avec aisance et maestria plus de 20 ans d'évolution en Informatique qui nous amènent aux Intranets d'aujourd'hui toujours plus collaboratifs, toujours plus participatifs avec leur association aux réseaux sociaux.

On y voit clairement tout au long des pages que la dimension culturelle, la perception des utilisateurs est une part essentielle du succès (ou de l'échec) d'un projet de digitalisation interne dans les entreprises.

Ce type d'actions ne saurait se limiter à une projection « virtuelle » de l'entreprise vers ses clients et prospects. On n'aurait alors couvert que (moins de) la moitié du chemin. La digitalisation (ou numérisation) est un état d'esprit qui ne peut se décréter dans les hautes sphères de la Direction, elle doit impérativement être embrassée par l'ensemble du personnel de l'entreprise pour être réellement effective et efficace.

---

[4] Most Valuable Professional et Microsoft Regional Director

Aussi dans ce cadre, quoi de plus naturel que de numériser les échanges collaboratifs entre les employés ? Comment parler de numérisation si cette étape interne essentielle n'a pas été franchie ?

A tous ceux que cela fait peur ou interpelle ou intéresse, la lecture de ce livre est une excellente recommandation car il permet de montrer que le sujet pour être complexe parfois, et évolutif souvent, n'en est pas moins soumis à des règles de bon sens qui, présentées par Christophe Coupez, avec malice et bienveillance, vous éviteront bien des écueils et des angoisses.

Le message au final est très clair : il s'agit avant tout de projet de transformation des façons de penser et de travailler dans l'entreprise. Le pragmatisme et la patience seront vos meilleurs atouts dans cet enthousiasmant voyage !

ABORDER LE DIGITAL INTERNE AUTREMENT

Vous allez le découvrir par vous-même : ce livre est très riche. Il aborde tous les sujets du digital interne.

Ces sujets sont abordés sous l'angle de la vulgarisation, pour qu'ils soient accessibles à ceux qui maîtrisent le moins ces sujets qui. Souvent ils sont les décideurs.

Mais mon objectif, en écrivant ce livre, n'était pas de disserter sur les portails, les intranets, SharePoint et les Réseaux Sociaux d'Entreprise, ... D'autres l'ont très bien fait avant moi...

Mon objectif est de vous expliquer ma vision du « **digital interne** » au sein des entreprises : quels en sont les gains et comment aborder ce sujet.

Ces gains, ces conseils, vous allez les découvrir au fur et à mesure de votre lecture. Mais en guise d'introduction, je souhaitais vous expliquer dans ce premier chapitre les principaux messages qu'il faut retenir.

Je reviendrai sur ces points à plusieurs reprises au travers du livre. Le dernier chapitre, en ultime conclusion, repositionnera tous ces sujets par rapport à cette vision *autrement* du digital interne. La boucle sera bouclée.

UNE DEFINITION

Récemment, une personne à qui je parlais avec passion du digital interne m'avait dit, avec beaucoup de bon sens : « *Mais finalement, c'est quoi le digital interne ?* ». C'est une bonne question.

Chacun a sa propre définition. Certains vous diront que le digital interne, c'est le déploiement du Réseau Social dans l'Entreprise, tout simplement parce que c'est le sujet dont on parle le plus actuellement.

D'autres vous diront que c'est plutôt le déploiement de SharePoint, tout simplement parce qu'ils sont en charge des plateformes SharePoint au sein de leur entreprise.

D'autres encore ne vous diront pas grande chose parce que le digital interne, pour eux, ça n'est pas un sujet. Dans la plupart des entreprises, le mot « digitalisation » ne concerne en effet que le canal client et rien d'autre. Le digital interne (orienté vers les collaborateurs) est pour eux un sujet touchant l'intendance. C'est de l'ordre de la bureautique, au même titre que le déploiement d'une nouvelle version d'Office.

Pour ces raisons, les enjeux du digital interne pour l'entreprise ne sont pas toujours bien identifiés, au risque de sacrifier les équipes en charge du sujet quand on aura le plus besoin d'eux, en particulier lorsque l'entreprise ira mal et/ou devra se réinventer.

Vous verrez à la lecture du livre que selon moi, le digital interne va au-delà des outils : c'est l'art et la manière de bien exploiter les solutions digitales disponibles au sein des entreprises, pour trouver une alternative aux modes de travail et de collaboration qui n'ont finalement que très peu évolués au cours des 20 à 30 dernières années.

Nous verrons que le digital interne, c'est donc surtout des usages (qui s'appuient sur des outils) et une nouvelle façon de travailler, plus en phase avec les contraintes des entreprises de 2015.

UN VECTEUR DE PROGRES

Autant les modes de travail et de collaboration ont peu évolué au cours des 20 à 30 dernières années (*la messagerie et le serveur de fichiers sont souvent les deux outils principaux de partage et de collaboration*), autant le contexte des entreprises, lui, a radicalement changé.

Cette évolution s'accélère de plus en plus, avec comme levier les technologies et le Web. Aujourd'hui, un marché jugé stable peut se retourner en quelques mois seulement et mettre en danger des entreprises et des Groupes industriels historiques solides. Voyez le secteur de la téléphonie mobile, par exemple.

Ce contexte nécessite que les entreprises soient capables de se réinventer très rapidement, dans des délais qui n'ont plus rien à voir avec ce qu'on voyait encore il y a dix ans. La survie (ou la mort) peut aujourd'hui se jouer en quelques mois.

Dans ce livre, je vais vous expliquer comment le digital interne s'inscrit dans ce contexte comme un vecteur de progrès de l'entreprise.

Je vous montrerai en quoi les usages et solutions du digital interne, mises en œuvre à temps (quand tout va encore bien) et renouvelées régulièrement, permettent d'insuffler dans l'entreprise un vent régulier d'innovation, ce qui permet à l'entreprise d'évoluer et d'être capable de réagir plus vite.

Nous verrons ensemble pourquoi et comment le digital interne peut se révéler un excellent prétexte pour simplifier l'entreprise (en simplifiant ces processus internes qui bloquent la réactivité) et comment elle peut la rendre plus agile, tout simplement parce que, comme je l'expliquerai, l'agilité est dans l'ADN du digital interne.

Enfin, je vous montrerai comment ces usages et solutions en perpétuelle évolution aident les collaborateurs à s'adapter et comment les nouveaux usages peuvent leur apporter un nouveau plaisir à travailler ensemble.

UN GISEMENT DE PRODUCTIVITE

En son temps, l'arrivée de la messagerie dans l'entreprise dans les années 1990, a suscité le même choc auprès des employés que le déploiement aujourd'hui des solutions du digital interne.

L'arrivée de la messagerie, comme le déploiement aujourd'hui des solutions du digital interne, a nécessité que les employés changent complètement leurs habitudes de travail, pour réinventer une nouvelle façon de travailler qui puisse intégrer ces solutions.

Ils l'ont fait, non pas parce que c'était une mode, mais parce que ces solutions apportaient une vraie plus-value dans le travail des équipes et parce que leur adoption représentait un avantage par rapport aux concurrents (collaborer plus vite, plus facilement, …). On imagine aujourd'hui aisément le sort des entreprises qui ont refusé jusqu'à la dernière minute d'adopter la messagerie électronique.

Téléphonie, ordinateur puis micro-ordinateurs, messagerie électronique, serveur de fichiers, intranet, … toutes ces innovations sont des gisements de productivité, qui ont permis aux entreprises de passer des caps importants en termes de productivité individuelle et/ou collective, à un moment où le contexte des entreprises le rendait nécessaire.

Dans ce livre, je vais vous expliquer en quoi les usages et solutions du digital interne constituent l'un des nouveaux gisements de productivité qui permettent aux entreprises de passer un cap important dans l'efficacité interne et collective.

UNE APPROCHE GLOBALE
DU DIGITAL INTERNE

Les principales briques du digital interne sont le Portail d'entreprise, SharePoint (*ou autres solutions collaboratives bien que SharePoint n'a pas vraiment de concurrence sur son périmètre*), les applications Web intranet (métier ou pratiques), l'intranet Mobile et maintenant le Réseau Social d'Entreprise.

Dans les chapitres de ce livre, nous verrons ensemble que bien souvent, ces briques ont des maîtrises d'ouvrage différentes, rattachées à des directions différentes, avec des objectifs divergents. Parfois même, ces services sont en concurrence.

Il n'est pas rare d'opposer par exemple sites SharePoint et communautés du RSE : la croissance du nombre de communautés du Réseau Social d'Entreprise étant interprétée comme le déclin de l'usage de SharePoint, avec la secrète envie, à termes, de remplacer SharePoint par le RSE, même si ça n'a aucun sens, sur le plan fonctionnel.

Derrière ces constats, il y a des enjeux de budget, de périmètre d'influence, et donc de pouvoir. Chaque maîtrise d'ouvrage cherchera donc à tirer la couverture à elle, sans forcément tenir compte du fait que cette répartition correspond simplement aux vrais usages. Cette situation rend impossible la constitution d'un catalogue cohérent et pertinent de solutions digitales internes.

Nous verrons ensemble que pour apporter une cohérence aux solutions digitales internes, de plus en plus d'entreprises nomment des CDO (Chief Digital Officer). Mais bien souvent, ces managers n'ont dans leur périmètre de responsabilité (et d'intérêt) que le Réseau Social d'Entreprise, l'organe noble du digital interne.

A côté, SharePoint reste souvent sous la coupe des seuls informaticiens, tout simplement parce que l'IT gère déjà les serveurs de fichiers (…). Quant au portail d'entreprise, il reste sous la responsabilité exclusive de la Communication Interne, qui n'est pas toujours très sensibilisée à la place prépondérante du portail dans l'efficacité collective et personnelle.

Dans ce livre, je vous présenterai ma conviction profonde qu'il est nécessaire de voir le digital interne dans sa globalité et non sous l'angle réducteur de chacune de ses briques, prise individuellement.

Je vous montrerai comment toutes les briques du digital interne sont liées entre elles : portail, applications intranet, Réseau Social d'Entreprise, SharePoint, GED, moteur de recherche et se doivent de former un tout cohérent.

La vision *autrement* du digital interne

Expliquer que le digital interne est un enjeu d'entreprise, alors que dans une très grande majorité des cas, il est le parent pauvre des efforts de digitalisation des grands comptes, c'est déjà en soi une démarcation forte de ce livre.

Aborder le sujet dans sa grande globalité et non uniquement sous l'angle de l'unique Réseau Social d'Entreprise, le sujet en vogue du moment, c'est une seconde différentiation.

Après l'avoir lu, j'espère que vous serez convaincu sur ces deux derniers points, ou à minima que je serai parvenu à vous faire réfléchir à la question.

L'INTRANET &
L'ENTREPRISE

Au sens littéral du terme, «intranet » est un terme utilisé pour évoquer un réseau informatique utilisé à l'intérieur d'une entreprise et qui utilise les mêmes technologies que celles utilisées dans le monde d'Internet.

Cela couvre tout aussi bien le portail d'entreprise, les publications de la communication interne, les outils collaboratifs, mais aussi tous les outils métier construits sur une base Web. Autrement dit, c'est très large.

Dans la réalité, quand il est utilisé au sein d'une entreprise, le terme « intranet » est beaucoup plus limité en termes de périmètre. Souvent, on ne pense qu'à une seule chose : le site Web interne (*qu'on réduit souvent par un abus de langage à une simple page Web*) qui diffuse les informations Corporate de l'Entreprise.

Il est toujours utile de connaître le passé pour mieux comprendre le présent. Je vais vous inviter à visiter l'histoire du monde de l'Intranet pour comprendre comment tout cela a évolué, en termes d'usage, d'enjeux, de métier et de solutions.

Nous verrons également pourquoi, selon moi, les outils Intranet sont des **vecteurs de progrès dans l'entreprise**, et pourquoi il est important de proposer aux utilisateurs des usages et solutions modernes.

LES DÉBUTS DE L'INTRANET

Au risque de me vieillir, je peux dire que j'ai connu les débuts de l'intranet d'entreprise. J'avais 30 ans tout juste lorsque j'ai été embauché comme chef de projet intranet, en février 2000 dans l'équipe maîtrise d'œuvre intranet de Bouygues Telecom. À cette époque, il n'y avait pas pléthore de professionnels dans ce domaine, et pour tout dire, à part mes propres compétences HTML acquises pour mes sites personnels, je n'avais pas guère plus de connaissances du métier.

Je suis arrivé quelques mois après le lancement officiel de la toute première version de l'intranet, en 1999. Ce fut d'ailleurs un démarrage dans la douleur, avec une panne quelques instants après le lancement: serveurs hors service. Une expérience traumatisante qui a rendu systématique par la suite les tests de charge, et la chasse aux fuites mémoire !

À cette époque, le mot "intranet" désignait réellement un et un seul service utilisant les technologies d'Internet au sein de l'entreprise: c'était le nôtre.

De mémoire, "l'intranet" c'était une simple page d'accueil (*on ne parlait pas encore de portail puisqu'il n'y a avait rien d'autre comme service*), un annuaire d'entreprise (*la fonctionnalité la plus révolutionnaire !!!!*) et une page d'information générale. L'intranet de l'entreprise, c'était à cette époque l'organe de la seule Direction de la communication interne, qui assumait le rôle de maîtrise d'ouvrage.

Les technologies, c'était de l'ASP, l'ancêtre du dot net (Microsoft), l'application FrontPage pour les non informaticiens chargés de saisir du contenu, et SiteServer, un outil Microsoft pour les réplications des fichiers entre serveurs.

Les rédactrices de la Communication Interne, je m'en souviens, rédigeaient leurs articles avec FrontPage, généraient la page HTML, puis appelaient "l'informatique" (mon équipe) pour que l'on presse un bouton dans Site Server : la page HTML était alors copiée de la pré-production à la production. C'était une autre époque. C'était il y a 15 ans.

LA CROISSANCE

Très rapidement, les métiers ont compris l'intérêt du mode WEB pour leurs outils. Les architectures web ont fleuri dans les différentes organisations pour héberger les premières applications web.

Il y a eu une mode "web", qui poussait chaque direction à mettre en place son propre intranet de communication, à grand renfort de consultants externes. Ne pas avoir son site, c'était être "has been". C'était l'âge d'or pour les agences Web, l'époque de la bulle boursière sur les valeurs technologiques. Une période qui m'avait inspiré à l'époque un site internet qui eut son heure de gloire : http://wwww.plouflabourse.com

C'était une époque compliquée pour expliquer aux décideurs le chiffrage des applications métier : le mode web avait à cette époque une réputation de facilité. S'étonnant d'un de mes premiers chiffrages, un manager à l'époque m'avait expliqué que son neveu de 13 ans faisait des pages HTML et que pour cette raison, il ne comprenait pas pourquoi mon chiffrage était si élevé.

Très rapidement, le mot "intranet" perdait de son sens premier. À l'origine, il ne s'agissait que des seuls contenus publiés par la communication interne de l'entreprise. Mais avec l'explosion des outils, des sites, et des services en mode web, le périmètre du mot "intranet" devenait plus flou.

Et bientôt des questions se sont posées : qui est responsable de quoi ? Doit-on contenir la croissance ou l'accompagner ? Tout outil, site, service, en mode intranet doit-il entrer dans le périmètre de responsabilité de la communication interne, tout simplement parce qu'ils utilisent du Web interne? Devait-on, par exemple, imposer une charte graphique unique, imposer une intégration dans la page d'accueil de l'entreprise... ??

Et déjà se posait donc le positionnement de la Communication Interne au sein de l'écosystème de l'entreprise. Nous en reparlerons par la suite.

LES GRANDES RUPTURES

Trois facteurs principaux sont à l'origine des principales ruptures observées dans les intranets d'entreprise depuis les toutes premières années d'existence.

- La croissance des services et des contenus
- L'évolution des usages et des outils
- Les mises à niveau technologiques

La croissance des services et des contenus

La multiplication des contenus (pages web, fichiers bureautique, ...) et des services intranet a nécessité à un moment donné de se poser des questions : « *comment l'utilisateur va-t-il s'y retrouver ?* ».

On parle alors **d'Infobésité**. Quelques années après la naissance de l'intranet, des solutions sont apparues sur le marché pour y répondre.

Aux environs de 2004, les solutions de "portail" ont été proposées par des éditeurs connus ou par de nouvelles sociétés qui se sont créées grâce à ce nouveau marché. Ces « portails » se positionnent comme les points d'entrée de l'utilisateur à tous les contenus de l'entreprise.

Dans la sphère personnelle, c'était aussi le temps de Netvibes et de iGoogle, ces solutions de portail personnel, paramétrables, qui proposaient des Widgets de contenu.

Rapidement, des solutions de moteur de recherche d'entreprise ont été proposées. La promesse, c'est que tous les contenus produits par les collaborateurs puissent remonter à la surface. Une promesse idyllique, voir utopique comment nous le verrons dans le chapitre consacré à ce sujet dans la suite de cet ouvrage.

L'évolution des usages et des outils

Des outils comme SharePoint en 2001, puis sa version 2003 ont introduit dans les entreprises une nouvelle façon de travailler en collaboration, non seulement en matière de partage de documents (fichiers) mais en termes de partage d'informations structurées.

Plus récemment, vers 2010, sont apparues des solutions de Réseau Social d'Entreprise, un concept issu du tout récent Facebook de l'époque, imaginé à peine deux ans plus tôt.

Ces virages ne se prennent pas à angle droit dans les entreprises. Il y a un temps de compréhension, d'assimilation. Il y a d'abord de grandes phases de doute et de questions, avant d'envisager l'adoption en entreprise d'un outil qui pourrait changer les modes de travail.

Le virage se prend aussi selon les hommes et les femmes qui sont aux commandes de l'intranet. Et parfois, une entreprise peut louper un virage important, parce que l'intérêt d'un usage n'a pas été compris suffisamment tôt. Ou parce que personne n'est chargé vraiment de se poser ce genre de questions.

Les mises à niveau technologiques

La mise à niveau technologique est un des moteurs des changements des solutions intranet, même si les deux points précédents devraient insuffler à tout responsable d'intranet la volonté d'agir et d'évoluer.

Si les différents virages ne se prennent pas, il peut arriver que les solutions utilisées deviennent technologiquement obsolètes : construites sur des solutions qui ne sont plus maintenues par l'éditeur, ou sur des langages que plus personne ne connait ou ne maîtrise.

Dans ces moments ultimes, d'autres solutions sont recherchées. Mais il y a fort à penser que la réflexion sur le choix ne sera pas très judicieuse si le seul facteur de changement reste l'obsolescence.

GARANTIR LA COHERENCE

Autant il est difficile, voire non productif, de vouloir "contenir" les initiatives de chaque structure en termes de réalisations Intranet, autant il est nécessaire d'assurer à l'ensemble une vraie cohésion.

La pire configuration serait un Intranet "*Corporate*" bloqué quinze années en arrière, dédié à la seule communication interne, qui vivrait sa vie sans s'adapter à l'évolution de l'écosystème globale de l'entreprise qui évolue avec la croissance des contenus, des sites, avec l'arrivée de nouveaux usages et de nouveaux outils.

La conséquence d'un tel Intranet *Corporate* « autiste », serait un morcellement des solutions, avec des sites et des outils disparates ce qui aboutirait à des utilisateurs perdus face à une montagne de contenus et de services jetés pèle mêle.

Les acteurs Maitrise d'Ouvrage (MOA) et Maîtrise d'œuvre (MOE) de l'Intranet *Corporate* se doivent de réfléchir au moyen d'être le "liant" entre toutes ces solutions : portail de contenu, moteur de recherche, mais aussi solutions collaboratives qui permettent d'apporter des solutions "universelles" aux besoins remontés par le terrain. Je reparlerai de la place du portail dans la suite de cet ouvrage.

L'EVOLUTION DU PERIMETRE
DE LA COMMUNICATION INTERNE

Nous l'avons vu dans les premières pages : pour des raisons historiques, les Intranets sont très souvent placés sous la responsabilité des Directions de la communication interne. C'était logique début 2000 : à cette époque, les seuls contenus en ligne étaient principalement (voire uniquement) ceux destinés à l'information *Corporate* des collaborateurs.

Mais depuis, les choses ont beaucoup (énormément) évolué. Le périmètre des contenus intranet s'est considérablement agrandi, et les usages sont complètement différents.

J'ai travaillé en partenariat avec la direction de la communication interne pendant près de quinze ans[5], et j'ai assisté à leur formidable mutation entre 2000 et 2014. Sur toutes ces périodes, nous avons travaillé ensemble aux solutions à apporter à l'évolution de l'écosystème intranet.

Je vais essayer d'illustrer l'évolution de leurs sujets de préoccupation, en formulant les grandes questions qui ont conduit nos réalisations au fil des années :

- **En 2000** (au démarrage de l'Intranet) : "*Comment publier facilement et efficacement les articles Corporate que je veux porter à la connaissance des collaborateurs ?*"

- **En 2001** (pour accompagner la volonté des équipes à communiquer sur leurs activités, et à réduire les coûts des initiatives individuelles via des SSII - lancement du concept d'usine à sites) : "*Comment peut-on faire pour aider les équipes à devenir autonomes dans leur propre communication, à moindre coût ?*"

- **En 2002** (face à l'arrivée des solutions collaboratives toutes récentes de type SharePoint) : "*Que valent ces usages en entreprise ? Comment les accompagner, et comment les encadrer ?*"

- **En 2003** (face à l'accroissement des volumes de contenus, et de services Web Intranet - on parle alors de Portail et de moteur de recherche) : "*Comment aider l'utilisateur à connaître les contenus existants et à y accéder ?*"

---

5 Clin d'œil à Sarah ALEZRAH, CDO de Bouygues Telecom, et à son équipe (Olivier SONNEVILLE, Aurélie SIMONIN, ...)

- **En 2004** (avec les premières solutions d'internet mobile - avec iMode notamment, la solution internet Mobile de Bouygues Telecom) : *"Comment donner accès aux collaborateurs aux différents contenus et services en mobilité, depuis leur téléphone ?"*

- **En 2006** (avec l'accroissement des contenus collaboratifs - la notion de portail et de moteur de recherche) : *"comment syndiquer le contenu métier des collaborateurs, autour d'un portail unique, et ainsi améliorer leur efficacité ?"*

- **En 2008** (avec les besoins de diffusion interne de vidéo, pour la communication, et le partage des connaissances) : *"Comment permettre aux utilisateurs de partager des vidéos facilement et efficacement ?"*

- **En 2010** (avec l'avènement du réseau social d'entreprise) : *"Quel intérêt du RSE pour les collaborateurs ? Comment s'en servir au sein de l'entreprise ?"*

- **En 2012** (avec la montée en puissance du RSE) : *"Comment sensibiliser les utilisateurs à l'usage des RSE et changer le mode de travail ?"*

- **En 2015** (avec la montée en puissance du RSE par rapport aux autres canaux de l'Intranet) : *"Comment fusionner le portail Intranet avec le RSE pour intégrer le nouveau mode de travail au portail d'Entreprise ?"*

Au résumé, en 10 ans, la préoccupation de la Communication Interne sur les sujets Intranet, est donc passée de *"Comment publier des articles"* à *"Comment intégrer les nouveaux modes de travail modernes au sein de l'Entreprise ?"*.

Entre ces deux préoccupations, il y a un gouffre énorme dans la finalité et dans l'objectif métier. La direction de la communication interne de Bouygues Telecom est passée d'une préoccupation purement "éditoriale" (son cœur de métier) à des considérations de recherche d'efficacité des collaborateurs et d'accompagnement au changement des méthodes de travail. Rien à voir.

Ce que je cherche à faire comprendre ici, c'est plusieurs choses :

- La structure en charge de l'Intranet "*Corporate*" a la lourde responsabilité de réfléchir au "liant" entre toutes les briques des outils Intranet (*portail, moteur de recherche, etc.*) ;

- Cette responsabilité incombe souvent à une structure (la communication interne) dont ce n'est à la base, ni le métier, ni souvent forcément la compétence dans certains cas, ni son sujet de préoccupation. Souvent ce ne sont bien souvent même pas les missions qui lui ont été données par la Direction Générale, qui n'a pas forcément conscience de cette responsabilité ;

- La réussite de la stratégie Intranet de l'entreprise dépend donc de la volonté / de la capacité de cette structure à comprendre les enjeux, et à adapter son métier et ses compétences pour relever le défi ;

- De la réussite de cette stratégie dépendra la capacité de l'entreprise à muter plus ou moins facilement vers de nouveaux modes de travail, plus adaptés au contexte concurrentiel moderne

VECTEUR DE PROGRÈS DANS L'ENTREPRISE

Quand vient l'heure de faire évoluer l'intranet *Corporate*, les différents acteurs prennent leurs bâtons de pèlerin pour expliquer pourquoi cette évolution est nécessaire, et pourquoi il faut y consacrer du budget.

La tâche est toujours très difficile, car les enjeux de l'intranet sont encore mal compris, même en 2015. Et qui plus est, ceux qui doivent voter le budget de refonte du portail intranet n'en sont pas forcément les plus grands utilisateurs.

Convaincre de l'intérêt d'investir dans « l'intranet » n'est pas simple car l'image qu'en ont les décideurs est souvent restée bloquée 15 ans en arrière, à l'époque de la simple page d'accueil et de ses quelques pages de publication. Une image qui ne permet pas de comprendre les enjeux d'un tel investissement.

Pour toutes ces raisons, une évolution de "**l'intranet *Corporate***" peut être perçue comme étant de l'ordre du cosmétique (rendre l'Intranet « plus joli »), un peu comme si vous vouliez simplement changer la couleur de la moquette.

Le fait que la structure à l'origine de cette demande d'investissement soit la celle de la « Communication interne » ne facilite pas les choses. A première vue, le rapport entre « Communication » et « productivité de l'entreprise » ne saute pas aux yeux. Des directions métier en prise direct avec le business auront moins de difficulté pour demander des budgets beaucoup plus importants pour des projets bien moins pertinents.

Le problème, c'est que l'intranet *Corporate* a bien changé depuis ses origines. Ce n'est plus la petite page d'accueil de ses débuts.

L'intranet *Corporate* est devenu un portail d'entreprise, entouré le plus souvent de plusieurs services (YouTube interne, réseau social d'entreprise, etc.).

Au fil des années, il est devenu l'huile dans les rouages et le **principal vecteur de progrès** dans l'entreprise :

- *il facilite la vie des collaborateurs, en rendant l'accès plus simple aux services, aux outils et aux données de travail,*

- *il permet aux collaborateurs de partager plus facilement documents et informations, de toutes sortes,*

- *il permet de rendre plus efficaces les apprentissages (par des vidéos par exemple),*

- *il permet de propager progressivement dans l'entreprise de nouveaux modes de travail (exemple avec le RSE) qui permettent d'être plus réactif, plus agile.*

En synthèse, l'intranet permet à l'entreprise d'affronter plus efficacement l'évolution du marché, en apportant toutes les armes nécessaires pour toujours plus d'efficacité dans leur travail.

L'intranet doit donc accompagner l'évolution et la modernisation de l'entreprise. Dans ce cadre, il doit pouvoir évoluer pour apporter les nouvelles briques de modernité, dans les usages et dans les modes de travail.

Si ce n'est pas ce que l'entreprise lui demande, elle se prive d'un des principaux leviers dans sa course à l'efficacité.

L'ECART TECHNOLOGIQUE ENTRE LES ENTREPRISES ET LEURS EMPLOYES

Il n'y a pas si longtemps, cette modernité dont je parlais à l'instant venait pour l'essentiel des entreprises.

Elles proposaient à leurs employés des moyens puissants, inaccessibles au grand public à cause du prix et des moyens techniques à déployer.

C'était par exemple les premiers ordinateurs portables, les réseaux d'entreprise, les imprimantes haute qualité, les serveurs de fichiers, la messagerie, l'accès à Internet en haut débit (de l'époque), sans parler des logiciels jadis hors de prix (la suite bureautique Office par exemple)

Depuis le début des années 2000, la tendance s'est progressivement inversée. Aujourd'hui, c'est essentiellement du grand public que viennent toutes les innovations.

Loin de leurs bureaux, les employés utilisent dans leur sphère personnelle des ordinateurs souvent bien puissants et mieux équipés que leur ordinateur de travail. Pour archiver leurs photos et vidéos, ils disposent de disques durs externes dont la capacité dépasse largement celle qui leur a été allouée pour tous les fichiers de leur direction, quand ce n'est pas des espaces de plusieurs dizaines de Go sur le cloud.

Ils possèdent des tablettes et des smartphones, et accèdent depuis leur train ou leur bus à leurs fichiers qu'ils partagent sur Dropbox, ou à leur messagerie (gratuite) qui leur propose des espaces de stockage bien supérieurs à ce qu'ils ont pour travailler. Parmi vos employés, certains sont déjà « digitaux » à la maison (*pas forcément les plus jeunes – j'y reviendrai*) et utilisent chaque jour les réseaux sociaux, comme Facebook ou LinkedIn.

Sont-ils tous frustrés de ne pas utiliser ce type d'outils au bureau pour travailler ? Pas forcément, car tous n'ont pas forcément compris en quoi ce type d'outils pourrait les aider dans leur travail. Mais beaucoup ont compris l'intérêt du Web et tous enragent de ne disposer que d'Internet Explorer version 8 au bureau, alors qu'ils utilisent Chrome dernière génération à la maison.

Plus encore que les chocs des générations (*l'argument massue pour pousser les entreprises à évoluer*), c'est bien ce choc des moyens technologiques entre sphère privée et sphère professionnelle qu'il faut traiter, tout simplement parce que ce contraste est source de frustration, de colère et d'inquiétude.

Cela génère de la frustration, parce que l'employé n'a de cesse de comparer les moyens mis à sa disposition par son entreprise pour travailler, avec les moyens plus importants, plus efficaces, plus ergonomiques, plus attrayants graphiquement dont il dispose à son propre domicile (souvent gratuitement) pour gérer sa vie numérique personnelle.

Cela génère de la colère, car dans cette période compliquée où on demande toujours plus aux employés, cette différence de moyens est vécue comme un manque de respect de l'entreprise à son égard. Un peu comme si on lui demandait de courir un 100 mètres chrono, avec un boulet au pied.

Enfin, cela génère de l'inquiétude, parce que l'employé voit dans cette différence de moyens un manque d'ambition de son entreprise. Il peut la sentir dépassée technologiquement, veillotte, attardée, ou en tout cas il peut penser qu'elle n'est pas à l'écoute de la technologie, ce qui aujourd'hui, peut être un handicap majeur.

Plutôt de voir ces technologies et usages qui sont en libre accès dans la sphère privée comme une menace et une source de problèmes, les entreprises devraient s'en inspirer et voir en quoi cela leur permettrait, à la fois, d'être plus performantes et de mieux satisfaire leurs employés.

SAVOIR ADOPTER LES USAGES DU NET

Le problème, c'est que les entreprises ont souvent beaucoup de mal à comprendre quels avantages elles peuvent tirer des usages des outils qui naissent sur le Net, à l'attention du grand public.

Tout au contraire, elles ont souvent par défaut beaucoup d'aprioris négatifs sur ces usages qu'elles jugent dédiés entièrement et uniquement à la sphère privée. Elles réussissent rarement à extrapoler en quoi l'usage apporté par ces outils pourrait faciliter le travail des équipes.

Je me rappelle en particulier de la fonctionnalité de Blog intégrée dans la version 2007 de SharePoint (MOSS). Dans beaucoup de grandes sociétés, cette nouveauté a suscité pas mal de débats. Fallait-il la laisser accessible, ou fallait-il au contraire l'interdire ? Cela prête à sourire aujourd'hui, mais la question était sérieuse à l'époque.

La raison était simple : les blogs, en 2007, étaient connus du grand public (*et donc des décideurs en entreprise*) comme un moyen pour publier de l'information personnelle : les récits de vacances, les avis sur les derniers films qu'on a vu, ou parler de sa passion sur un chanteur. La grande crainte des décideurs était donc d'introduire dans l'entreprise un outil qui allait permettre aux employés… de raconter leurs vacances…

Personnellement, dès que j'ai vu la fonctionnalité de blog dans la version 2007 de SharePoint, j'ai plutôt pensé aux équipes qui allaient pouvoir poster des billets sur des interventions réalisées sur des systèmes techniques : une sorte de carnet de suivi électronique des interventions faites par les membres d'une équipe.

Plus proche de nous, c'est au Réseau Social d'Entreprise (RSE) qui est au centre de grandes questions. A force de dire qu'un RSE, c'est un Facebook interne, beaucoup se posent des questions sur l'utilité de Facebook au sein de l'entreprise : est-ce bien sérieux de lancer un *icebucket* Challenge interne pour la prochaine offre commerciale ?

La vraie difficulté, c'est que bien souvent, il n'existe pas dans les entreprises de cellule chargée de la veille face à ces usages issus du net.

Autrement dit, personne n'est officiellement en charge de détecter ces nouveaux usages, de les tester, de trouver quelle déclinaison professionnelle révolutionnaire on peut en faire et comment on pourrait les expérimenter, pour éventuellement les faire adopter au sein de l'entreprise.

Et s'il existe une personne en charge de ces sujets, encore faut-il qu'elle soit écoutée et que son avis suscite un débat dans les plus hautes sphères, et que le débat aboutisse à une décision éclairée.

C'est fort dommage, car c'est cela qui permet de progresser : le Net fourmille d'outils ou d'usages qui sont autant de sources de productivité interne, mais aussi de satisfaction professionnelles et personnelles pour les employés.

S'ADAPTER A LA CULTURE DE L'ENTREPRISE

Dans mon livre « **PENSER AUTREMENT vos projets informatiques** », j'avais consacré un chapitre complet à l'impact de la culture d'entreprise sur les projets informatiques. Je vous invite à en prendre connaissance si vous en voulez tous les détails car les points abordés sont valables ici.

J'intègre ici dans la « culture d'entreprise » tout ce qui contribue à faire l'identité de l'entreprise, son mode de fonctionnement et de pensée. Cela intègre des choses aussi différentes que les valeurs de l'entreprise, son intérêt pour les technologies, son histoire, mais aussi le dialogue social au sein de l'entreprise.

Penser l'intranet de l'entreprise nécessite de prendre tous ces paramètres en compte, pour que la solution proposée aux employés corresponde à l'identité de la Société et de ceux qui y travaillent.

Le paramètre social, notamment, est à prendre en considération. Les représentations syndicales sont l'écho de l'inquiétude des employés lors de changements dans les modes de travail. Or le déploiement de solutions collaboratives, ou la digitalisation de certains processus internes constitue des modifications majeures dans les habitudes de travail.

Il est important d'être pédagogue pour éviter tout malentendu, et utiliser les bons arguments.

En particulier, si les managers et décideurs aiment entendre parler d'efficacité et de productivité, les outils dont nous allons parler dans ce livre apportent aussi (et surtout) **un confort de travail**, et une solution pour réduire différentes sources de stress.

Autrement dit, bien déployées, les solutions intranet collaboratives constituent une **solution gagnant / gagnant** pour l'entreprise et ses employés. C'est cette réalité qu'il faut mettre en avant, avant toute autre chose.

S'ADAPTER AUX JEUNES GENERATIONS

L'argument massue pour convaincre les entreprises à adopter des outils collaboratifs en général et un RSE en particulier, c'est l'arrivée des nouvelles générations. J'y reviendrai dans la suite du livre.

Les « *digital natives* », les jeunes sortis d'école, nourris à Internet depuis la petite enfance seraient, nous explique-t-on, très friands des outils collaboratifs de type RSE, par exemple.

Mon expérience m'oblige à mitiger ce constat. Pour avoir accompagné plusieurs équipes sur le chemin du digital, j'ai rencontré des réticences à la fois chez les Seniors, mais aussi chez les plus jeunes.

Le risque que je vois chez les plus jeunes d'entre nous est surtout à mon sens lié au contraste qui existera entre les usages et l'équipement dont ils disposent dans leur sphère privée et ce qu'on leur fournira dans le monde de l'entreprise.

Un jeune étudiant branché, équipé d'un Mac dans la vie privée, aura un choc s'il doit utiliser un ordinateur de bureau sous équipé. Si ce même étudiant a l'habitude, chez lui, de gérer ses milliers de photos personnelles sur des disques de plusieurs Téraoctets, il comprendra mal les restrictions en matière de volumes de stockage une fois dans la vie professionnelle.

S'il a en plus l'habitude d'accéder à ses mails ou à ses réseaux sociaux personnels via son Smartphone, il sera surpris d'apprendre que ces usages lui sont impossibles dans cette grande et si belle entreprise qui vient de l'embaucher.

Ces questions, les jeunes générations se les posent de façon plus impérieuse parce qu'ils découvrent le monde de l'entreprise, et qu'ils en avaient certainement une vision d'excellence technologique.

Pour cette raison, le contraste dont je parlais dans un précédent chapitre, entre l'équipement perso / pro est encore plus criant à leurs yeux.

Mais ne croyez pas que les seules les jeunes générations se poseront ces questions : dans vos effectifs, des employés moins jeunes, tout aussi digitaux se poseront les mêmes questions et auront les mêmes attentes. La seule différence, c'est qu'ils sont plus résignés et que vous ne les écoutez plus.

CULTURE INTRANET

Il y a certaines notions, certains mots de vocabulaires, certains sujets qu'il faut connaître pour comprendre le monde de l'Intranet.

Il y a des termes bizarres, comme le SSO, qui est un sujet à la fois technique et fonctionnel. Mais ce qui nous intéresse ici, au-delà de la technique, c'est de savoir globalement ce que c'est, et pourquoi c'est important.

Il y a par exemple le sujet du navigateur Internet sur lequel repose l'utilisation de vos Intranet. Dans le milieu de l'entreprise, le navigateur est un vrai sujet, et je vais vous expliquer pourquoi.

Il y a d'autres sujets dont il nous faut parler, mais que je ne voyais pas du tout où caser, pour être honnête : les particularités des Intranet multinationaux, les chartes d'utilisateur, le concept de l'Extranet.

L'AUTHENTIFICATION

Single Sign On ou **SSO** : c'est un terme technique que vous avez peut-être entendu dans une conversation avec des informaticiens. C'est un nom fort savant pour parler d'une chose finalement assez simple, l'authentification de l'utilisateur.

Sachez-le : tout site Intranet a besoin de reconnaître l'utilisateur qui s'y connecte. Il en a besoin pour lui délivrer un service (afficher des données qui le concernent), pour l'identifier en vue de gérer des statistiques de visite, pour connaître ses droits d'accès ou plus simplement pour tracer son passage dans le cadre de la sécurité.

Pour savoir qui se connecte, il y a deux façons : soit le site réclame la saisie d'un login / mot de passe spécifique à l'utilisateur et au site, soit il exploite l'authentification unique, le SSO.

La saisie d'un login / mot de passe unique

Les sites intranet les plus anciens (généralement) utilisent une authentification propre. En d'autres termes, pour chaque utilisateur, l'administrateur va créer un nom d'utilisateur (login) et un mot de passe.

Ce mode de fonctionnement présente de nombreuses contraintes :

- A chaque fois que l'utilisateur souhaite accéder au site, il doit saisir son login / Mot de passe particulier (pas forcément le même pour tous les sites), ce qui est vite un frein réel à l'usage
- La création des comptes, ou leur gestion, représente souvent une tâche manuelle pour les administrateurs
- Les utilisateurs doivent mémoriser plusieurs comptes différents (un par site Intranet). Au final, les utilisateurs utilisent le même mot de passe pour tous les sites, ou renoncent à mettre à jour les mots de passe. Cela peut également se terminer par un fichier Excel sur le poste utilisateur avec tous les logins / mots de passe à titre d'aide-mémoire, avec les risques de sécurité qu'on peut imaginer.
- Ce mode de fonctionnement empêche l'interrogation d'une application par une autre application au nom de l'utilisateur

L'authentification unique ou SSO

Le SSO (*Single Sign On*) repose sur le fait que pour se connecter le matin à son poste de travail, l'utilisateur saisit le login et le mot de passe qui lui est propre (*lors de sa première connexion Windows*).

Une fois ces informations correctement saisies le matin en arrivant au travail, l'utilisateur est ensuite bien reconnu sur le réseau de l'entreprise, jusqu'à ce qu'il se déconnecte en soirée.

Il faut imaginer cette authentification comme un "jeton" attaché à l'utilisateur tout au long de la journée. Si les sites Intranet sont construits de manière à exploiter cette solution, lorsque l'utilisateur s'y connecte, le site récupère le "jeton" et reconnait immédiatement l'utilisateur, sans qu'il n'ait rien à saisir. Je schématise bien sûr.

Cette solution gomme tous les inconvénients décrits précédemment. Le seul prérequis est de bien fiabiliser la stratégie des mots de passe car connaître le mot de passe d'un utilisateur permet en son nom d'accéder à tous les sites Intranet.

La généralisation de "l'authentification unique (SSO)" à tous les sites Intranet de l'entreprise est une condition essentielle pour un Intranet efficace. Pourtant, en 2015, cette solution n'est toujours pas généralisée.

LE NAVIGATEUR INTERNET

De tout temps, les informaticiens ont recherché la solution interopérable (mot barbare), c'est à dire capable de faire fonctionner une même application sur toutes les plateformes et sur tous les systèmes d'exploitation.

Lorsque internet est né, tout le monde pensait avoir trouvé le Saint Graal. Enfin ! Il allait être possible de créer une application capable de tourner sur n'importe quelle machine et sur n'importe quel système d'exploitation, au travers d'un outil universel magique : le navigateur internet.

Depuis, les entreprises ont vite déchanté. Si jadis les applications "client / serveur" étaient sensibles à la compatibilité avec le système d'exploitation, les applications Web d'aujourd'hui sont devenues dépendantes ... du navigateur Internet...

Les raisons de la dépendance

Voici quelques exemples de dépendance (on parle aussi d'adhérence) d'applications au navigateur internet, qui peut bloquer toute l'entreprise :

- Les applications Web qui exploitent les ActiveX par exemple (*de petits logiciels intégrés dans le navigateur*) ne fonctionneront que sur le navigateur de Microsoft, et pas sur d'autres navigateurs

- Les applications Web exploitant le HTML5, ne fonctionneront que sur les versions des navigateurs qui exploitent cette technologie (*à partir d'Internet Explorer 9 pour Microsoft*).

- Et pour finir sur une note sympathique, tous les navigateurs n'interprètent pas de la même manière les normes HTML (normes du W3C), de sorte qu'une application écrite pour Internet Explorer ne fonctionnera peut être pas forcément correctement sur Chrome, Safari ou tout autre navigateur.

Le navigateur unique

Pour cette seule et dernière raison, instaurer un navigateur unique dans l'entreprise est un avantage indéniable pour vos projets Web intranet, en termes de coût et de délai.

Car si un seul navigateur est imposé dans toute l'entreprise, il devient inutile d'intégrer dans le code des applications Web toutes ces coûteuses "rustines" indispensables pour rendre une application compatible avec tous les navigateurs, toutes versions confondues. C'est ce qui est nécessaire de faire pour les sites Internet, mais à quel prix (développement, expertise, tests, ...).

Mais imposer un seul et même navigateur a aussi un gros inconvénient, c'est de "fixer" tous les développements Intranet de l'entreprise sur un même et unique navigateur, sur une version donnée. On parle alors d'adhérence des applications au navigateur (j'en ai parlé plus haut).

Dans un tel cas, changer de navigateur (*ou simplement passer à une version supérieure*) nécessite de prévoir la mise à jour de toutes les applications Web qui présentent des "adhérences" fortes avec le navigateur officiel.

Mission impossible si on aborde ce sujet en mode projet centralisé : chaque structure aura une excellente raison (budgétaire, de charge) de reporter sa mise en compatibilité et de bloquer ainsi la montée en version du navigateur.

L'importance croissante du navigateur

D'une version à l'autre, des technologies apparaissent, le champ des possibles s'élargit. Mais votre entreprise peut-elle vraiment en tirer parti, si son navigateur est obsolète ? Car nombreuses sont les grandes entreprises à toujours proposer comme navigateur unique un Internet Explorer 8, voir Internet Explorer 7.

Le meilleur exemple, c'est le HTML5 : les navigateurs Internet Explorer 8.0 et précédents ne proposent pas cette technologie qui ouvre pourtant de belles possibilités en termes d'expérience utilisateurs.

Pour cette raison, l'accès à un nombre de plus en plus important de sites internet est aujourd'hui impossible pour des navigateurs anciens. Dans certains cas extrêmes, on peut même imaginer que les sites Internet de l'entreprise, proposés aux clients (exploitant HTML5), ne sont pas consultables par les propres collaborateurs de l'entreprise, depuis le navigateur interne. Si votre entreprise est dans ce cas, cela doit vous alerter.

Mais ce n'est pas tout. Le collaboratif gagne du terrain dans les entreprises. On propose de plus en plus de solutions web pour travailler, comme le Réseau Social d'Entreprise. Mais peut-on décemment pousser l'entreprise vers le modernisme, tout en surfant sur un navigateur hors d'âge. Peut-on faire rouler une Ferrari avec des pneus de 2CV Charleston?

Car au-delà de la technologie, au-delà même des fonctionnalités que rend possible le HTML5, il y a aussi la question de la performance de traitement. Sur SharePoint, j'ai un jour mesuré une différence flagrante de près de 6 secondes de chargement (*c'est énorme en termes d'expérience user*) sur le chargement d'une page SharePoint complexe sur IE8 par rapport à Chrome. Ce délai est insupportable pour des collaborateurs qui sont très souvent soumis à une pression croissante dans leur charge de travail. Un navigateur lent, c'est mettre un boulet au pied à des collaborateurs à qui on demande en même temps d'aller plus vite.

Et que dire des solutions Cloud qui se répandent de plus en plus, mettant aux premières loges le navigateur comme le socle de base de l'accès à ces services ?

Quelle stratégie adopter ?

Si vous souhaitez promouvoir le digital dans votre entreprise avec un navigateur hors d'âge, c'est un contre sens. Ca reviendrait à vouloir inciter quelqu'un à faire du sport, du cyclisme par exemple, en l'obligeant à utiliser un vieux vélo tout rouillé aux pneus plats.

Alors, que faire ? Il n'est pas possible de laisser l'utilisateur choisir le navigateur de son choix : le navigateur de l'entreprise se doit de remplir des conditions précises en matière d'industrialisation de sa mise à jour. En clair, les déploiements des patchs de correction doivent pouvoir être pilotés par l'équipe technique en charge des postes de travail.

Je vois trois solutions possibles :

- **SOLUTION #1**, la solution la plus saine, c'est une décision stratégique d'entreprise stipulant que le digital (interne et externe) est une orientation stratégique d'entreprise et que par conséquent la mise à jour régulière du navigateur est une nécessité.

  C'est nécessaire pour coller à la réalité de l'évolution des technologies et permettre à l'entreprise d'en tirer pleinement partie, et c'est nécessaire pour offrir aux collaborateurs des conditions idéales de travail (performances).

Cette posture sera logiquement suivie de règles de l'art à respecter, notamment dans le choix des progiciels ou dans la manière d'aborder la maintenance des applications existantes, de manière à ce que toute application déployée soit compatible avec des mises à jour régulières du navigateur.

- **SOLUTION #2** : si la solution #1 n'est pas retenue, il faut envisager un second navigateur alternatif, déployé au côté du navigateur obsolète figé. Ce navigateur alternatif sera destiné à pouvoir être utilisé pour naviguer sur les sites plus modernes.

  Un choix qui brouille considérablement les usages et qui reste souvent incompréhensible par les collaborateurs : il faudra leur expliquer la raison de ce choix et quel navigateur utiliser pour quelle circonstance. Un gros travail de pédagogie en perspective, d'autant plus difficile que cette solution passe un peu pour du bricolage.

- **SOLUTION #3** : c'est la solution de l'attentisme. Le sujet n'est pas identifié comme critique : personne ne le défend et personne ne voit de problème majeur causé par ce gel du navigateur. Dont acte.

  Pour autant, l'entreprise s'expose à un réveil difficile. Un jour arrivera, où une mise à niveau rapide sera incontournable : par exemple pour répondre à des problèmes critiques de sécurité causés par une version obsolète, ou pour permettre à l'entreprise de prendre le train digital en marche, avec des outils dans le Cloud modernes ayant pour prérequis des navigateurs à jour. Les actions à lancer n'étant pas anodines, le prix de l'attentisme pourrait se révéler lourd à payer, en termes de stratégie et de réactivité.

L'INTRANET MULTINATIONAL

Le contexte international d'une entreprise complique pas mal les choses en apportant une dimension multilingue à votre intranet. L'impact est de trois ordres : au niveau des menus d'administration, au niveau des pages des sites et au niveau des contenus éditoriaux.

Les menus d'administration

Concernant les menus d'administration, les solutions du marché les plus abouties prévoient le cas de figure et proposent aux utilisateurs de chaque nationalité des menus dans leur langue d'origine, avec parfois plus ou moins de bonheur en termes de traduction.

Les pages des sites

Concernant les pages de sites, le problème est un peu différent. En utilisant ce terme, je pense aux pages de portail par exemple, qui contiennent des textes statiques, des libellés, des boutons, intégrés par le web master.

Il faudra faire en sorte que le contenu de cette page s'affiche dans la bonne langue en fonction de l'utilisateur. Là aussi, les outils les plus aboutis proposent des solutions, en permettant soit la construction de plusieurs pages (une dans chaque langue), soit en conditionnant l'affiche de certains libellés et boutons à la langue de l'utilisateur.

Les contenus éditoriaux

Le problème le plus délicat reste les contenus éditoriaux. Ce sont par exemple les articles d'information *Corporate* publiés par la communication interne, ou tout autre contenu éditorial publié par une structure.

Ces contenus sont à dissocier en deux groupes : ceux qui intéressent tous les pays (et donc par définition qui sont internationaux) et ceux qui n'intéressent que le pays local.

Pour le dernier cas de figure, aucun souci : l'article devra rester accessible qu'aux lecteurs du pays concerné. Le premier cas de figure pose plus de problème : il faudra gérer techniquement plusieurs versions, mais il faudra aussi assurer la traduction de chaque article dans chaque langue cible, ce qui nécessite la mobilisation de moyens humains (*dans l'attente de traducteurs automatiques vraiment efficaces*).

Le multilinguisme en lui-même n'est pas le plus grand défi. Qui dit plusieurs langues, dit plusieurs pays, plusieurs cultures (*culture sociale et culture d'entreprise*), plusieurs activités, plusieurs politiques managériales et humaines, et mêmes plusieurs législations. Et donc potentiellement plusieurs portails et intranets.

Le multilinguisme et la dimension internationale de l'entreprise sont donc une particularité majeure dont il faudra bien mesurer les impacts et bien les intégrer dans le projet de conception.

LA CHARTE DES UTILISATEURS

L'avènement du collaboratif dans les Intranets (les fameux usages 2.0) ont changé une chose importante : l'utilisateur a désormais la possibilité d'ajouter du contenu, ou de le modifier. Par rapport à un intranet monolithique & statique, géré uniquement par la Direction de la Communication interne, ça change radicalement la donne.

L'avènement des Réseaux Sociaux d'Entreprise accentue encore plus le phénomène car chaque utilisateur peut encore plus facilement publier et interagir.

Tout cela nécessite de poser un cadre précis à ces usages : une sorte de charte de bonne conduite. Cette charte doit donner les grandes règles à respecter :

- le respect de la confidentialité des informations publiées : bien gérer les droits pour ne pas ne porter à la connaissance des collaborateurs des informations confidentielles (projet, etc.)
- la bonne gestion des contenus : s'assurer que les données représentant une partie du patrimoine de l'entreprise sont bien stockées et sécurisées
- le respect des personnes : faire preuve d'une éthique dans les propos tenus sur les différents canaux de l'intranet et dans la nature des contenus publiés
- le respect des outils : ne pas chercher à porter atteinte aux services intranet d'une quelconque manière qu'il soit
- ... etc ....

Cette charte doit être signée par les plus hautes autorités de l'entreprise et intégrée dans les règles de bonne conduite de l'entreprise, que chacun doit signer à son arrivée. Dans l'idéal, un système de signature électronique doit proposer régulièrement (une fois par an par exemple) aux utilisateurs (collaborateurs et prestataires) de re-signer la charte.

La rédaction d'une telle charte est importante pour pouvoir être en mesure de rappeler à l'ordre d'éventuelles personnes indélicates qui prendraient quelques libertés avec les outils collaboratifs de l'entreprise.

L'EXTRANET

Par définition, le mot INTRANET désigne l'usage par une entreprise, des techniques et technologies du Web dans le cercle très privé de la société.

Pour des raisons de confidentialité et de sécurité, le réseau informatique qui "porte" les usages intranet est accessible uniquement aux personnes qui sont connectées sur le réseau interne de l'entreprise.

L'EXTRANET désigne un INTRANET plus étendu. Il reste « privé », c'est à dire non accessible par le quidam depuis internet, mais il s'ouvre d'avantage que son cousin INTRANET : des personnels externes à l'entreprise (fournisseurs, prestataires, ...) peuvent s'y connecter et partager des ressources avec les employés.

Les besoins d'échange

L'INTRANET a cet avantage de protéger l'entreprise de toute tentative d'intrusion, puisqu'il est déconnecté du monde internet.

Mais cette posture a un inconvénient majeur : un usage interne exclusif, sans ouverture vers l'extérieur, ne permet les échanges qu'entre les seuls employés de l'entreprise (*en incluant éventuellement les prestataires sous contrats de type régie*). Les acteurs externes à l'entreprise (*fournisseurs, sociétés de service, organismes, ...*) qui travaillent avec, ou pour l'entreprise, ne pourront pas accéder aux ressources intranet de l'entreprise.

Le cas le plus courant, c'est le partage de simples fichiers bureautiques entre des acteurs internes et externes à l'entreprise : en interne, les employés peuvent utiliser des outils collaboratifs pour partager leur base documentaire (ou même un serveur de fichiers classique), tandis que les intervenants externes doivent se contenter de recevoir les documents nouvellement créés ou mise à jour par simple mail (*quand on pense à les leur envoyer*).

Mais dans certains cas, le mail comme outil de partage documentaire ne suffit même pas. Lorsque les fichiers sont trop lourds, la messagerie ne peut plus être utilisé : taille limite dépassée !

Et lorsque l'entreprise ne propose rien pour couvrir ces besoins, ce sont les employés qui cherchent et trouvent eux-mêmes les solutions.

Quand les employés trouvent eux-mêmes les alternatives...

Ces solutions alternatives que les employés trouvent par eux-mêmes, elles sont sur le Net, et elles sont souvent gratuites : ce sont les outils de transferts de fichier, les outils de partage de documents, les Réseaux Sociaux d'Entreprise grand public.

C'est ainsi que les informations de votre entreprise transitent entre vous et des intervenants extérieurs via des comptes personnels Dropbox, grâce à des outils comme WeTransfer, ou carrément via des groupes privés Facebook.

Dans l'absolu, le recours à ces outils grands publics ne choque pas grand monde, sauf le RSSI (*Responsable Sécurité des Systèmes d'Information*) qui s'étrangle d'émotion (*à juste titre*) en découvrant que des informations et/ou documents professionnels transitent par ces canaux non officiels. Car le risque est réel.

Le risque est de deux ordres.

1. Le premier est de contrevenir au règlement intérieur d'une entreprise qui aurait choisi, à tort ou à raison, de ne stocker aucune information professionnelle en dehors de l'entreprise.

2. Le second, bien plus grave, c'est que l'employé maîtrise mal la confidentialité de l'outil et qu'il diffuse sur Internet sans s'en rendre compte des informations sensibles, voire carrément confidentielles.

   Pour vous convaincre du phénomène, visitez les profils Facebook de vos amis Facebook, et faites l'inventaire de ceux qui ont laissé leur profils ouverts, non pas par volonté de transparence, mais juste par erreur…

   Les impacts dans un tel cas peuvent s'avérer dramatiques, autant en termes de stratégie d'entreprise si des secrets sont éventés, qu'en termes d'image (bad buzz).

Accompagner, plutôt qu'interdire

Il y a deux postures possibles de l'entreprise face à ces dérives dangereuses : interdire ou répondre au besoin.

Interdire le recours à des solutions internet grand public pour partager informations et documents sans rien proposer d'autre, c'est nier qu'il existe un besoin de ce genre d'usages au sein de l'entreprise. Non seulement cette posture génère frustration et colère auprès des employés, mais surtout, elle ne va rien solutionner côté utilisateur : ils ne pourront toujours pas échanger d'informations avec leurs partenaires ce qui va plomber l'efficacité de certaines équipes.

Accompagner, ça passe par l'identification du besoin d'échanges avec des acteurs externes. Accompagner, c'est proposer aux employés des solutions internes sécurisées et validées par l'entreprise pour partager et échanger des informations et des fichiers.

Mais ça n'est pas suffisant. Même une fois déployés au sein de l'entreprise, ces outils internes seront largement moins connus que leurs homologues du Net. Il conviendra donc d'accompagner ces outils d'un plan de communication et de sensibilisation pour les positionner comme solutions d'entreprise pour tout besoin extranet.

Les difficultés de l'extranet

Créer un Extranet n'est pas une chose simple. Il y a plusieurs difficultés à surmonter, au niveau architecture, sécurité et authentification. Car ouvrir un Intranet à des personnes extérieures à l'entreprise, cela revient à rendre accessible le réseau d'entreprise depuis l'extérieur.

Au niveau architecture, l'enjeu est de garantir qu'un inconnu ne puisse pas tenter une intrusion en exploitant une faille de sécurité de vos sites et de vos serveurs. Cela nécessite de l'expertise, du contrôle et des moyens dont toutes les entreprises ne disposent pas toujours.

Dans ce cadre, les solutions cloud sont à privilégier ; nous en reparlerons dans le chapitre consacré à ce sujet.

L'INTRANET ET SES UTILISATEURS

Les employés sont souvent les parents pauvres du digital de leur entreprise. La priorité est bien souvent mise sur l'amélioration de la qualité de vie numérique des clients, au travers de sites Internet de qualité (simples, beaux, ergonomiques) et au travers d'applications mobiles pour Smartphones et tablettes, toujours pour les clients.

De ce fait, il y a souvent un fossé important entre la vie numérique rêvée que l'entreprise vend à ses clients et la vie numérique des employés qui travaillent chaque jour pour l'entreprise.

L'écoute des employés est primordiale pour comprendre leurs besoins et leurs difficultés et identifier les axes d'amélioration des outils digitaux utilisés.

Rappelez-vous que la qualité de leur vie numérique professionnelle n'est pas sans impact sur la motivation des troupes, sur leur efficacité et sur leur plaisir de travailler.

Une bonne qualité de vie numérique, ce sont des outils efficaces et modernes pour collaborer et travailler ensemble. Ce sont aussi des outils de qualité, à la fois en termes de conception, d'ergonomie et de design. Ce sont aussi des outils simples à utiliser et des processus simples à comprendre.

PENSEZ A VOS COLLABORATEURS !

Autant les entreprises se préoccupent beaucoup du bien être digital de leurs clients via leur site internet, autant les collaborateurs ne bénéficient pas toujours des mêmes attentions.

Au sein d'une même entreprise, vous pouvez donc voir des sites internet à la pointe des technologies, magnifiques en termes de design et d'ergonomie et dans le même temps, des outils intranet et des solutions collaboratives parfois aux limites de l'indigence (quand il y en a).

Il y a mille raisons pour expliquer ce choix. Dans ces temps économiques difficiles, il est plus naturel d'investir sur les clients (qui apportent des revenus), que sur les collaborateurs (qui coûtent de l'argent). Il y a aussi une question d'image : les sites internet doivent être beaux et modernes car ils véhiculent l'image de l'entreprise, tandis qu'en interne, cette question semble moins cruciale. A tort ?

La réussite d'une entreprise, c'est certes avant tout des clients qui achètent ses produits et ses services. Mais ce n'est pas que ça. Ce sont aussi des collaborateurs fiers d'y travailler et donc motivés, qui deviennent pour cette raison les premiers ambassadeurs de la marque auprès de leurs proches.

Une entreprise qui réussit, ce sont aussi des collaborateurs plus efficaces parce qu'ils ont les bons outils. Une entreprise qui réussit, c'est encore une entreprise qui innove, qui sait se transformer rapidement quand c'est nécessaire, parce qu'elle a mis en place les outils et les postures en interne pour que ça soit possible.

A mon sens, une entreprise qui veut être digitale peut difficilement ne l'être qu'à moitié, vis à vis de ses clients uniquement, en occultant son digital interne. Tout simplement parce que je ne peux pas imaginer que ceux qui conçoivent la vie digitale future des clients puisse le faire en travaillant avec les outils du passé. Pour concevoir du digital, il faut être digital soi-même ; on peut difficilement faire semblant.

LA VIE NUMERIQUE DE VOS EMPLOYES

Vous n'y pensez peut être pas, mais vos employés ont une vie digitale à la maison, une fois rentrés de leur travail.

Comme je l'ai évoqué dans le premier chapitre « L'intranet et l'entreprise », voilà plus de dix ans que je constate qu'un fossé béant s'est creusé entre la vie digitale personnelle des salariés, et leur vie digitale professionnelle.

La brèche est apparue avec l'arrivée de l'ADSL et l'apparition de services internet puissants, souvent gratuits. En quelques années, les collaborateurs ont bénéficié à titre personnel, de services beaucoup plus modernes que ceux dont ils disposent au bureau.

Prenons quelques exemples au hasard :

- **La messagerie** : les messageries gratuites proposent des quotas de stockage très importants à leurs utilisateurs, jusqu'à 1 To pour certaines même illimités pour d'autres. De combien d'espace de stockage disposent vos employés dans la messagerie d'entreprise ?

- **Le stockage des fichiers** : des solutions gratuites (Dropbox par exemple), ou fournies par les fournisseurs d'accès internet, proposent des espaces de stockage de quelques Go à plusieurs dizaines de Go. De combien disposent vos employés pour stocker en ligne leurs fichiers de travail ?

- **Le partage des fichiers** : le casse-tête des salariés, c'est de pouvoir partager de gros fichiers entre collègues ou avec des intervenants externes. Ces fichiers sont trop volumineux pour passer par la messagerie. Sur Internet, des services gratuits existent comme WeTransfer. Et votre entreprise, que propose-t-elle ?

- **Le travail collaboratif** : avec l'émergence de Facebook, vos employés sont de plus en plus nombreux à maîtriser le réseau social. Et dans votre entreprise, proposez-vous un Réseau Social d'Entreprise ?

- **L'accès en mobilité** : vos employés sont majoritairement équipés de smartphone et de tablettes. Ils y consultent les dernières actualités, communiquent, partagent. Et votre entreprise, que propose-t-elle comme solution mobile ?

Ce fossé commence à se combler petit à petit dans certaines entreprises, notamment grâce au déploiement des solutions digitales de type collaboratives comme SharePoint. Dans les autres, ce fossé se creuse d'avantage, encore et encore.

Une trop grande différence entre la qualité de vie digitale personnelle et professionnelle a forcément des conséquences :

- **Déficit d'image en interne** : une vie digitale professionnelle pauvre ne donne pas une image d'innovation et de technologie aux employés, qui connaissent une vie digitale plus riche au sein de leur foyer. Au contraire, cette situation émet une image négative de l'entreprise incapable d'investir dans les nouvelles technologies ou de les comprendre.

- **Difficulté à s'adapter** : à tout moment, une entreprise doit pouvoir s'adapter à un nouveau contexte. Les évolutions régulières des solutions digitales internes sont un excellent levier pour « remuer » régulièrement les habitudes et habituer les salariés au changement. A défaut de profiter de ce levier, le conservatisme règne en maître au sein de toute l'entreprise et prend le pouvoir.

- **Frustration des employés** : dans toutes les entreprises, chaque employé a un jour ou l'autre pesté parce qu'il ne disposait d'aucun outil pour transférer un gros fichier à un collègue ou un intervenant professionnel. Chez lui, pourtant, il utilise un service internet gratuit, et en quelques minutes, l'affaire est faite. Cette situation génère une vraie frustration, qu'il ne faut pas négliger.

- **Perte d'efficacité** : les solutions du digital interne représentent un nouveau « gisement de productivité », comme l'ont été les messageries, les serveurs de fichiers, ou même le téléphone en son temps. Ne pas les adopter, c'est renoncer à des gains d'efficacité pour toute l'entreprise.

Réfléchir à la vie numérique de vos collaborateurs, ce n'est donc pas céder à une mode, ni se faire plaisir, c'est redonner à l'entreprise une image d'innovation et de modernisme et c'est améliorer les conditions de travail de vos employés, en leur proposant des outils performants.

FAITES SIMPLE !

Faire simple est un gage de réussite pour vos applications digitales internes ; c'est aussi un bon levier pour promouvoir la simplicité au-delà des applications, c'est à dire au cœur des processus de l'entreprise.

C'est pour cette raison que je titrais dans le chapitre « L'intranet et l'entreprise » que « *L'intranet est le vecteur de progrès de l'entreprise* », parce que c'est au travers de ce digital interne que l'on peut apporter des évolutions des processus et en particulier leur simplification.

Il y a deux niveaux de simplicité au sein de vos outils digitaux : il y a la simplicité du processus (*les règles de gestion*), et la simplicité de l'ergonomie (*la structure des écrans et leurs enchaînements*).

La simplicité du processus est essentielle pour permettre une ergonomie simple. Faire un processus simple, ce n'est pas forcément faire des renoncements sur des règles de gestion importantes. C'est surtout se poser de bonnes questions, c'est oser remettre en cause des règles vieilles de plusieurs années, en se demandant si elles sont toujours valables ou pertinentes.

La simplicité de l'ergonomie garantit quant à elle une utilisation efficace de l'outil. Elle a pour prérequis la simplicité du processus, mais ce n'est pas suffisant : on peut trouver des ergonomies indigestes alors même que les règles sont simples. Mais à défaut, une ergonomie ingénieuse peut gommer la rugosité d'un processus un peu trop complexe.

Faire simple est paradoxalement complexe. Cela implique à tout niveau (*de la base au top management*) le sens du renoncement. C'est cependant à mon sens un axe puissant pour faire adopter certains nouveaux usages ou outils et pour promouvoir positivement le digital interne au sein des équipes.

L'enveloppe de jours d'intervention

Plus efficace, il y a la solution d'acheter à une agence un nombre de jours de travail à consommer dans l'année. A chaque projet, vous avez ainsi la possibilité de faire travailler un webdesigner sur votre projet.

L'avantage est que cet engagement se fait de façon très souple (une seule démarche contractuelle au lancement). Les inconvénients, c'est qu'il y a un risque qu'aucune ressource valable ne soit disponible au moment que vous souhaitez. Et il n'y a plus la sécurité du forfait.

La régie mutualisée

Le plus efficace est de prendre en régie une ressource graphique à temps plein en mode régie, et de la mutualiser au sein d'une même société.

Regardez autour de vous : toutes les structures de l'entreprise ont besoin, régulièrement dans l'année, de produire des éléments graphiques de qualité : des habillages de sites intranet, des illustrations pour des pages Intranet, des logos d'équipe, des PowerPoint destinés à des présentations VIP, des flyers, des communications, …

Une telle ressource sera forcément bien occupée tout au long de l'année, pour un coût financier moindre qu'en mode forfait ponctuel.

L'idée est séduisante, l'intention est belle, mais elle reste difficile à mettre en œuvre dans une grande société pour de multiples raisons. Tout d'abord une structure acceptera difficilement de porter le budget d'une ressource partagée avec d'autres. Ensuite, il y aura nécessairement un difficile arbitrage pour décider des sujets sur lesquels cette ressource travaillera en priorité.

Pour autant, sur le plan économique, cette solution s'entend. Faites un audit au sein de votre entreprise, pour identifier les sommes allouées chaque année à toutes les agences de design, toutes structures confondues et vous aurez une idée rapide de Retour sur Investissement.

- Un design de qualité apporte une vraie satisfaction au sein de l'équipe en charge du développement. En intégrant les éléments graphiques fournis par un professionnel du design, les développeurs ressentent une véritable fierté en voyant au final un résultat de qualité.

- Enfin, l'intervention d'un professionnel du design est un gage d'efficacité pour toute l'équipe. Pour l'avoir vécu, confier le design aux développeurs est un pari risqué : non seulement le résultat est souvent très moche, mais cela leur prend un temps fou, tout simplement parce que ce n'est ni leur talent, ni leur métier.

Il faut bien entendu savoir s'adapter au contexte, pour ne pas s'embarquer dans une impasse technique dans le seul but de faire un look attrayant. SharePoint, dont nous allons parler plus tard, présente par exemple des limites sur ces points qu'il est conseillé de respecter. Nous en reparlerons dans un prochain chapitre.

Reste qu'avoir recours à un designer professionnel est un coût supplémentaire non négligeable, pour toute application. Si une équipe interne ne produit pas régulièrement de nouvelles applications, l'intégration dans l'équipe à demeure d'un designer ne peut pas toujours se justifier.

Il y a quelques solutions pour bénéficier du talent d'un web designer même si vous ne pouvez pas en prendre un à temps plein :

La prestation de design ponctuelle

La solution la moins efficace est de passer un contrat de prestation avec une agence de design, pour chaque projet à réaliser.

Sauf si vous n'avez que très peu de projets chaque année, cette solution nécessite d'entamer les démarches contractuelles avec tout le circuit de signature et d'engagement qui vont ruiner vos efforts d'optimisation de planning. L'avantage est d'avoir un engagement au forfait.

LE DESIGN POUR ETRE EFFICACE

J'ai abordé ce sujet dans mon précédent livre[6], mais il m'a semblé important d'en reparler dans cet ouvrage.

Depuis l'avènement des Smartphones et des tablettes, l'approche du design des applications a changé. Le design, c'est le « look » des applications : les couleurs, illustrations, fontes de police, tout ce qui contribue à l'aspect visuel d'une application informatique.

Un design épuré et soigné est devenu le standard pour toute application mobile qui se respecte et par ricochet pour toute application Web.

Sachez que l'aspect graphique de vos applications intranet a une influence directe sur l'accueil de l'outil par vos équipes. Une application « moche » qui ne ressemble graphiquement à rien émet d'emblée des messages négatifs aux utilisateurs : « *c'est nul* », ou « *ça ne marchera pas* », ou « *ils sont vraiment nuls* » (*ils = l'équipe en charge de l'outil*).

Cela implique deux conséquences fâcheuses : (1) d'emblée les utilisateurs n'ont pas une grande confiance dans cet outil qu'ils jugent de premier abord de mauvaise qualité, et (2) l'équipe en charge du développement de l'application n'en est pas très fière même si elle est techniquement très aboutie.

C'est un fait : l'intranet est souvent le parent pauvre du design. Tous les efforts sont principalement portés sur le design des sites internet destinés aux clients, je l'ai déjà dit. Quand vient l'heure de préparer le budget des applications intranet, la ligne « design » est bien souvent sacrifiée. On se dit alors, comme pour se rassurer, que la priorité c'est d'être efficace, pas de faire beau.

Je pense personnellement que « faire beau » permet de gagner en efficacité, et je vais vous expliquer pourquoi :

- Un soin particulier apporté au design d'une application permet de faciliter l'adhésion des utilisateurs à un nouvel outil, si tant est que l'ergonomie[7] est elle aussi bien aboutie.

---

[6] « PENSER AUTREMENT vos projets informatiques », éditions BOD

[7] Pour rappel, l'ergonomie c'est la disposition des champs à l'écran, et l'enchaînement des écrans, tandis que le design c'est l'habillage graphique de l'ensemble.

Face à ces informations, l'entreprise peut adopter plusieurs postures.

Ne pas en tenir compte

L'entreprise peut sciemment ne pas tenir compte des signaux faibles ou forts venant du terrain, pour de bonnes ou de mauvaises raisons (financières généralement).

Cette posture est dangereuse. Si les employés sont soumis à des objectifs ambitieux en termes d'objectifs et d'efficacité, ce refus de supprimer tous les obstacles et les freins à un travail efficace peut générer de vraies tensions avec la Direction et un climat social compliqué.

Mais surtout, cette posture a pour conséquence de faire perdurer des anomalies dans les processus de l'entreprise qui sont sources de pertes d'efficacité. Cela revient à détecter une fuite dans un circuit d'eau sous haute pression, mais de préférer laisser couler l'eau par gros jets sans chercher à réparer. Gare à l'inondation.

Améliorer la qualité de vie numérique

Au contraire, l'entreprise peut se lancer dans un programme d'amélioration de la qualité de vie numérique de ses employés. Elle sera donc à l'écoute active de tous ces signaux, qui sont autant de chance de gagner en efficacité et en condition de travail.

Cette posture a un coût financier et nécessite donc une vraie ambition. L'effort est dans l'écoute du terrain, dans l'analyse des retours, dans la définition de la correction à apporter et dans la mise en œuvre de cette correction.

Ce n'est absolument pas une démarche simple. Elle nécessite une réelle ambition et la mobilisation du top management, pour faire passer les mesures nécessaires.

Pour autant, cette dernière posture peut apporter des gains importants à toute l'entreprise. Imaginez une application Web mal conçue, qui fait perdre chaque jour 15 min de leur temps à chacun de vos 5 000 salariés.

Vouloir améliorer la qualité de vie digitale de vos employés apporte également des gains rapides dans le climat social : en aplanissant les difficultés rencontrées par les employés avec leurs applications Web métier ou pratiques, vous contribuez à améliorer de manière significative leurs conditions de travail et leur satisfaction.

SACHEZ ECOUTER VOS EMPLOYES

Il est souvent très instructif de prendre un café avec des employés d'une entreprise, et de discuter de choses et d'autres : c'est un petit truc d'auditeur ☺ ! On recueille ainsi, de manière informelle, beaucoup d'informations très utiles.

Vous découvrirez par exemple que vos employés mettent parfois beaucoup (trop) de temps pour réaliser certaines actions quotidiennes toutes bêtes, comme par exemple déclarer leurs notes de frais et que ça les rend fous.

Vous découvrirez aussi que certaines applications Web intranet pourtant incontournables dans leur vie quotidienne (métier ou vie quotidienne), font chuter la productivité quotidienne, pour différentes raisons :

- *parce que ces applications sont incompréhensibles,*
- *parce que leur ergonomie est mal pensée et qu'elle rend la saisie longue et fastidieuse,*
- *parce que ces applications ne sont pas fiables et qu'elles plantent régulièrement, toujours juste avant l'enregistrement des informations qui ont été péniblement saisies,*
- *...*

J'ai eu un jour l'occasion de rencontrer des utilisateurs d'un CMS (outil de gestion de contenu de site Web) qui m'expliquaient la voix tremblante, que la mise à jour d'une seule page Web pouvait prendre près d'une demi-heure, tant l'ergonomie de l'outil était inadaptée. Dans cet exemple métier, l'impact sur la productivité est évident et mériterait une petite analyse.

Ces remontées de terrain sont difficiles à obtenir parce que ce sont des critiques d'un outil et donc les critiques d'une équipe (celle en charge de l'outil en question). Or en entreprise, la critique est mal perçue, alors même qu'elle est un vecteur d'amélioration.

Il y a plein de moyens différents pour détecter ces signaux (forts ou faibles) du terrain. Cela peut-être la simple écoute des employés ou la consultation des utilisateurs via un outil d'enquête, ou simplement la mise à disposition d'un canal de remontées de problème. A la base, il faut surtout une vraie volonté d'améliorer les choses.

LA VIE NUMERIQUE DE VOS EMPLOYES

Vous n'y pensez peut être pas, mais vos employés ont une vie digitale à la maison, une fois rentrés de leur travail.

Comme je l'ai évoqué dans le premier chapitre « L'intranet et l'entreprise », voilà plus de dix ans que je constate qu'un fossé béant s'est creusé entre la vie digitale personnelle des salariés, et leur vie digitale professionnelle.

La brèche est apparue avec l'arrivée de l'ADSL et l'apparition de services internet puissants, souvent gratuits. En quelques années, les collaborateurs ont bénéficié à titre personnel, de services beaucoup plus modernes que ceux dont ils disposent au bureau.

Prenons quelques exemples au hasard :

- **La messagerie** : les messageries gratuites proposent des quotas de stockage très importants à leurs utilisateurs, jusqu'à 1 To pour certaines même illimités pour d'autres. De combien d'espace de stockage disposent vos employés dans la messagerie d'entreprise ?

- **Le stockage des fichiers** : des solutions gratuites (Dropbox par exemple), ou fournies par les fournisseurs d'accès internet, proposent des espaces de stockage de quelques Go à plusieurs dizaines de Go. De combien disposent vos employés pour stocker en ligne leurs fichiers de travail ?

- **Le partage des fichiers** : le casse tête des salariés, c'est de pouvoir partager de gros fichiers entre collègues ou avec des intervenants externes. Ces fichiers sont trop volumineux pour passer par la messagerie. Sur Internet, des services gratuits existent comme WeTransfer. Et votre entreprise, que propose-t-elle ?

- **Le travail collaboratif** : avec l'émergence de Facebook, vos employés sont de plus en plus nombreux à maîtriser le réseau social. Et dans votre entreprise, proposez-vous un Réseau Social d'Entreprise ?

- **L'accès en mobilité** : vos employés sont majoritairement équipés de smartphone et de tablettes. Ils y consultent les dernières actualités, communiquent, partagent. Et votre entreprise, que propose-t-elle comme solution mobile ?

Ce fossé commence à se combler petit à petit dans certaines entreprises, notamment grâce au déploiement des solutions digitales de type collaboratives comme SharePoint. Dans les autres, ce fossé se creuse d'avantage, encore et encore.

Une trop grande différence entre la qualité de vie digitale personnelle et professionnelle a forcément des conséquences :

- **Déficit d'image en interne** : une vie digitale professionnelle pauvre ne donne pas une image d'innovation et de technologie aux employés, qui connaissent une vie digitale plus riche au sein de leur foyer. Au contraire, cette situation émet une image négative de l'entreprise incapable d'investir dans les nouvelles technologies ou de les comprendre.

- **Difficulté à s'adapter** : à tout moment, une entreprise doit pouvoir s'adapter à un nouveau contexte. Les évolutions régulières des solutions digitales internes sont un excellent levier pour « remuer » régulièrement les habitudes et habituer les salariés au changement. A défaut de profiter de ce levier, le conservatisme règne en maître au sein de toute l'entreprise et prend le pouvoir.

- **Frustration des employés** : dans toutes les entreprises, chaque employé a un jour ou l'autre pesté parce qu'il ne disposait d'aucun outil pour transférer un gros fichier à un collègue ou un intervenant professionnel. Chez lui, pourtant, il utilise un service internet gratuit, et en quelques minutes, l'affaire est faite. Cette situation génère une vraie frustration, qu'il ne faut pas négliger.

- **Perte d'efficacité** : les solutions du digital interne représentent un nouveau « gisement de productivité », comme l'ont été les messageries, les serveurs de fichiers, ou même le téléphone en son temps. Ne pas les adopter, c'est renoncer à des gains d'efficacité pour toute l'entreprise.

Réfléchir à la vie numérique de vos collaborateurs, ce n'est donc pas céder à une mode, ni se faire plaisir, c'est redonner à l'entreprise une image d'innovation et de modernisme et c'est améliorer les conditions de travail de vos employés, en leur proposant des outils performants.

ACCOMPAGNEZ LE CHANGEMENT

Ce point est également abordé en détail dans mon dernier livre. J'en reparlerai encore plus en détail dans les prochains chapitres. C'est que le sujet est d'importance et mérite qu'on s'y attarde un peu.

En matière de digital interne, l'accompagnement que vous devez à vos employés est un peu différent de celui que vous pourriez faire pour déployer une nouvelle version d'un outil. Tout simplement parce que les outils du digital interne (les outils collaboratifs, le Réseau Social d'Entreprise) impactent de façon profonde la façon de travailler et d'échanger au sein de l'entreprise. C'est donc un changement plus important que celui que l'on mettrait en place pour un simple déploiement d'une nouvelle version d'Office, par exemple.

L'accompagnement au changement est toujours compliqué à concevoir pour les sociétés qui débutent leur démarche digitale interne, parce que cela nécessite d'avoir une très bonne maturité sur ces questions, pour que les mesures soient adaptées et efficaces. Or cette maturité s'acquière avec l'expérience et la pratique, chose qui manque quand une société se lance sur ces sujets.

Pour ces raisons, les consultants spécialisés (dont je fais partie) sont généralement nécessaires pour « mettre le pied à l'étrier » et apporter tout le conseil utile pour se lancer dans de bonnes conditions.

Au risque de vous décevoir, il n'y a pas de recette miracle pour faire un accompagnement au changement efficace. Chaque entreprise est différente, chaque contexte est particulier. Pour savoir quelles actions mener, il faut connaître certains paramètres, pour déterminer ce qui est possible / nécessaire de faire pour aider les employés (et le management) à adopter le digital interne.

Il y a tout de même quelques points essentiels qui conduisent les actions d'accompagnement :

- **Donner du sens** : c'est le point essentiel et primordial. Pour qu'une démarche soit acceptée et que les employés y adhérent, il faut qu'ils comprennent pourquoi la démarche est importante. Il faut donner du sens, expliquer les enjeux pour l'entreprise et pour les employés.

- **Positionner la démarche dans le cadre du travail quotidien** : ce qui intéresse vos collaborateurs en premier lieu, c'est de savoir en quoi une démarche ou de nouveaux outils s'intègre dans leurs tâches quotidiennes et en quoi cela va les aider.

- **Montrer des exemples** : laissons la théorie aux théoriciens. Les employés attendent du concret, comme expliqué dans le précédent point. Montrez leur des exemples concrets, faites la promotion de succès story interne.

- **Expliquer les usages** : j'y reviendrai dans les chapitres suivants, mais partez du principe que « travailler autrement », ce n'est pas quelque chose d'instinctif. Pour changer les habitudes de travail, il faut expliquer les nouveaux usages, au travers de scénarii de travail précis (échanges autour d'un projet, etc.) et mettre en évidence les avantages par rapport au mode de travail classique.

- **Expliquer le fonctionnement** : une fois les usages expliqués, il faut donner quelques explications sur le fonctionnement des outils. C'est la partie la plus simple, que des tutos vidéo permettent de couvrir très facilement.

- **Répondre aux questions** : au sein de votre entreprise, des équipes motivées auront envie de tenter l'aventure digitale. Mais pour se lancer, peut-être auront-ils besoin de quelques conseils, ou de réponses à leurs questions. Cela aussi fait partie de l'accompagnement.

LE PORTAIL INTRANET

Le portail d'entreprise porte bien son nom : c'est le point d'entrée unique de vos collaborateurs vers toutes les ressources intranet de l'entreprise.

C'est LE site vers lequel vos collaborateurs vont naturellement s'orienter en premier lorsqu'ils souhaitent rechercher une information, accéder à un service ou un autre site intranet.

C'est en tout cas de cette manière dont les choses devraient se passer. Dans la réalité, ce qu'on appelle le portail d'entreprise se contente parfois de n'être qu'une page d'accueil qui donne principalement accès aux informations *Corporate* et à quelques liens utiles.

Considéré comme un simple outil de diffusion de l'information *Corporate*, ses enjeux sont souvent sous-estimés. Le portail d'entreprise est pourtant bien plus que ça : il peut optimiser l'accès de vos employés à leurs outils et informations de travail, il peut faciliter la collaboration.

Le portail d'entreprise[8] est en fait le principal vecteur de progrès dans l'entreprise, en termes de mode de travail et d'efficacité.

---

[8] Merci à Olivier SONNEVILLE pour sa collaboration avec mon équipe (Nicolas MOTRON) et moi-même pendant de longues années sur ces sujets, en sa qualité de chef de projet Maîtrise d'Ouvrage de la Communication Interne

59

LES ENJEUX

L'importance du portail d'entreprise est souvent sous-estimée. On voit au travers du portail une simple page d'accueil *Corporate*, avec des couleurs chatoyantes. Ça va bien au-delà de ça.

Un enjeu d'efficacité

De la pertinence du portail, de sa complétude dépend l'efficacité des collaborateurs à trouver les bons outils et la bonne information.

L'écosystème des Intranets ayant considérablement grossi au fil des années, ce n'est pas un luxe que d'offrir aux collaborateurs un moyen de trouver et d'accéder en quelques clics aux ressources dont ils ont besoin.

Et on ne parle pas ici de trouver la bonne info du comité d'entreprise, ou le dernier article publié par la communication interne. Je parle d'outils métier, d'informations nécessaires au travail, de sites collaboratifs d'équipe, de communautés d'échange sur les projets. On parle donc ici d'efficacité, de productivité : nous y reviendrons au travers du chapitre consacré au moteur de recherche d'entreprise.

Un enjeu d'efficacité

Le contenu, la forme, les fonctionnalités, bref les services rendus par un portail d'entreprise dépendent bien évidemment des missions et objectifs qui auront été donnés à la maîtrise d'ouvrage en charge du portail.

Comme nous l'avons vu dans le chapitre "**l'intranet et l'entreprise**", historiquement, c'est la direction de la communication interne qui a la charge MOA du portail.

Est-ce que la mission de la Communication interne est de se concentrer sur son cœur de métier uniquement, c'est à dire la diffusion de l'information *Corporate* ? Ou est-ce que ses missions sont plus larges et couvrent "le digital interne de l'entreprise?

Dans le premier cas, le portail serait principalement centré sur la mise en valeur du canal de publication, et dans l'autre il intégrerait des fonctionnalités permettant d'améliorer l'efficacité des employés (moteur de recherche global, intégration du RSE,...)

LA STRUCTURE DU PORTAIL

Il est impossible de donner une description de ce que doit être un portail d'entreprise idéal. Le meilleur portail pour une entreprise est celui qui correspond le mieux au contexte de l'entreprise et aux missions qui sont celles de la maîtrise d'ouvrage du portail (cf. le point précédent).

Pour le définir, il faut savoir tenir compte d'un nombre important de périmètre :

- *la nature de la composition des contenus intranet de l'entreprise*
- *la maturité des usages web et collaboratifs au sein de l'entreprise*
- *les services intranet déjà disponibles aux employés (moteur de recherche, publication vidéo, réseau social d'entreprise, etc.)*
- *des moyens disponibles pour le gérer et l'animer (en effectifs, en budgets)*
- *des besoins (éditoriaux, métiers, ...) identifiés pour l'entreprise*

Il y a bien sur quelques briques essentielles que l'on retrouve dans la plupart des portails d'entreprise.

La page d'accueil

C'est sur cette page que vont se concentrer tous vos efforts.

La page d'accueil du portail c'est celle qui donne la vue d'ensemble la plus large des contenus intranet de l'entreprise, à la fois en termes d'informations, qu'en termes d'accès aux ressources web internes, ou qu'en termes d'informations métier.

Son contenu dépendra beaucoup de l'objectif qui a été donné au portail. Est ce qu'il doit être centré sur la publication, ou couvrir aussi le métier, l'efficacité personnelle ou une combinaison savante des trois ?

Le menu de navigation

Impossible depuis la page d'accueil de donner accès en un clic à tous les principaux contenus, sans proposer un menu de navigation intégré au portail. Le style du menu est au « megadrop », comme on peut en avoir quelques exemples sur certains sites de commerces en ligne.

Ces menus sont plus riches que les menus primitifs des années 2000 qui nécessitaient une bonne maîtrise du clavier pour accéder au fin fond du menu.

Dans tous les cas, le menu de navigation ne saurait être complètement exhaustif et offrir un point d'entrée à tous les sites ou outils existant. L'équipe en charge de la gestion de ce menu (souvent la communication interne) devra faire des choix et privilégier d'intégrer dans le menu uniquement les liens vers les sites ouverts à tous les salariés. Les autres ressources web pourront être accessibles via le moteur de recherche, éventuellement.

Statuer quels services seront mis en avant via le menu de navigation n'est pas une mince affaire. Celui qui aura en charge cette décision devra s'attendre à négocier avec les différentes structures de l'entreprise qui jugeront toutes que leurs contenus sont les plus importants à mettre en avant.

Le moteur de recherche

Le portail d'entreprise est bien souvent l'écrin du moteur de recherche d'entreprise s'il en existe un. À défaut de disposer d'un moteur global d'entreprise, le portail est la bonne place pour intégrer un moteur de recherche pour accéder à certains contenus moins accessibles de l'intranet *Corporate* ou global. Nous en reparlerons dans le chapitre « moteur de recherche d'entreprise ».

Le canal de la communication interne

Je détaille le canal de la communication interne dans le chapitre suivant. Mais par sa position centrale au cœur de l'écosystème intranet, le portail d'entreprise a bien entendu une place privilégiée pour servir de support aux publications de la communication interne. Cette intégration peut se faire sous différentes formes, que nous allons voir de façon détaillée juste après.

La syndication de contenus

Syndiquer des contenus, c'est les réunir, les compiler, les rassembler, les regrouper. Le portail est un bon moyen pour offrir des solutions pour faire remonter de manière synthétique des informations issues du métier. J'en parlerai de façon plus précise dans la suite de ce chapitre.

En dernier lieu, il y a les fonctionnalités de personnalisation : on en parle tout de suite dans le point suivant.

LA PERSONNALISATION

Les fonctionnalités de personnalisation ont pour objectif d'améliorer l'adhésion des utilisateurs, en leur permettant de se constituer un portail qui leur ressemble et qui leur est utile. Par opposition à un portail monolithique et unique, imposé tel quel à tous les employés quel que soit leur métier et leurs besoins.

La personnalisation peut se faire sur deux sujets : personnalisation de l'aspect et personnalisation du contenu.

Personnaliser l'aspect

Personnaliser l'aspect, c'est pouvoir choisir des "thèmes graphiques" particuliers parmi plusieurs proposés. C'est ainsi donner la possibilité aux utilisateurs d'avoir un "look" de portail plus en phase avec leurs goûts, avec l'objectif d'en améliorer l'appropriation (*permettre de changer des couleurs par exemple ou de changer l'ambiance du portail*). Ça reste tout de même très ludique, sans réelle valeur ajoutée en termes d'efficacité.

Avec l'expérience, je doute aujourd'hui de l'utilité de ce type de personnalisation. Cela amène une certaine complexité dans l'usage du portail, une vraie complexité dans sa conception / développement / maintenance, pour un gain assez difficile à mesurer.

Or aujourd'hui les utilisateurs recherchent plus la simplicité d'usage que la richesse fonctionnelle dont ils n'ont souvent que faire. Et les entreprises recherchent des projets moins chers et plus rapides.

Personnaliser le contenu

La personnalisation du contenu, c'est autre chose, c'est déjà plus opérationnel. C'est la possibilité pour chaque utilisateur de pouvoir modifier la composition de son portail pour y intégrer de nouveaux contenus ou retirer des contenus existants.

On parlera ici typiquement des widgets que chacun pourra ajouter sur sa page en fonction de ses besoins ou de ses envies, un peu comme le propose Netvibes. Cette possibilité d'agréger sur une même page web plusieurs contenus, c'est ce que j'appelle la syndication de contenu. C'est l'objet du prochain point.

De façons générales, l'expérience montre que le taux de personnalisation du portail est relativement faible par rapport à l'investissement technique que cela représente.

Ce n'est pas une surprise : dans leur sphère personnelle, les employés n'ont pas tous personnalisé le thème graphique de leur PC ou de leur messagerie GMAIL pour ne citer que ces deux exemples. Ne cherchez donc pas un taux de personnalisation supérieur à 50%, ce qui serait déjà un très bon score.

Pour améliorer le taux de personnalisation, il faut veiller à deux choses : que les fonctions personnalisables soient utiles dans le travail quotidien (syndication de contenu par exemple), et qu'il y ait une **communication récurrente** sur ces fonctionnalités pour expliquer (1) que c'est possible de personnaliser sa page (2) que c'est utile (en montrant des cas d'usage) et (3) comment on fait (tutoriel).

LA SYNDICATION DE CONTENUS

À l'origine de ces fonctionnalités de syndication de contenu, il y a un constat : aujourd'hui, et de plus en plus, l'employé se trouve au milieu d'un nombre croissant d'informations et d'outils.

Selon son métier, pour pouvoir travailler, l'employé peut être amené à surveiller de nombreux indicateurs ou informations. Pour obtenir cette information, les employés sont obligés d'accéder à des outils et/ou d'ouvrir des documents.

Le principe

Le principe de la syndication de contenu au sein d'un portail, c'est de proposer à l'employé d'utiliser le portail d'entreprise pour se construire des pages personnelles qui lui afficheront sous forme synthétique les informations dont il a besoin pour travailler.

L'idée générale, c'est donc de lui permettre de se constituer une sorte de tableau de bord qui lui donnerait en un coup d'œil toutes les informations utiles pour savoir ce qu'il a à faire en priorité.

Image de mon portail Netvibes

Il s'agit bien ici de synthèse de l'information : il ne s'agit pas de déporter dans le portail d'entreprise des fonctionnalités métier, mais simplement de permettre d'y afficher des informations issues des outils métier. Le traitement de cette information pourra se faire ensuite dans l'outil métier en lui-même.

L'exemple typique c'est la **corbeille des tâches** : une zone d'information intégrée dans le portail qui affiche toutes les notifications envoyées par les applications métier ou de la vie du collaborateur (validation des congés, etc.). Mais ça peut être aussi une zone d'affichage des alertes remontées par un outil métier et qui nécessitent une action. Les exemples sont innombrables.

Cette fonctionnalité de Widgets n'a de sens qu'avec un catalogue assez riche. Ces widgets doivent pouvoir afficher des informations à la fois pratiques (compteurs de congés, ...) mais aussi métier (notifications, informations synthétiques extraites d'applications, informations issues des outils collaboratifs, ...). Ces notifications intégrées dans ce Widget ne seront plus envoyées dans la messagerie, ce qui réduira le nombre de mails.

L'idée en définitive est de permettre à l'utilisateur de se construire un tableau de bord d'informations dans son portail, pour avoir sous les yeux en un clic toutes les informations dont il a besoin, sans avoir à ouvrir une par une toutes les applications qui détiennent cette information.

Potentiels et limites

Ce concept de portail a eu beaucoup de succès sur internet il y a quelques années. Ces portails étaient alors principalement utilisés pour syndiquer des flux RSS (fil d'actualité de journaux ou de blogs).

Entre temps, twitter et les réseaux sociaux de façon générale (et surtout le réseau social d'entreprise) ont quelque peu remplacé ces usages. Signe de cette évolution, le 1er novembre 2013 Google a fermé son portail personnalisable iGoogle après 8 années de bons et loyaux services.

J'ai travaillé à la conception et à la mise en place d'un portail d'entreprise intégrant un système très évolué de widgets pratiques et métiers. J'en connais bien le potentiel mais aussi les limites.

Commençons par le potentiel : je reste convaincu que ce type de fonctionnalités peut apporter un vrai gain pratique pour les employés, simplement en leur fournissant à peu de frais une "tour de contrôle" personnalisable des indicateurs de leurs outils. Ça ne sera bien sûr utile que pour les employés qui ont un nombre important d'indicateurs informatiques à surveiller.

L'autre avantage est de donner une utilité métier au portail *Corporate* de l'entreprise ce qui permet d'améliorer la visibilité des informations de l'entreprise. Par ce biais, le portail d'entreprise devient un outil métier, et donc un passage obligé. Le rêve de toutes les Directions de la communication interne ☺ !

Voyons maintenant les limites : techniquement et fonctionnellement il y a peu de limites au champ des possibles en termes de widgets intégrables. Les limites se trouvent plutôt dans l'adoption de cette fonctionnalité par les utilisateurs.

Le taux d'adoption dépend de trois choses : la pertinente des widgets, la bonne couverture des métiers et la bonne connaissance de l'usage par les employés.

Mais aussi séduisant que puisse paraître ce concept, il peut retomber comme un soufflet sorti du four si vous ne portez pas d'attention aux points qui suivent.

LES CLES DU SUCCES

Pour qu'une fonctionnalité de type "widget" puisse fonctionner, voici ce que je vous recommande.

Une vraie gestion du catalogue

J'en parlais à l'instant, ce type de fonctionnalités n'a de sens que si le catalogue des widgets est assez riche pour couvrir les besoins les plus pertinents.

Il convient donc d'avoir une vraie démarche de gestion du catalogue : identifier régulièrement le besoin de nouvelles widgets, les développer et les ajouter. Mais c'est aussi identifier les widgets qui n'ont plus d'utilité (outil métier abandonné) et les supprimer du catalogue.

Pour cela, la maîtrise d'ouvrage du portail doit avoir une démarche proactive auprès des métiers, dont les patrons auront été préalablement sensibilisés au concept.

La couverture des métiers

Un employé ne voit vraiment les gains d'une telle fonctionnalité que si elle couvre tous ses besoins métier, sinon, le portail d'entreprise ne sera qu'un outil en plus, pour un gain d'information très limité.

Il est bien sur impossible de couvrir les besoins métier de toute l'entreprise, dès le départ. Mieux vaut donc aborder la couverture des besoins par métier ou par direction. L'idée est d'auditer un métier donné et d'identifier tous les indicateurs qui leur sont nécessaires pour travailler.

Reste alors à développer les widgets correspondants et à fournir aux responsables de ce métier la possibilité de mettre à disposition de ses collaborateurs une page du portail pré-remplie avec toutes les widgets utiles au travail. Une fois fait, on passe à un autre métier.

L'accompagnement et la sensibilisation

Le meilleur produit du monde ne se vendra jamais si personne ne sait qu'il existe. Ce type de fonctionnalité nécessite d'engager des efforts d'information et de sensibilisation, sur trois niveaux.

<u>Premier niveau</u> : faire connaître la fonctionnalité, donner du sens, expliquer l'intérêt que l'on peut en tirer dans la vie quotidienne de travail. La cible : les employés mais aussi (et surtout) les patrons des principaux métiers. Ce premier niveau peut se faire au travers d'actions de communication adaptées à votre entreprise.

<u>Second niveau</u> : entretenir la connaissance, mais aussi apporter un support aux usages. Autrement dit, ne vous arrêtez pas à la première action de Communication en pensant que c'est gagné : il faut reparler régulièrement de la fonctionnalité, notamment au travers des nouveaux cas d'usage que vous aurez à chaque nouveau métier couvert.

<u>Troisième niveau</u> : intégrer ces usages dans le cursus d'arrivée des nouveaux employés. Les nouveaux venus, qu'ils soient internes, stagiaires ou prestataires, ne connaissent pas ces possibilités. Il faut leur en parler à leur arrivée, via une petite vidéo par exemple.

SOLUTIONS POUR DEPLOYER UN PORTAIL

Le panel des solutions pour mettre en place un portail d'entreprise est large et va dépendre pour beaucoup de votre budget, de votre contexte technique, de vos compétences internes et de votre stratégie long terme sur le sujet.

Il y a une multitude de solutions pour déployer un portail d'entreprise. Il est bien sûr impossible de toutes les passer en revue. J'en vois principalement trois : le déploiement spécifique, la solution portail pure player, les solutions généralistes de type CMS.

Le développement spécifique

Si vous avez des compétences projet web internes, si vous avez une idée claire de ce que vous voulez mettre en œuvre, si vous souhaitez rester maître de votre destin (*avoir la main sur le code source et n'être lié à aucun éditeur*) alors le développement spécifique est certainement la solution qui vous conviendra le mieux.

L'avantage du développement spécifique, c'est la maîtrise complète de votre projet, jusque dans ses moindres détails. C'est également la possibilité de pouvoir adapter votre produit quand vous le souhaitez et comme vous le souhaitez. C'est aussi le fait de n'être lié à aucun éditeur en particulier : pas de contrat de maintenance, pas de licence à payer.

Les inconvénients sont que la conception et le développement de votre portail reposent sur vos talents et sur vos compétences internes (ou celles de votre intégrateur).

Concevoir et développer un portail d'entreprise représente un budget plus ou moins important selon la complexité de ce que vous souhaitez mettre en œuvre.

C'est un coût à comparer avec les prix de licences des portails « pure player » qui peuvent être parfois plus onéreuses encore. Ce choix vous impose également de prendre en charge vous-même la maintenance de votre solution, les corrections des problèmes et les évolutions du produit.

La solution portail pure player

Plusieurs éditeurs proposent des solutions « pure player » de portail intranet. Il y en a pour tous les prix, avec différentes fonctionnalités. Choisir une solution sur étagère est un choix qui s'impose si vous voulez déployer rapidement un portail et / ou si vous ne disposez pas de compétences internes pour concevoir, spécifier et développer le portail qui vous conviendrait le mieux, ni même pour piloter cette réalisation confiée à une SSII.

Les avantages sont assez évidents : bénéficier rapidement d'un outil « clé en main », souvent riche en fonctionnalités, qui a fait ses preuves auprès d'autres clients et donc, qui est (normalement) stable. L'avantage est aussi de pouvoir bénéficier aussi de mise à jour, d'un support en cas de problème. Il y a aussi des inconvénients :

- En choisissant une solution « sur étagère » vous êtes liés à un éditeur : mieux vaut en choisir un qui soit pérenne et qui ne disparaisse pas à la fin de l'année.

- Une solution « sur étagère » vous impose de vous contenter des fonctionnalités proposées et sous la forme proposée : toute modification pourrait être soit impossible, soit très compliquée, dangereuse et coûteuse à réaliser.

- Une solution « sur étagère » a aussi un coût : celui des licences (qui peuvent être onéreuses) et celui de la maintenance (plusieurs dizaines de milliers d'euros par an, généralement).

Les solutions généralistes

J'appelle « solutions généralistes » toutes les solutions du type CMS, qui (*Content management system*) ne sont pas forcément dédiées uniquement à la fonctionnalité de portail mais qui peuvent très bien être utilisées pour couvrir ce besoin.

SharePoint est une solution de cette catégorie. L'outil est le couteau suisse des intranets : il offre une multitude d'usages possibles dont les portails d'entreprise.

La mise en place d'un portail avec SharePoint peut se faire de deux manières : avec du simple paramétrage (sans développement) ou avec quelques adaptations techniques qui nécessiteront l'intervention d'un développeur. Nous en reparlerons dans le chapitre « collaboratif », en particulier dans le focus sur l'outil SharePoint.

Les avantages sont évidents et ils sont essentiellement en termes financiers et en termes d'agilité et de rapidité. Avec SharePoint, mettre en place un portail aux fonctionnalités très simples ne présente aucune difficulté notable.

Les inconvénients sont essentiellement fonctionnels et esthétiques : la solution n'a de sens que si on se contente de ce que propose SharePoint en termes d'esthétisme et en termes de fonctionnalités. Si vous souhaitez customiser le portail, cela nécessitera des développements qui pourraient se révéler délicats à réaliser au-delà d'une certaine limite difficile à définir et à maintenir.

STRATÉGIE DE CONFIDENTIALITÉ

Par définition, le portail donne accès à *tous* les contenus de l'entreprise : sites web, outils, documents, informations. Se pose alors immédiatement la question de la confidentialité : qui doit voir quoi ? A noter que la problématique se pose de la même manière pour le moteur de recherche d'entreprise.

Ne montrer que ce à quoi on a droit d'accéder

La solution la plus efficace, c'est bien évidemment de ne montrer à chacun que ce à quoi il a droit d'accéder. C'est à dire de ne « présenter » à l'utilisateur d'un portail que les liens vers les outils pour lesquels des droits d'accès lui ont été spécifiquement positionnés.

C'est aussi, au travers du moteur de recherche, de ne lui présenter en résultat de recherche que des documents et informations qui sont compatibles avec ses droits et son profil. Nous en reparlerons dans le chapitre dédié au moteur d'entreprise.

Réussir à réaliser ce filtrage est difficile.

Il y a quelques années, j'avais résolu la question en faisant développer un traitement permettant d'alimenter des groupes en fonction des propriétés des utilisateurs connues dans l'annuaire d'entreprise.

Il devenait alors possible de créer des groupes physiques de personnes (groupes Windows NT) localisés sur tel ou tel site géographique, voir même sur un étage particulier, pour ne proposer qu'à eux seuls certains contenus.

Ce filtrage nécessite donc certains pré requis qui ne sont pas simples à réunir : le SSO[9] sur toutes les applications, des mécanismes de droits le moins « propriétaire » possibles sur les données, des mécanismes de calcul de « populations d'utilisateurs » (groupes).

---

[9] Voir le chapitre « Culture intranet »

Tout montrer et bloquer l'accès ensuite

A défaut de disposer de tout cela vous serez peut être tentés de faire l'impasse sur le sujet et d'adopter une autre stratégie : celle de se reposer sur la sécurité intrinsèque de l'outil accessible depuis votre portail.

Autrement dit, votre portail présentera à tous les utilisateurs les mêmes liens, quelques soient les droits dont ils disposent pour y accéder. C'est seulement au clic sur le lien que s'affichera un message signifiant que l'utilisateur n'a pas les droits suffisants pour y accéder.

Cette manière de faire est plus rapide, plus économique et plus simple techniquement, mais elle n'est pas sans inconvénient.

- Le principal inconvénient est de générer une frustration auprès du collaborateur, voire de l'agacement, face à ce « barrage » qui l'empêche d'accéder à une ressource qui lui semble utile.

- Le second inconvénient est d'exposer ainsi des outils ou des informations qui ne devraient peut être pas être portés à la connaissance de tout le monde. Car même sans y accéder, les titres et les textes d'accroche donnent suffisamment d'information à un employé indélicat pour identifier les sources sensibles et éventuellement tenter d'y accéder frauduleusement.

- Le dernier inconvénient c'est la pollution visuelle, en chargeant plus qu'il n'en faut les interfaces de liens vers des outils de toutes façons inaccessibles. Et cette pollution se traduira sans surprise par une perte d'efficacité évidente.

ACCOMPAGNEMENT DES UTILISATEURS

Le plus beau des produits n'a aucune valeur si personne n'a connaissance ni de son existence, ni de son fonctionnement ou de son utilité. Un portail d'entreprise a cet avantage d'être par définition en forte visibilité, mais ça ne garantit en rien que les utilisateurs aient une connaissance claire de ses fonctionnalités et de l'usage qu'on peut en faire.

La communication autour du portail

L'ouverture d'une nouvelle version d'un portail d'entreprise est souvent l'occasion d'une débauche de moyens pour annoncer l'événement auprès des employés.

Mais pour être efficace la communication que vous en faites auprès des futurs utilisateurs doit être orientée vers l'usage : c'est à dire ce qu'ils pourront en faire dans leur vie professionnelle de tous les jours, si tant est que ce portail leur apporte un gain pratique ou métier.

Il faut donner du sens, montrer comment l'outil leur sera utile dans la vie de tous les jours. Il faut montrer des exemples concrets, des tutoriels vidéo. J'ai même vu des accompagnements avec des petites scénettes de théâtre, mettant en scène des employés en plein travail : original mais luxueux !

Cette communication doit être faite à l'ouverture de l'outil, mais pas seulement. Rappelez-vous qu'à l'ouverture, une partie de votre auditoire en a pris connaissance, une autre partie n'a rien vu passer et une autre encore n'est pas encore dans vos locaux (vos futurs employés).

Un rappel régulier des usages doit être fait, deux ou trois fois par an : c'est de la pédagogie continue. Un parcours "découverte" du portail (en vidéo) doit être également prévu pour faire découvrir les possibilités de celui-ci aux nouveaux arrivants : nouveaux embauchés ou stagiaires.

Ce que j'évoque ici sont des évidences. D'ailleurs nous en reparlerons dans les mêmes termes pour les autres composantes de l'intranet, comme le réseau social d'entreprise.

Forcer l'ouverture du portail ?

L'expérience montre que tous les employés n'ont pas forcément le réflexe « portail d'entreprise », ni pour accéder aux ressources intranet de la société, ni pour consulter les dernières actualités *Corporate*. Ce dernier point est plus gênant lorsque la DG conduit des transformations importantes nécessitant une cohésion au sein de l'entreprise.

Pour maximiser la probabilité que l'employé prenne connaissance des informations publiées au travers du portail, il y a plusieurs stratégies possibles. L'une d'elle est de forcer la page par défaut du navigateur de l'entreprise sur le portail d'entreprise.

L'avantage est évident : dès qu'un utilisateur ouvre son navigateur, le portail d'entreprise s'ouvre par défaut. Cela ne garantit pas que l'utilisateur prenne connaissance des informations affichées sur sa page, mais ça y contribuera pour une bonne part.

Mais il y a aussi des inconvénients :

- certains utilisateurs ont peut-être besoin de mettre un autre site comme page par défaut,

- certains utilisateurs prendront mal cette manière forte qu'ils jugeront infantilisante,

- L'infrastructure de votre portail d'entreprise sera plus fortement sollicitée. Elle devra être adaptée en conséquence.

GOUVERNANCE

La Gouvernance est l'ensemble des stratégies, des rôles, des responsabilités et des processus que vous définissez dans une entreprise pour guider, orienter et contrôler la façon dont l'organisation utilise les technologies pour atteindre ses objectifs économiques. Ces indicateurs, ce sont le nombre de visite, le nombre de personnes ayant personnalisé leur portail, le nombre d'utilisateurs de certaines widgets, etc.

C'est aussi toute sorte d'information comme la connaissance d'un nouveau service disponible ou au contraire, la disparition d'un service toujours accessible via le portail. La nature des indicateurs dont vous aurez besoin dépend bien sûr de votre stratégie et des priorités que vous vous serez fixés.

Les actions que vous pourrez mener, c'est l'administration des liens disponibles au travers du portail (en ajouter de nouveaux, en modifier, en supprimer), c'est la gestion de l'accostage avec le métier (au travers de widget), c'est aussi l'administration du moteur de Recherche (on en parlera dans un prochain chapitre). Mais c'est aussi toutes les actions de pédagogie d'utilisation, toutes les actions de communication.

La gouvernance est la mission de la maîtrise d'ouvrage du portail : c'est bien souvent la Communication interne dans le cas des portails d'entreprise. La maîtrise d'œuvre doit contribuer à cette gouvernance en fournissant des outils pour fabriquer les indicateurs permettant justement cette gouvernance. Mais ce n'est pas simple[10] !

---

[10] Private joke à Sarah ALEZRAH

EVOLUTION NATURELLE DU PORTAIL

Depuis février 2000, date de mon entrée en fonction en qualité de responsable MOE d'un pôle intranet, j'ai travaillé sur quatre projets d'évolutions majeures du portail d'entreprise, en forte collaboration avec la maîtrise d'ouvrage, la Direction de la Communication interne.

Ces refontes n'avaient rien de cosmétique : on ne faisait pas que changer le look, ou mettre de jolies couleurs. On ne refaisait pas la couleur de la moquette. Chaque projet correspondait à des objectifs d'intégration de nouveaux usages et de nouveaux modes de travail.

La dernière évolution en date, voulue par la maitrise d'ouvrage (communication interne), correspondait à l'intégration du RSE dans le portail d'entreprise. Cette fusion a pour objectif d'ancrer le RSE dans le fonctionnement de l'entreprise et d'optimiser l'accès au fil d'actualité.

Ce qu'il faut comprendre, c'est que le portail doit suivre l'évolution de l'entreprise, mais il doit suivre aussi l'évolution des usages, des modes de travail et des technologies.

Le portail est l'écrin des outils collaboratifs et métiers : mais il est aussi le vecteur principal des progrès en matière d'usages et de modes de travail

LE MOTEUR DE RECHERCHE D'ENTREPRISE

Toutes les entreprises font face à une croissance incessante des quantités d'information produite et échangée. Les nouvelles informations s'ajoutent aux anciennes, sous toutes les formes : documents principalement, mais aussi mails, données structurées, …

Au fil du temps, les applications s'ajoutent les unes aux autres, et la visibilité des employés sur les plus incontournables d'entre elles se réduit au fil du temps.

Logiquement, il vient toujours un moment où le besoin de déployer un moteur de recherche se fait ressentir pour permettre à toute l'entreprise de pouvoir exploiter ce patrimoine de façon simple et efficace.

Le moteur de recherche d'entreprise, qui permettrait de pouvoir tout retrouver facilement, est le Saint Graal des entreprises.

Au-delà du projet technique, c'est un véritable projet d'entreprise, avec une nécessaire définition de ce qu'on cherche à obtenir en résultat, une bonne vision des contenus créés dans l'entreprise et sur le service que l'on veut donner aux employés via le moteur.

C'est un projet qui peut avoir des impacts sur la confidentialité des données au sein de l'entreprise, tout simplement parce que le moteur trace un boulevard vers toutes les informations de l'entreprise, qu'elles soient correctement sécurisées ou pas. Avec Delve, c'est encore plus vrai, en proposant de l'information sans forcément la rechercher.

L 'INFOBESITE

Les questions autour de la recherche de l'information au sein de l'entreprise ne datent pas d'hier. Dès le début des années 2000, la question s'est posée, face à un problème jusque-là inconnu, un phénomène qu'on a baptisé « l'infobésité ».

L'infobésité, c'est la surabondance d'informations et de données qui existent dans toute l'entreprise, sous toutes ses formes : sites intranet, outils métiers, mails, documents bureautiques qu'ils soient stockés sur le poste de travail, dans des serveurs de fichiers ou partagés avec des solutions collaboratives.

Cette "surcharge" informationnelle pose plusieurs types de problèmes aux entreprises : des problèmes de gestion de patrimoine, de fiabilité des informations et bien sûr de recherche.

Des problèmes de maîtrise du patrimoine de l'entreprise

Tout d'abord, la croissance des volumes d'information posent un problème important dans l'identification de ce qui constitue le « patrimoine informationnel de l'entreprise ».

Ce patrimoine, ce sont les informations, données et documents qui entrent dans l'histoire de l'entreprise, qui ont une valeur fonctionnelle, technique, historique ou juridique. Ce sont par exemple les contrats signés avec les clients, les documents qui décrivent le savoir-faire de l'entreprise, les échanges avec les fournisseurs et d'autres choses encore.

La problématique ici est de savoir distinguer ce qui fait partie du patrimoine et de mettre en place les outils de stockage adéquat de ce type d'informations. Et de savoir retrouver des informations issues de ce patrimoine.

Des problèmes de pertinence des informations

Au milieu du flot des informations de toutes natures, il devient de plus en plus compliqué d'identifier de manière certaine les données, informations ou documents qui sont valables et pertinents.

Cette somme d'informations est très hétérogène : certaines informations sont pertinentes, d'autres moins, d'autres ne le sont pas du tout. Certaines sont fiables, d'autres ne sont que des documents de travail non aboutis. Certaines sont toujours d'actualité, d'autres sont périmés depuis très longtemps

Les seuls qui connaissent la valeur de ces documents, finalement ce sont leurs rédacteurs.

Des problèmes de recherche

Confrontées à ces problèmes de croissance de l'information, les entreprises cherchent évidemment à mettre en place des solutions qui permettraient d'y voir plus clair.

C'est dans ce contexte que les experts en *knowledge management* sont apparus dans les entreprises au début des années 2000. Leur tâche était de gérer toute cette connaissance, de l'outiller, de la structurer, de permettre d'y avoir accès. Car une information inaccessible, c'est une information perdue pour tout le monde.

L'accès à cette information est devenu une vraie question : comment s'assurer que toute cette manne d'information soit utile à l'entreprise et que chacun puisse y avoir accès ? Début 2000, la notion de moteur de recherche est devenue un vrai enjeu.

Le Saint Graal que cherchent toutes les entreprises, c'est le moteur de recherche global d'entreprise.

Ce moteur central est souvent perçu comme une sorte d'outil magique qui pourrait gommer tous les manquements de l'entreprise en termes de structuration et de gestion de l'information. Ce serait un outil qui permettrait d'accéder de façon fiable à la bonne information, quelle que soit la structuration des données et leur bonne ou mauvaise gestion.

LES GRANDS PRINCIPES

Je n'ai ni la compétence ni l'ambition de vous expliquer en détail les algorithmes de recherche des moteurs, mais je peux vous en donner les grands concepts.

La recherche classique

Certains moteurs (les plus classiques) fonctionnent par des recherches "plain texte" dans le contenu du document des mots clés saisis par l'utilisateur.

Les moteurs proposent souvent quelques ajustements automatiques intelligents (par exemple en recherchant les singuliers / pluriels des mots, en ne tenant pas compte des majuscules / accents, en conjuguant des verbes).

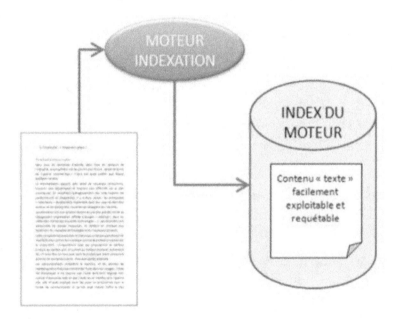

Reste que dans ce mode de recherche, vous êtes sujets à pas mal de pollution, puisque les mêmes mots clés (des mots courants) peuvent se retrouver dans nombre de documents.

On peut orienter la recherche en associant aux contenu des propriétés (tags) associés aux documents (dans des outils de GED uniquement - sur les serveurs de fichiers, c'est impossible) qui seront indexés par le moteur, avec un "poids" de pertinence plus élevé. On part du principe que si l'auteur du document a pris la peine de mettre ce mot clé dans les "propriétés" du document, c'est que c'est particulièrement pertinent.

La recherche sémantique

Il y a des moteurs beaucoup plus sophistiqués qui sont capables de faire une recherche sur le contexte.

Par l'analyse des mots présents dans les textes, ces moteurs peuvent identifier un "contexte" associé à chaque document mais aussi à votre recherche. En retour, vous aurez la liste des documents dont les contextes correspondent.

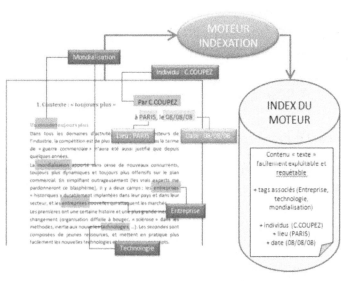

Par exemple, si je recherche "**Barack Obama**", le moteur comprendra que c'est le président des USA, et il me proposera en retour des contenus en rapport avec la présidence des USA. Il me proposera également différents contextes d'annexe que je pourrai sélectionner pour affiner ma recherche. Exemple : USA, présidents, gouvernement, politique américaine, ...

Le moteur le sait, parce qu'il a vu dans un de ses dictionnaires que « Back Obama » est le nom d'un des présidents des USA. Par exemple, si vous avez une application informatique en interne qui s'appelle "ADN", il ne faut pas que le moteur vous renvoie des infos sur l'acide désoxyribonucléique quand un utilisateur tape les trois lettres.

Ce type de moteur nécessite donc d'être un minimum managé. Il y un dictionnaire à gérer et à tenir à jour pour permettre au moteur de pouvoir associer mots et contextes. Nous en reparlerons dans la partie « Gouvernance » de ce chapitre.

Les limites

J'ai vu plusieurs démonstrations de moteurs de recherche. A chaque fois, la démonstration reposait sur une bibliothèque de documents de type "articles d'actualités".

Jamais les démos ne se font sur des documents bureautique de type « spécifications techniques de projets » dont le contexte est plus complexe à analyser pour un moteur, car les mots sont bien souvent toujours les mêmes : seul le sens change en fonction du projet.

Dans un tel cas de figure les moteurs de recherche sémantiques ont certainement plus de difficulté (pour tout contre-exemple, me contacter!).

Rechercher (trouver) autrement

D'autres moteurs de recherchent apparaissent ; j'en parlerai en fin de ce chapitre, avec DELVE, de Microsoft.

LE PERIMETRE DE LA RECHERCHE

Chercher c'est bien : mais chercher quoi et où ? Cette question a l'air idiote, mais c'est en fait le nerf de la guerre. Car le champ de recherche d'un éventuel moteur d'entreprise est vaste. Très vaste.

Faut-il (vraiment) chercher partout dans l'entreprise ?

Quand personne au sein de l'entreprise ne sait répondre à la question « *où le moteur d'entreprise doit-il chercher ?* », très souvent la réponse qui est donnée à celui qui doit le mettre en œuvre (la DSI souvent) c'est : « *il doit chercher partout* ».

A mon sens, c'est une très mauvaise réponse, parce que les sources de données en entreprise sont multiples et de plusieurs natures.

Rechercher partout ? Pas simple !

Dire que le moteur doit chercher « partout », c'est potentiellement intégrer toutes les sources de données dans le périmètre de recherche. Mais ce n'est pas possible :

- … parce que pour intégrer certaines de ces sources de données (comme les données provenant des outils métier, au sein des bases de données), il faudrait éventuellement développer des connecteurs, ce qui coûterait fort cher,
- … parce que, bien évidemment, tout n'est pas pertinent à intégrer dans un moteur de recherche d'entreprise. Certaines sources n'ont aucun intérêt

Exemples avec quelques contenus

Par exemple, est-ce que certains des outils métier Web qui contiennent des informations structurées (stockées en base de données) sont concernés ? Cela permettrait, en cherchant certains mots, de tomber sur des informations gérées par un outil métier. Car souvenez-vous que l'information, ce ne sont pas que des documents bureautiques.

Mais l'intégration des outils métier dans le périmètre de la recherche n'est pas simple, car tous ces outils ne sont pas forcément prévus pour être "crawlés" (parcourus) par un moteur, ni pour exposer leurs données de façon lisible.

Il y a également des questions de règles d'accessibilité aux informations (gestion des droits), qui reposent souvent sur des mécanismes propres à l'application sur lesquels le moteur peut difficilement s'appuyer.

Prenons quelque chose de plus simple : par exemple, SharePoint, produit plus connu pour ses fonctionnalités de GED que ses fonctionnalités collaboratives.

Mais là aussi, ce n'est pas si simple : il y a souvent plusieurs centaines ou milliers de sites SharePoint dans l'entreprise. Certains sont pertinents et actualisés, d'autres sont "morts" (avec des données obsolètes ou pas, allez savoir). Certains de ces sites sont des sites SharePoint "métier", d'autres des sites 100% documentaires avec des centaines de documents. Mais tous sont-ils pertinents ?

Plus compliqué : tous ces sites n'intègrent pas des données forcément utiles. Par défaut, SharePoint positionne à "oui" l'indexation de toutes les listes de données (documents ou autres). De sorte qu'un moteur qui "crawlerait" tous les sites indexerait tout, y compris des données provenant de listes sans aucun intérêt. Par exemple, dans certains de mes sites, je me fais parfois des listes documentaires pour mettre à l'écart des versions avant modification : faut-il que ces documents par définition non finalisés remontent aux utilisateurs ?

Le problème est identique, voir plus complexe encore, pour toutes les sources documentaires qui restent encore aujourd'hui sur vos vieux serveurs de fichiers. Peut-être allez-vous y trouver des centaines de milliers de fichiers, plus ou moins obsolètes, répartis sur plusieurs partages, dans des dossiers plus ou moins parlant. Lesquels de ces fichiers sont à jour ? Lesquels sont obsolètes ?

Le Réseau Social d'Entreprise apporte une nouvelle couche à la problématique de la recherche d'entreprise. Il apporte les flux d'échange (ce qui n'existait pas jusque-là), les profils des collaborateurs, ainsi que d'autres informations qu'on pouvait aussi trouver dans d'autres sites SharePoint (comme les billets de blog, etc.).

Connaître la cartographie des sources d'informations

Le tour d'horizon n'est pas terminé : il y a encore les informations de l'annuaire d'entreprise, les mails des collaborateurs, qui contiennent une grande partie de l'information. Ce sujet est vaste et large et il dépasse largement le simple choix d'un outil.

Une chose est sûre : la définition du périmètre de recherche du moteur d'entreprise global est cruciale à la fois pour connaître l'objectif que l'on donne au moteur d'entreprise, mais aussi pour éviter de partir dans une impasse fonctionnelle et technique.

Répondre à cette question « *où le moteur d'entreprise doit-il chercher ?* », qui avait l'air si simple au départ, est décidément une chose complexe.

Si votre réponse devient « *Le moteur de recherche doit chercher partout, **sauf**....* », il faut définir cette zone d'exception, autrement dit, il faut répondre à la question initiale.

Définir le périmètre de recherche d'un moteur d'entreprise nécessite donc d'avoir une connaissance macro des sources d'informations de l'entreprise, au travers d'une cartographie complète et une idée claire de ce qu'on veut apporter comme service aux employés. Vaste sujet.

MOTEUR & CONFIDENTIALITE

On peut se dire que personne n'a rien à cacher, il y a bien sûr des sujets dans l'entreprise qui sont confidentiels, comme la préparation de nouvelles offres commerciales ou de nouveaux produits.

Le moteur global : une autoroute vers vos données d'entreprises

Mettre en place un (vrai) moteur de recherche d'entreprise va forcément changer l'approche que vous avez de la sécurité des informations au sein de l'entreprise.

Sans moteur de recherche, les sources d'information et de documents en ligne ne sont pas publiquement « exposés » aux utilisateurs : il n'y a pas cette autoroute qui vous y conduit directement.

Avec un moteur de recherche global d'entreprise, c'est bien différent. Même sans chercher à percer les secrets de l'entreprise, au détour d'une recherche banale, un contenu confidentiel mal protégé peut être proposé à un utilisateur au détour d'une recherche même innocente.

Ne pas disposer de moteur d'entreprise ne protège pas les secrets de l'entreprise s'ils sont mal protégés, mais cela évite au moins de tracer un boulevard aux petits curieux qui s'y intéresseraient de trop près.

Certes, dans tous les cas, les documents mal sécurisés restent non « protégés », mais au moins sans un moteur d'entreprise global, ils ne sont pas « exposés ».

Quel degré de confiance dans la confidentialité ?

Un moteur de recherche s'appuie bien évidemment sur des mécanismes de sécurité, qui permettent de ne remonter à l'utilisateur que les contenus pour lesquels il dispose des droits de lecture suffisants.

Encore faut-il que la technologie mise en place du côté de la source d'information le permette (j'en parle dans un des points suivants, avec le SSO).

Par exemple, les différentes versions de moteur de recherche de SharePoint s'appuient sur les mécanismes de sécurité de SharePoint. Les administrateurs des sites documentaires ont la responsabilité de positionner eux-mêmes les droits sur leurs collections, sites, listes, ou documents.

Mais que se passe-t-il si le responsable d'une source de contenus gère mal (ou pas du tout) cette confidentialité, en omettant par exemple de restreindre des droits d'accès, laissant toute personne accéder aux contenus ? Car hélas, cette situation arrive très souvent dans les grandes entreprises pour plusieurs raisons.

Selon moi, la mise en œuvre d'un moteur de recherche d'entreprise a donc en prérequis un audit de la qualité globale de sécurité des ressources que l'on souhaite indexer.

L'exercice est forcément complexe, mais à l'aide de quelques outils de gouvernance il est possible d'expertiser quelques sources que l'on sait sensibles, pour vérifier si les droits d'accès y sont globalement bien positionnés.

Indexation d'autorité ou déclarative ?

Il y a donc un positionnement clair à prendre vis à vis des données de l'entreprise quand on cherche à mettre en place un moteur de recherche qui soit "global" à toute l'entreprise. A cause des risques décrits ci-dessus, doit-on le faire de manière concerté avec les responsables des contenus, ou pas ?

Pour SharePoint, doit-on décider **d'autorité** que pour le bien de l'entreprise, tous les sItes SharePoint seront forcément indexés par défaut par le méta moteur de recherche ? Le risque, je le répète, est de mettre en visibilité des informations ou documents confidentiels mal protégés par leurs auteurs.

Au contraire, pour éviter tout risque en termes de confidentialité, doit-on laisser le libre choix aux administrateurs des sites SharePoint de les ouvrir au moteur de recherche d'entreprise au travers d'une démarche volontaire de référencement (j'en parlerai par la suite) ? Le risque est qu'ils ne fassent jamais cette démarche, ce qui réduirait à néant votre ambition d'un moteur de recherche global d'entreprises.

Ce seul aspect confidentialité d'un moteur de recherche d'entreprise à lui seul est un des challenges à relever.

L'importance du SSO dans la recherche globale

Dans le chapitre « Culture intranet », je vous expliquais ce qu'était le SSO[11], le principe de reconnaissance de l'utilisateur par toute application Web lors de sa connexion unique sur le réseau de l'entreprise.

J'expliquais également que toutes les entreprises n'avaient pas encore généralisé ce type d'authentification.

Si vous aviez une grande ambition pour votre moteur de recherche et que vous souhaitez que votre moteur d'entreprise puisse rechercher quelques informations dans données métier, l'absence de SSO risque de poser problème pour ce type d'application.

Montrer que ce à quoi on a droit

Un autre aspect du moteur de recherche est la posture que l'on doit avoir vis à vis de l'affichage des résultats de recherche.

Deux postures sont possibles. La première est de faire une recherche dans toutes les sources de contenu et d'afficher les résultats quels que soient les droits d'accès de l'utilisateur à ces contenus. Ce n'est qu'en cliquant sur le lien, que l'application vérifie les droits sur ce contenu et affiche si besoin un message d'erreur. Ce comportement est assez fréquent pour les applications ne bénéficiant pas de SSO.

La seconde posture est au contraire de ne montrer que les contenus auxquels l'utilisateur connecté a le droit d'accéder. Le prérequis est que les applications qui contiennent ces données bénéficient du SSO.

Dans le premier cas, les inconvénients sont nombreux : pollution des résultats (avec des éléments qui ne concernent pas forcément l'utilisateur), frustration (interdiction d'accès en cliquant) et faille de sécurité (même sans pouvoir ouvrir le contenu, le seul fait d'afficher son existence est une faille).

---

[11] SSO = Single Sign On, l'authentification unique à la connexion sur le réseau

LA RECHERCHE DE SITES

Par défaut, les moteurs de recherche d'entreprise, comme celui de SharePoint, recherchent des informations au sens général, le plus souvent sous la forme de document. Mais ce sont aussi des données provenant de listes SharePoint ou des posts extraits du Réseau Social.

Mais la grande difficulté de la recherche au sein de l'entreprise, c'est de savoir si l'information (sous toutes ses formes) que l'on trouve est pertinente, ou pas.

Bien souvent, ce qui aide à le déterminer, c'est le contexte dans lequel a été trouvé le document : la personne qui en est l'auteur ou l'emplacement dans laquelle l'information se trouve.

Par exemple, si je cherche un document technique sur le projet NEPTUNE, j'accorderai plus de crédit à un document trouvé dans le site collaboratif dédié au projet NEPTUNE qu'à tout autre document trouvé dans d'autres sites sans rapport direct avec le projet.

Ce que je cherche à faire comprendre ici, c'est que lorsqu'on recherche une information sur un sujet donné, il est bien souvent plus efficace de donner en résultat des liens vers les sites qui traitent du sujet, que de lister 1000 documents pour lesquels on a trouvé une hypothétique correspondance.

Reprenons l'exemple du projet NEPTUNE : si notre utilisateur recherche un compte rendu sur ce projet, il est plus efficace de l'orienter sur le site collaboratif du projet, que de lui lister des documents qui ne sont pas forcément pertinents. A lui ensuite de faire une recherche plus précise sur le site en question, via le propre moteur de recherche du site.

Le souci, c'est que dans leur configuration par défaut, rares sont les moteurs de recherche qui donnent en résultat des accès sur les pages d'accueil des sites intranets : sites collaboratifs, communautés RSE, ou toute autre site Intranet, métier ou pas.

Pour toutes ces raisons, la recherche de sites doit à mon sens faire partie des fonctionnalités du moteur de recherche d'entreprise. Mais pour avoir ce résultat, un effort de référencement est souvent nécessaire à réaliser.

LE REFERENCEMENT

Jadis, le moteur de recherche Google proposait un lien en bas de page de son moteur de recherche « *Référencez votre site* ». Le principe était simple : après la création de votre site internet, il suffisait de cliquer sur le lien pour accéder à un formulaire électronique. Ce formulaire vous permettait de décrire votre site; le site était ensuite intégré dans l'index général de Google.

Bien évidemment, au niveau mondial, les volumes étant ce qu'ils sont, ce mode de fonctionnement est obsolète pour un moteur mondial comme celui de Google. Il avait cependant un bel intérêt, celui d'être déclaratif.

Si ce mode de fonctionnement n'a plus de sens pour un moteur de dimension mondiale, il garde à mon avis, tout son intérêt pour un moteur de recherche d'entreprise, et ce, pour plusieurs raisons :

- **le côté déclaratif est très intéressant** pour permettre à une équipe, en charge d'un site intranet (métier, documentaire ou collaboratif), de le « soumettre volontairement » au moteur de recherche d'entreprise pour le rendre disponible à tous les employés.

  Cette démarche est loin d'être inutile, car il n'est pas rare dans de grandes entreprises que de très bons outils soient développés, mais inutilisés car inaccessibles ou « invisibles » par les employés.

- **Le formulaire déclaratif peut être fort utile** pour permettre à ceux qui proposent le référencement d'un site, de saisir quelques informations utiles. C'est essentiellement un nom, une description. Mais c'est assurément des tags (voir le point suivant), qui permettront au moteur de proposer ce site en réponse aux recherches des utilisateurs

Dans ce cadre, la démarche de référencement d'un site est une **démarche volontaire**, faite par un éditeur de contenu interne, pour rendre accessible l'outil via une recherche. Car, rappelons-le, un outil métier ou pratique ne sert à rien si personne ne sait y accéder.

Reste que cette possibilité qu'offre le moteur d'entreprise doit être connue par l'ensemble des employés pour être utilisée. Cela fait partie des efforts de sensibilisation de l'entreprise au digital interne.

LES TAGS

Le grand défi des moteurs de recherche, c'est d'être capable de proposer aux utilisateurs des contenus qui répondent très précisément à leur recherche.

La recherche « classique » consiste à rechercher les mots clés saisis par l'utilisateur dans les différents contenus indexés par le moteur : principalement dans le titre et le texte brut d'un document par exemple.

Cette recherche est bien entendu « intelligente » car le moteur prend en compte les problématiques de pluriel / singulier et sait bien souvent conjuguer les verbes. Si vous cherchez « *manger cerise* », des documents contenant « *Je mange des cerises* » vous seront présentés en résultat.

Elle est « intelligente », mais cela ne suffit pas toujours pour tout un ensemble de raisons. Par exemple, si vous recherchez un article sur les « RSE », mais que ces trois lettres n'apparaissent nulle part dans le titre ou le contenu d'un article qui traite du « réseau social d'entreprise », vous ne le trouverez pas. Et difficile d'imagine de « coller » de force dans un titre et dans le corps d'un article tous les sigles possibles menant à ce type de contenu.

Il faut alors « aider » le moteur de recherche à bien identifier les bons contenus à présenter, en enrichissant les informations liées aux contenus.

Ce principe se rapproche de la notion d'étiquette que vous pourriez attacher à des objets, pour avoir des informations plus précises.

Le meilleur exemple est le formulaire de description que vous propose YouTube quand vous postez une vidéo :

Si vous observez bien la partie basse de cet écran, vous verrez une zone qui propose de saisir des mots, associés à mon contenu. En l'occurrence, voici ce que j'ai saisi pour une de mes vidéos :

Lors de sa recherche des mots clés, le moteur mettra un « poids » plus important sur ces « tags ». Dans ce cas présent, si quelqu'un recherche des infos sur « Yammer » ou « RSE », ma vidéo lui sera potentiellement proposée, alors même que ces mots n'apparaissent pas dans le texte de présentation que j'ai saisie. Pour ces raisons, la saisie des tags est importante pour que la recherche soit efficace.

Potentiellement, ce système de tags existe dans la plupart des outils collaboratifs, comme SharePoint. La bonne pratique pour une recherche puissante et efficace serait donc que tous les employés prennent l'habitude de saisir quelques « tags » à chacun des documents qu'ils stockent sur un site.

Ou du moins, qu'ils en saisissent pour les documents les plus importants pour le patrimoine de l'entreprise, et auxquels les autres employés souhaiteront potentiellement accéder.

Ça, c'est dans l'idéal.

Mais dans la réalité, la saisie des tags sur les documents au sein d'une entreprise est une démarche très difficile à faire adopter. Je dirais même que c'est mission impossible.

Plusieurs raisons pour cela. La première c'est que c'est une action qui demande un peu de réflexion, et quelques dizaines de secondes supplémentaires (ça compte !). La seconde, c'est que c'est un effort qui n'a pas de gain direct pour l'utilisateur lui-même, mais seulement pour l'entreprise. La troisième, c'est que les employés ne sont pas sensibilisés à l'importance du renseignement des tags.

LES RESULTATS RECOMMANDES

SharePoint appelle ce principe le « best bet ». Google appellerait cela plutôt « liens sponsorisés ».

Le principe est simple : dans une entreprise, certains contenus (site intranet, outil métier, outil pratique, ...) sont des « incontournables ». Par exemple, cela peut être l'application « note de frais » qui permet aux employés de déclarer une dépense, pour remboursement.

Si rien n'est fait, en tapant « *notes de frais* » dans le moteur, l'utilisateur risque d'avoir en résultat tous les documents & contenus répondant aux mots clés « *notes de frais* ». Ce sont peut-être des notes internes, ou des comptes rendus de réunion des représentants du personnel qui évoquent des problèmes de remboursement de frais.

Pourtant, il est facile de deviner qu'en tapant « *notes de frais* », 90% des utilisateurs chercheront à obtenir en réponse le lien vers l'application qui permet de gérer les notes de frais. Il s'agit donc de faire pour cette application, un « lien recommandé ».

Dans son outil d'administration, le responsable du moteur saisira les informations nécessaires pour faire entrer ce lien dans la liste des liens recommandés. L'opération est simple (selon l'outil) : il saisira une fiche descriptive, avec un titre, une accroche, le lien à ouvrir, et les « tags » qui permettront au moteur de présenter ce contenu (par exemple « *note* » et « *frais* »).

Une fois cette action réalisée, si un utilisateur tape « *notes de frais* » le moteur regardera dans les « liens recommandés » si des éléments correspondent à cette recherche. Si c'est le cas, le lien apparaîtra en haut de la liste, en bonne visibilité, visuellement bien détaché des autres résultats.

Gérer des liens recommandés est une nécessité pour faciliter le travail de recherche des employés et pour les guider plus efficacement vers des outils ou des sites importants.

La gestion de ces recommandations est une des actions de gouvernance qu'il faut assurer pour que le moteur reste efficace.

LA GOUVERNANCE

Déployer un moteur de recherche d'entreprise (un vrai), c'est 30% de technique (une solution, un moteur, ...) et 70% de gouvernance et d'administration.

Faire l'un sans l'autre, c'est non seulement une perte de temps mais c'est aussi potentiellement dangereux en termes de confidentialité, de qualité des recherches et d'efficacité.

Des fonctionnalités riches

A titre d'exemple, les possibilités offertes par le moteur de SharePoint 2013 sont extrêmement étendues.

L'administrateur du moteur peut par exemple gérer des dictionnaires de taxonomie pour donner plus de poids à certains mots. Ces dictionnaires sont particulièrement importants pour permettre au moteur de bien gérer les sigles ou termes particuliers, propres à l'entreprise.

Le moteur peut aussi donner plus de "poids" à certains sites plutôt qu'à d'autres pour faire remonter certaines réponses avant d'autres, ou au contraire, donner moins de poids à d'autres sites. L'administrateur peut également gérer des listes de "proposition de recherche" pour guider l'utilisateur (il s'agit des liens commandés dont je viens de parler).

Auditer pour rester efficace

Garantir l'efficacité du moteur de recherche d'entreprise, c'est donc régulièrement investir du temps en investigations : quels sont les nouveaux sites créés, quels sont les sites pertinents?

C'est également un vrai investissement en gouvernance des contenus, qu'il s'agisse des sites SharePoint, des Communautés RSE ou de tout autre contenu "branché" sur le moteur d'entreprise : l'objectif est de faire la chasse aux sites pollueurs, ceux qui contiennent des informations obsolètes (voir même fausses) qui vont noyer les utilisateurs dans une masse de réponses complètement inutilisables.

Car le but du moteur c'est de rendre les collaborateurs plus efficaces, pas de les induire en erreur.

Auditer la sécurité pour garantir la confidentialité

Pour les raisons évoquées précédemment, auditer la sécurité des sites est primordiale.

Si vous êtes en charge de l'outil de recherche (maîtrise d'œuvre et maîtrise d'ouvrage), rappelez-vous qu'à partir du moment où vous prenez la responsabilité de rendre tous les contenus de l'entreprise potentiellement accessibles par tous les utilisateurs, vous avez la responsabilité de vous assurer que tous les responsables des contenus comprennent leurs devoirs de bonne gestion de la sécurité et gèrent correctement le positionnement des droits.

Si ce n'est pas fait et que des documents confidentiels mal sécurisés par les utilisateurs remontent par le moteur de recherche d'entreprise, c'est potentiellement la maîtrise d'œuvre du moteur qui sera tenue pour responsable des fuites d'informations aux yeux du management.

Auditer les recherches

La plupart des outils proposent de conserver en mémoire les séquences de mots clés recherchés par les utilisateurs.

Son analyse est très instructive. Elle permet d'identifier les recherches récurrentes, celles pour lesquelles potentiellement un « lien recommandé » doit être créé.

L'analyse des recherches permet aussi de comprendre le comportement des utilisateurs et d'apporter d'éventuelles évolutions.

Ecouter les retours de vos utilisateurs

Si un de vos utilisateurs recherche quelque chose en particulier, mais qu'il ne trouve rien, que se passe-t-il ? Dans la plupart des cas, rien. L'utilisateur se débrouille pour trouver avec d'autres moyens.

L'insatisfaction de vos utilisateurs est une mine d'or pour trouver toutes les lacunes de votre moteur de recherche. Pour cette raison, dans votre écran d'affichage des résultats, pensez à faire apparaître de manière bien visible une zone invitant les utilisateurs à s'exprimer pour qu'ils expliquent ce qu'ils cherchaient et qu'ils n'ont pas trouvé.

LA MAITRISE D'OUVRAGE

Comme je l'ai expliqué, mettre techniquement en place un moteur de recherche n'est pas le plus grand travail en soi. C'est une action purement technique, sans grande difficulté.

Le plus gros travail, c'est de définir la stratégie, le périmètre du moteur, d'auditer les contenus et ce n'est pas à proprement parler un travail d'informaticien.

Par la suite, il faut réaliser l'accompagnement des responsables des sites dont on va indexer les contenus pour leur expliquer leurs responsabilités, les conseiller... Il faut faire les actions de gouvernance dont je parlais juste avant, ainsi que les audits de sécurité. Il faut également assurer le paramétrage continu du moteur de recherche, comme expliqué précédemment.

Le travail de l'informaticien commence et s'arrête à l'installation technique du moteur de recherche.

Mais qui, dans l'entreprise, doit assurer tous ces points en amont et en aval du projet ? Qui a la capacité, les ressources, la volonté et la mission d'assurer cette charge de travail ?

Mettre en place un moteur de recherche d'entreprise digne de ce nom, c'est déjà répondre à cette question et identifier un budget associé à la fois pour la mise en place du projet et pour ses tâches récurrentes.

LE CHOIX DU MOTEUR

Pour beaucoup, la principale question à se poser pour mettre en œuvre un moteur de recherche d'entreprise, c'est de choisir le bon outil. Le choix du moteur de recherche est une chose ; la manière de le gérer en est une autre.

Quel moteur choisir ?

Les solutions proposées par les principaux éditeurs sont trop nombreuses pour les décrire ici, ou même pour conseiller un produit en particulier. Vous trouverez sans problème la liste des solutions du marché en faisant une petite recherche sur internet.

Le meilleur produit est assurément celui qui correspond à vos besoins, à votre budget et à votre contexte d'entreprise et technologique. Je vous recommande l'accompagnement d'un spécialiste de la question, indépendant de tout éditeur, qui vous aidera à vous poser les bonnes questions et à identifier vos vrais besoins.

Reste que les entreprises ayant massivement déployé SharePoint seront logiquement séduites par le moteur de la solution qui permettra de couvrir un bon pourcentage des besoins fonctionnels, pour un coût intégré dans celui des licences.

Cloud or not cloud

Avec l'avènement du Cloud (Office 365 pour la seule proposition de Microsoft), le choix d'une solution « On-premises » (installée sur vos propres serveurs internes) ou « Cloud » va potentiellement impacter votre champ des possibles.

La version « on-premises » du moteur de SharePoint vous permettra d'y connecter toute source de contenu interne (du moment que vous avez le bon « connecteur »). Exemple : la base de données d'une application métier.

DELVE, TROUVER AUTREMENT

Au cours de ces dernières années, il n'y avait finalement pas eu de grandes révolutions en matière de recherche d'entreprise. Avec son outil Delve (disponible uniquement dans l'offre Office 365), Microsoft change la donne et apporte une nouvelle façon de penser la recherche.

Delve se présente comme un agrégateur de contenus, qui repose sur Office Graph pour la solution Cloud Office 365. Le principe est de vous présenter les informations qui *pourraient vous intéresser*, parce que les gens avec qui vous travaillez travaillent dessus, parce que ces documents ont été produits dans le cadre d'un projet sur lequel vous travaillez…

Pour le moment, à l'heure où est écrit ce livre, le périmètre se concentre sur les données gérées dans SharePoint, documents dans OneDrive et les échanges dans Yammer. Mais ce périmètre devrait s'élargir dans le futur.

Delve utilise les relations entre les personnes pour agréger sur un portail les informations qui pourraient vous être utiles. C'est assurément une autre façon d'entrevoir la recherche, que je vais explorer rapidement.

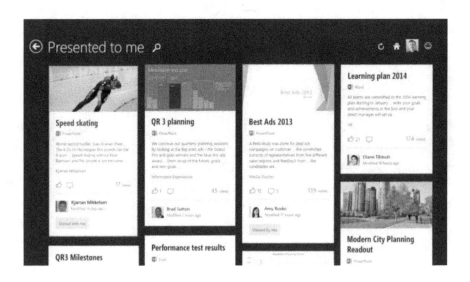

UN PROJET D'ENTREPRISE

Vous l'aurez compris, mettre en place un moteur de recherche global, c'est un projet d'entreprise, avec une définition claire des rôles et des responsabilités.

Plus que jamais, il y a une stratégie à définir, des orientations à prendre, des choix à faire, une vraie volonté et un accompagnement important.

Définir clairement l'objectif du moteur, mais surtout son périmètre, c'est un point essentiel. Définir par exemple si tous les sites SharePoint doivent être intégrés de gré ou de force dans le périmètre, c'est une sacrée responsabilité que quelqu'un doit assumer.

Faire la cartographie des contenus de l'entreprise, étudier les sources d'information, auditer les responsables, identifier les sites confidentiels ou ceux qui sont pertinents pour l'entreprise, c'est aussi une tâche à réaliser en amont, qui est très importante.

Faire de l'accompagnement aux "éditeurs de contenu", les informer de la mise en place d'un "*méga moteur de recherche*" qui pourrait exposer leurs contenus à toute l'entreprise, les sensibiliser à la maîtrise de la confidentialité, des bonnes pratiques documentaires (tags, …), c'est essentiel.

Ce n'est pas un boulot d'informaticien mais plus de documentaliste. D'ailleurs, les grands comptes qui ont un moteur de recherche d'entreprise qui fonctionne bien possèdent souvent au moins une personne ayant ce rôle, à temps partiel ou à temps plein.

COMMUNICATION INTERNE D'ENTREPRISE

Pendant plus de quinze ans, j'ai travaillé main dans la main avec une Direction de la communication interne. Nous étions partenaires : j'étais leur maîtrise d'œuvre, ils étaient ma maîtrise d'ouvrage.

Autrement dit, je traduisais en réalisation informatique les besoins fonctionnels identifiés dans le cadre de leur mission.

À force de travailler ensemble, à force de chercher à comprendre les contraintes et les difficultés de mes interlocuteurs pour mieux y trouver des solutions, j'ai le sentiment (peut-être à tort) d'avoir acquis une vision assez précise de ce métier. De la même manière, mes partenaires de la communication interne ont aujourd'hui une vision assez claire des aspects techniques de leurs outils.

La « com' interne » est un métier complet avec ses enjeux et ses difficultés. Je n'ai donc aucunement l'intention de donner des conseils en termes de stratégie de communication, j'en serais parfaitement incapable.

Je me contenterai uniquement de vous parler des aspects techniques du métier de la communication interne, au travers des intranets.

ENJEUX & DIFFICULTES

« Toucher » l'employé n'est pas mince affaire. Garantir une information uniforme de tous les employés d'une entreprise est difficile, pour mille raisons et pas uniquement à cause des outils.

Chaque employé aura un comportement différent face à l'information d'entreprise. Ce comportement va de la prise d'information quotidienne (*via l'intranet mais aussi via les médias internet*) jusqu'au désintérêt le plus total.

Vous pourrez donc avoir le plus bel intranet du monde, avoir un réseau social interne, un portail majestueux, des fonctionnalités de communication élaborées, ... une partie de vos employés continuera à passer à côté de l'information et à vous reprocher de ne pas suffisamment les tenir informés. La mission n'est donc pas de garantir que tout le monde ira lire les publications Corporate, mais de garantir que tous les collaborateurs ont les moyens techniques et fonctionnels d'accéder facilement aux publications.

Une fois ce postulat posé et accepté, vous pouvez commencer à imaginer les solutions que vous pouvez mettre en place au sein de votre intranet pour informer les employés ou pour leur donner les moyens de diffuser l'information, mais aussi la connaissance, en tenant compte des contraintes liées à l'entreprise.

Une des contraintes fortes, ça peut être tout simplement la nature de l'activité et la proportion de « cols blancs » dans l'entreprise (*personnels travaillant dans des bureaux*).

La problématique est simple : un cadre confortablement assis à son bureau toute la journée face à son ordinateur aura plus de facilités à accéder aux publications Corporate de l'entreprise qu'un ouvrier qui travaille sur la chaîne de fabrication.

Une des autres contraintes qui en découle sera la volonté de la direction, ou des syndicats, de mettre tout en œuvre pour garantir à tous (*cadres et ouvriers, personnels de bureau comme personnels en usine*) un même niveau d'accès à l'information Corporate au sein de l'entreprise. Nous en reparlerons un peu plus loin, dans le chapitre « intranet mobile ».

LA MUTATION DE LA COM'INTERNE

J'en parlais dans l'introduction. Au fil de ma carrière, j'ai rarement vu plus grande mutation que celle du métier de la communication interne, du moins au sein de l'entreprise dans laquelle j'ai travaillé de 2000 à 2015.

D'une communication interne, l'équipe est devenue communication digitale. D'une problématique de simple diffusion d'information Corporate, l'équipe est passée à des problématiques très opérationnelles touchant l'efficacité personnelle des employés, la collaboration et le décloison-nement de l'entreprise.

Posez-vous la question : qui d'autre, au sein d'une entreprise, se préoccupe de ces sujets ?

Cette mutation de la communication interne est le signe de la compréhension des enjeux par l'entreprise. Si la communication interne ne veut pas prendre en charge ces problématiques et rester sur ses premières prérogatives sous prétexte que le digital n'est pas son métier, l'entreprise se prive d'un levier important pour la promotion des nouveaux modes de travail.

Car les équipes de la communication interne sont par essence-même transverses à l'entreprise. Elles ont le pouvoir et la compétence d'œuvrer pour mettre au même niveau d'information et de connaissance tous les employés de l'entreprise. Leur responsabilité est lourde : c'est celle, en forçant exagérément le trait, de faire en sorte que tous les rameurs du bateau rament dans le même sens et en cadence.

C'est dans cet esprit que j'ai indiqué dans le premier chapitre de ce livre que l'intranet était le vecteur de progrès de l'entreprise, tout simplement parce c'est par son biais que passent toutes les innovations, à la fois technique et de méthode de travail. Et le métier de la nouvelle communication interne est d'accompagner les utilisateurs à adopter ces outils.

LES CANAUX DE LA COM'

Ce que j'appelle ici le « *les canaux de la com'* », ce sont tous les moyens Intranet que l'entreprise va mettre en place pour assurer la mission de communication dévolue à l'équipe de la communication interne : leur cœur de métier.

Il serait utopique de donner ici la description précise de ce qu'il faut mettre en place dans les entreprises pour créer le parfait canal de communication : les outils, les usages, les stratégies.

Ça serait utopique, tout simplement parce que les meilleurs outils, les meilleurs usages et la meilleure stratégie en termes de canal de communication pour une entreprise, c'est ce qui correspond tout d'abord à son contexte, à des capacités techniques et humains, à une culture d'entreprise, aux compétences de l'équipe chargée de la communication.

Méfiez-vous donc des consultants qui arrivent chez vous avec des slides toutes faites avant même de s'être imprégnés de votre entreprise.

Les publications de la communication interne doivent trouver leur place au sein de l'Intranet afin d'optimiser au maximum la probabilité que l'employé les voit et les lise.

C'est donc une alchimie savante en terme de positionnement dans l'intranet, mais aussi en terme de stratégie éditoriale. Car l'emplacement de la publication compte tout autant que l'intérêt de l'information qui est publiée et de la forme de cette publication (*séduisante et attractive*).

De façon classique, le canal de la communication interne trouve sa place sur la page d'accueil du portail d'entreprise. Elle prend la forme souvent d'un carrousel, proposant plusieurs informations. Mais elle peut revêtir d'autres formes, au travers de zones d'informations thématiques : le focus du mois sur un sujet, le clin d'œil du jour ou un magazine vidéo interne comme j'en parlerai un peu plus loin.

Réussir l'intégration du canal de communication interne dans l'intranet d'entreprise va nécessiter une bonne synergie entre la maîtrise d'ouvrage du portail intranet (*la communication interne bien souvent*) et sa maîtrise d'œuvre (*les informaticiens*).

Ces derniers devront conseiller et proposer des usages et les premiers les écouter. Et inversement.

Cette synergie entre Maîtrise d'ouvrage (*celui qui connaît l'objectif à atteindre*) et la Maîtrise d'œuvre (*celui qui sait comment atteindre la cible*) est capitale. C'est vrai pour tous les projets informatiques, mais c'est particulièrement vrai pour des projets de ce type.

Pour vous en convaincre, je vous invite à lire mon livre précédent « **PENSER AUTREMENT vos projets informatiques** ».

Le travail de l'ergonome est important, mais aussi celui du designer qui sera en charge de la création graphique qui va habiller le canal de la communication. La « créa graphique », c'est en quelque sorte le paquet d'emballage de votre information : l'aspect visuel donnera envie d'aller voir ce qui s'y dit. Ou pas.

L'ACCES EN MOBILITE

Si vous suivez l'actualité de l'évolution de la consommation des contenus sur internet, vous aurez lu que l'accès en mobilité (*depuis Smartphone et tablette*) a explosé ces toutes dernières années.

Il y a plusieurs raisons à cela : l'invention du Smartphone avec ses usages et son confort d'utilisation, la généralisation des Smartphones au sein de la population, la baisse des prix des forfaits téléphoniques, la généralisation de la 3G mais aussi et surtout de la 4G[12] qui offre encore plus de confort d'utilisation.

Aujourd'hui de nombreux utilisateurs de Facebook n'accèdent à leur mur qu'au travers de leur application mobile. Jamais via la page web, depuis leur ordinateur personnel (*quand ils en ont un*). Cette évolution de l'usage est à la fois un défi et une chance pour les entreprises.

C'est un défi parce que publier des informations d'entreprise sur un canal mobile, c'est complexe en termes de sécurité et en termes de compétence. Nous en reparlerons dans le chapitre de l'intranet mobile.

C'est une chance parce qu'elle apporte un moyen supplémentaire et peu onéreux d'étendre la « zone de couverture » de leurs employés en terme de publication.

Une entreprise qui propose un accès en mobilité à ses contenus éditoriaux internes permet à tous ses employés d'accéder à l'information via leur smartphone, à toute occasion, même s'ils ne sont pas équipés d'ordinateur dans le cadre de leur travail au sein de l'entreprise.

L'accès en mobilité permet également aux employés de prendre connaissance des infos dans des moments plus calmes, comme au cours d'un trajet en transport en commun.

---

[12] La 4G de Bouygues Telecom étant celle que je vous préconise bien évidemment ☺

LA VIDEO

Passionné (entre autres choses) par les montages vidéo, j'ai défendu dès 2005 l'intérêt de ce type de média au sein de l'entreprise.

En plus de mes missions, sur mon temps de loisir, j'avais réalisé plusieurs montages vidéo pour présenter des outils, faire la promotion de démarches ou la présenter des activités de directions.

J'avais noté l'intérêt que les collaborateurs apportaient à ces petites vidéos courtes et simples. Mais une fois le montage terminé, je me heurtais toujours à la même difficulté : comment les diffuser en interne ?

Les difficultés de la diffusion

Si YouTube a banalisé depuis plusieurs années la diffusion de vidéo en un clic, la mise en place d'une infrastructure de diffusion interne de vidéos ne se fait pas sans se poser quelques questions techniques.

Il ne suffit pas de charger le fichier d'une vidéo sur un serveur quelconque et d'envoyer le lien à toute l'entreprise. Les risques ? Écrouler le serveur ou pire, saturer le réseau de l'entreprise, car la consommation de vidéos brutes est gourmande en bande passante si on s'y prend n'importe comment.

Dans le cas d'une entreprise étendue sur tout le territoire, il sera par exemple utile de penser à répliquer les fichiers des vidéos sur des serveurs locaux plutôt que de faire remonter tous les utilisateurs sur un serveur positionné au siège. Office 365 propose d'ailleurs une solution intéressante à ce problème au travers de son portail vidéo pré-paramétré.

L'intérêt des vidéos

Bref, le sujet n'est pas anodin et pour cette raison, les entreprises rechignent à franchir le pas. L'autre raison étant qu'elles n'y voient pas non plus d'intérêt pour la bonne marche de leur entreprise.

Les usages de la sphère privée mettent toujours du temps à percer parce que les entreprises manquent d'imagination pour extrapoler d'un usage personnel ce qu'il peut apporter dans le monde professionnel : j'en parle dans le chapitre « **intranet et entreprise** ».

En 2008, maîtrise d'ouvrage (communication interne) et mon équipe maîtrise d'œuvre [13] avons imaginé un portail vidéo pour répondre à cette difficulté (*conception et développement interne spécifique*).

Aujourd'hui, chaque employé peut désormais poster des vidéos, dans le cadre de son métier, qui ne sont visibles qu'aux seuls employés de l'entreprise. Une sorte de YouTube interne.

Ce type d'usage ouvre des possibilités très intéressantes pour le métier de la communication interne. C'est très utile par exemple pour diffuser une vidéo de présentation d'une structure ou pour diffuser une vidéo Corporate de cohésion interne.

De façon plus anecdotique, cela peut servir tout simplement à diffuser en avant-première aux employés la prochaine publicité qui passera sur les chaînes des télévisions.

Et dans les moments forts de la vie de l'entreprise, pour les bonnes et les mauvaises nouvelles, une telle plateforme peut permettre de diffuser une élocution du PDG. Les entreprises les plus avancées sur ces domaines ont même migré leur classique journal interne papier en un magazine vidéo interne[14].

Pour les formations et l'accompagnement aux usages

Mais la vidéo n'est pas qu'un outil supplémentaire pour la communication interne : elle peut être un redoutable outil métier. Pour preuve, les succès des MOOCs (*Massive Open Online Courses*) et aujourd'hui des COOCs (*Corporate Open Online Courses*).

Dans le cadre de la mise en place d'une solution digitale pour remplacer la hotline téléphonique de l'assistance bureautique de l'entreprise de 9000 personnes, nous nous sommes appuyés sur de petites vidéos. Ces supports ont été réalisés par un étudiant en communication[15], en stage quelques mois dans mon équipe.

Pour expliquer certaines manipulations bureautiques à faire sur le poste de travail, plutôt qu'un document difficilement lisible, ces petites vidéos très courtes montrent visuellement l'opération à réaliser.

---

[13] Olivier SONNEVILLE (chef de projet MOA) et Florent LOEFFEL (chef de projet MOE)
[14] Clin d'œil à Aurélie SIMONIN et Camille NOLOT
[15] Merci Hervé Patrick EDIMA

Intégrées au sein des pages d'explication ces vidéos permettent d'améliorer la compréhension des employés et permet aussi de simplifier la réalisation des supports.

Des sociétés se proposent aujourd'hui de créer pour vous les COOCS dont vous avez besoin; c'est le cas par exemple de VODECLIC.

Reste que la mise en œuvre d'un YouTube interne reste techniquement compliquée. Mais des solutions en mode Cloud existent, comme celle proposée par Microsoft au travers de son portail vidéo.

Un portail Vidéo proposé par Microsoft

Microsoft a bien compris cet intérêt grandissant pour les vidéos internes aux entreprises. C'est pour cette raison que Microsoft propose aujourd'hui aux utilisateurs d'Office 365 d'utiliser une application de portail vidéo.

Construite sur SharePoint, cette solution propose à la fois un portail « clé en main » permettant de publier des vidéos, ou de customiser le portail en fonction des besoins d'entreprise.

Cette fonctionnalité n'est disponible qu'au travers de l'offre Cloud de l'éditeur, avec Office 365.

LA GESTION DE CONTENUS (CMS)

L'art de la communication interne, c'est de faire passer des messages en soignant le fond et la forme. Au sein de l'Intranet, ces messages peuvent prendre de multiples formes. Principalement ce sont des sites Intranet, des pages Web ou des billets de blog.

Créer un contenu Web est une chose : le mettre à jour en est une autre. Depuis le début d'Internet et des intranets en particulier, les choses ont beaucoup évolué. D'une création de contenu artisanale aux tous débuts de l'histoire de l'intranet, on est passé à une gestion industrielle de ces contenus web, pour plus d'efficacité et pour moins cher.

Le temps de l'artisanat

Dans les premiers temps de l'Intranet, les sites Web étaient des pages HTML développées à la main. A cette époque lointaine (je parle de 2000), point d'agilité : la maîtrise d'ouvrage devait faire son expression de besoin en bonne et due forme et fournir à l'avance à ses informaticiens textes et images des pages. Tout était ensuite monté en HTML comme une petite couturière assemble les pièces d'étoffe d'un costume cousu main.

Bien entendu, dès que le responsable du contenu voulait modifier le texte affiché, il fallait descendre dans le code HTML. Au mieux, nos chères maîtrises d'ouvrage pouvaient utiliser un bon vieux "FrontPage".

La Com'interne appelait ensuite ses informaticiens préférés pour "*passer en production*" les pages HTML modifiées ; en quelques clics l'antique Site Server copiait les fichiers de l'environnement de pré-production, vers l'environnement de production.

L'industrialisation de la gestion de contenu

Mais rapidement, l'artisanat a laissé la place à l'industrie. Finies les petites pages faites main, il fallait offrir aux administrateurs de ces pages des outils qui pouvaient leur permettre d'avoir complément la main sur leurs sites, à la fois pour la mise à jour des contenus mais aussi pour la structure du site.

Très rapidement des solutions de gestion de contenu ont été proposées. Ces solutions, on les appelle indifféremment CMS (Content Management System) ou WCM (Web Content Management). Ce sont des outils qui permettent aux administrateurs une complète maîtrise du contenu, sous réserve qu'ils restent dans le périmètre de liberté offert par l'outil.

Le principe des CMS

Fondamentalement, le principe de fonctionnement d'un CMS n'est pas très compliqué. L'outil propose une interface de gestion de la structure du site (navigation entre les pages via un menu de navigation) et un système de "gabarit" pour chaque page, en fonction des besoins.

On appelle "gabarit" les différents modèles de page proposées à l'administrateur du site pour faire ses contenus. Les gabarits positionnent les éléments structurants de la page (titre, auteur, date de mise à jour, corps du texte, accroche, liens, etc.).

En mode "édition" l'administrateur voit des champs de saisie qu'il lui suffit de renseigner, sans se préoccuper de la disposition dans la page.

En mode "consultation", les informations saisies sont correctement positionnées sous une forme définie par la charte globale du site (fonte, couleur, ...). Au final, l'administrateur n'a plus à se préoccuper de la mise en forme de la page ; c'est le site qui le fait en respectant le gabarit.

Les enjeux

On ne réalise pas toujours les enjeux que représente la bonne pertinence d'un outil CMS. Seules les équipes en charge de la gestion des contenus savent à quel point il est important que l'outil soit bien adapté à leur métier.

La question ne se pose pas pour la mise à jour de quelques pages une fois par semaine ou par mois. La question se pose pour les sites métier qu'il est nécessaire de mettre à jour plusieurs fois dans la journée, avec des contenus riches.

Dans ces cas, il est important que le CMS soit le plus adapté possible au métier sous peine de dégrader significativement l'efficacité des équipes.

Selon le CMS et selon sa mise en œuvre, le temps de mise à jour d'un même contenu peut être de quelques minutes à plusieurs heures dans les cas extrêmes, sans compter l'exaspération des collaborateurs chargés des mises à jour.

Dans certains cas, votre solution devra pouvoir être connectée avec votre système d'information, par exemple pour afficher en mode automatique des informations propres à l'utilisateur connecté ou pour afficher d'autres informations liées à cet utilisateur, disponibles dans une application métier interne.

Les avantages d'un CMS

L'avantage des outils de CMS pour l'entreprise est évident avec des gains réels et importants :

- **Coût réduit de publication** : avec ces outils, les éditeurs passaient du temps à imaginer le look, la mise en page et le mode de navigation de leurs sites ; aujourd'hui ils se reposent sur les "gabarits" proposés par l'outil ;

- **Coût réduit de formation** : il n'est plus utile de former des collaborateurs au HTML ; la maîtrise de l'outil est beaucoup plus simple et rapide ;

- **Homogénéité** : les sites sont (enfin) homogènes entre eux, autant dans leur forme que dans leur mode de navigation. C'est important pour faciliter la navigation pour les utilisateurs ;

- **Les chartes graphiques sont celles proposées par l'outil** : elles sont validées par la MOA de l'outil qui en garantit la cohérence avec la charte du reste de l'intranet (en particulier le portail). Ce choix restreint réduit les coûts potentiellement dépensés par les structures pour imaginer un "look" au site, en faisant appel à un Web designer ;

- **Gestion** : un outil industrialisé permet de faciliter la gestion de l'ensemble des contenus publiés par l'entreprise ;

- **Mutualisation** : un seul outil pour l'ensemble de l'entreprise permet de faire des gains de mutualisation à la fois de l'outil, des développements réalisés, de la plateforme de développement ;

Les solutions de CMS

Elles sont légions ! Il y en a pour tous et pour toutes les plateformes. Ce sont des solutions hébergées sur vos plateformes ou en mode SAAS. Citons pour les plus connues : drupal, ez publish, wordpress, etc.

Chaque solution a ses groupies, voir ses fanatiques. Et parler CMS avec eux peut vite se terminer en combat de clochers : "*mon CMS c'est le meilleur du monde, point barre*".

Personnellement, pour mes sites Internet, j'utilise WIX, une solution formidablement aboutie et puissante qui permet de construire un site de A à Z de façon très simple.

Certaines solutions sont plus ou moins efficaces selon les besoins métier et selon la nécessité de pouvoir intégrer ou pas des évolutions et des données métiers, ou selon la plateforme ciblée.

L'activité de la communauté de développeurs autour du CMS est aussi importante : elle garantit une bonne réactivité dans la correction des bugs et l'intégration de nouvelles fonctionnalités. Enfin, la question du budget se pose aussi, entre des solutions Open source "dites gratuites" ou des solutions à licences payantes.

Attention cependant à l'apparente gratuite : pour déployer une solution open source, il est souvent nécessaire de faire appel à des SSII intégrateurs spécialisées, et ça se paie.

Quelle priorité entre créativité et industrialisation ?

Selon moi, la question essentielle à se poser quand on doit mettre en place un CMS, c'est de savoir quelle priorité on veut mettre entre créativité et industrialisation.

Le système de gabarits (modèles de pages) permet sans contexte l'industrialisation, c'est à dire la saisie et la mise à jour rapide des informations dans les écrans. Les fonctionnalités du CMS et ses gabarits permettent cette industrialisation mais aussi l'interconnexion avec le système d'information qui fournit automatiquement des données qui vont s'afficher dans les pages, sans saisie manuelle. L'avantage de cette industrialisation c'est évidemment l'efficacité des équipes en charge de la mise à jour des informations.

L'inconvénient c'est que ces équipes sont contraintes au "cadre" imposé par le gabarit : la créativité (en termes de look, de mise en page) a très peu de place ici et se limite au choix d'un gabarit.

A l'opposé, si vous êtes orienté "créativité" vous allez vouloir modifier très souvent vos pages, que ce soit le look, la structure ou la mise en forme. Dans ce cas de figure, un CMS sera une forte contrainte : mieux vaudra s'orienter sur du développement spécifique, via du code direct ou des outils de conception web. Par contre, en faisant ce choix, vous dégradez l'efficacité de l'équipe en termes de rapidité de mise à jour : le mode "industriel" n'est plus possible.

Les erreurs à éviter

La première erreur serait de ne pas trop savoir ce qu'on veut faire d'un CMS et que dans le doute, on choisisse celui qui a le "spectre fonctionnel" le plus large, c'est à dire le CMS le plus riche en fonctionnalités. Ce qu'il faut c'est bien sûr choisir celui qui correspond aux besoins réels, mais encore faut-il en avoir une vague idée. Un outil trop riche pourrait se révéler à termes trop compliqué à utiliser ou à gérer.

La seconde erreur serait de ne pas faire un choix entre la créativité et l'industrialisation. Autrement dit, vous voulez pouvoir être créatif, modifier look & mise en page de votre site tous les quatre matins, mais avoir également un outil de mise à jour de contenu industrialisé de type gabarit. Le risque ici est de partir dans des usines à gaz avec une MOE sollicitée continuellement et des administrateurs du site en colère du cadre contraignant imposé par le CMS. Il faut faire un choix.

La troisième erreur serait de compliquer la tâche des contributeurs. La plupart des CMS proposent des fonctionnalités de validation des pages avant publication. C'est une bonne solution pour sécuriser les publications, dans l'absolu. Mais avez-vous la capacité en interne à réaliser cette validation ? C'est du temps, c'est de la charge : des collaborateurs sont-ils prévus pour valider et auront-ils le temps de le faire ? Comment allez-vous gérer les congés des uns, et des autres ? Si au final personne n'a le temps de valider, ces fonctionnalités de validation vont bloquer la machine.

LES EVOLUTIONS DU METIER

L'évolution du métier de la communication interne suit celle des usages et des technologies. La grande révolution s'est produite il y a quinze ans environ, avec l'avènement des intranets : du jour au lendemain, un canal royal s'est ouvert, pour permettre à l'entreprise d'informer ses employés. Qui pourrait aujourd'hui imaginer s'en passer ?

Depuis, les usages et les outils ont changé. Mais ce n'est pas que ça : le mode de management et les attentes de l'entreprise (*management et employés*) changent aussi.

D'une communication très « descendante » il y a 15 ans (*le patron qui parle à ses employés*), l'entreprise évolue vers un style plus participatif, où chacun peut contribuer, compléter une info, la commenter ou signifier son adhésion (like). Ce n'est pas encore vrai partout.

Le Réseau Social d'Entreprise va apporter (*apporte déjà*) une nouvelle rupture, en apportant aux équipes de communication interne un nouveau canal de publication encore plus proche du collaborateur.

Ce nouveau canal ne se substituera pas, à mon avis, aux publications classiques, mais en sera un superbe accompagnement pour réussir à susciter l'intérêt des employés.

Puisque le fil d'actualité du RSE constituera la « colonne vertébrale » d'information (métier et pratique) des employés, l'intégration des annonces au cœur de ce flux permet de toucher plus facilement les employés.

Reste à bien savoir en user, sans en abuser, pour faire en sorte que les annonces soient une information pertinente et non une pollution dans un fil d'actualité que les utilisateurs dédieront très vite à leur cœur de métier.

LE COLLABORATIF AVEC SHAREPOINT

A l'origine, le titre de ce chapitre était « **L'intranet Collaboratif** » (qui est un usage), sans y associer explicitement SharePoint (qui est un outil). Et puis, au fur et à mesure que j'écrivais les sous chapitres, j'ai dû me rendre à l'évidence : je ne parlais que de SharePoint.

Il y a trois raisons à cela :

- j'utilise SharePoint depuis 2002 et j'ai été responsable d'un pôle de compétence sur le produit jusqu'en 2015, je le connais donc bien ;
- SharePoint est bien souvent un incontournable dans les grandes entreprises, même si bien souvent il n'est utilisé qu'à 30% de ses possibilités ;
- SharePoint, enfin, est un produit unique sur le marché, sans réelle concurrence sous sa forme intégrée permettant de couvrir tous les usages dont nous allons parler ;

Vous pourrez regretter que je ne fasse pas un topo des autres solutions, mais la difficulté de ce genre d'exercice, c'est qu'il faudrait étudier plusieurs produits différents, séparément, pour couvrir l'ensemble des domaines fonctionnels de SharePoint. Car comme je l'indiquais, dans sa forme intégrée, sur son domaine d'usage complet, SharePoint n'a pas de concurrent direct.

Dans ce chapitre, je vous propose donc un tour d'horizon de ce produit que je considère comme une brique essentielle du digital interne d'une entreprise.

Je vous raconterai l'évolution de l'outil au fil de ses versions, les points qu'on peut lui reprocher (parfois par manque de connaissance). Nous ferons le tour d'une grande partie de ses fonctionnalités essentielles et de ses usages. Et nous finirons par la Gouvernance, un sujet pas simple.

L'ENTREPRISE 2.0

S'il y a un mot qui était à la mode il y a quelques années pour évoquer les usages Internet, c'est bien « WEB 2.0 ». Dans sa version « entreprise », on parle plutôt d'« ENTREPRISE 2.0 ».

Le Web 2.0, c'est quoi ?

Le Web 2.0 est un concept maintenant ancien. L'expression a été utilisée pour la première fois par Dale Dougherty en 2003. Elle est restée depuis pour évoquer les nouveaux usages du Web.

Depuis l'invention de ce terme, rares sont encore ceux qui comprennent très exactement ce que Web 2.0 veut dire. Certains continuent de penser que c'est une technologie, un langage de développement : « *tu n'as qu'à faire développer le site en langage Web 2.0* » ai-je entendu un jour...

Le Web 2.0 n'est ni un langage, ni une technologie. C'est plus un état d'esprit. Ce sont tout simplement des fonctionnalités qui permettent aux utilisateurs de contribuer au site par des publications (les blogs, wikis, ...), par des commentaires, par des « like » pour signifier une adhésion, par des photos, vidéos, etc.

Les sites comme YouTube, Wikipédia, et autres Blogspot ont lancé le mouvement, que les réseaux sociaux comme Facebook et autres twitter n'ont fait qu'amplifier.

Le Web 2.0 s'oppose au Web 1.0 tel qu'il existe encore sur le net. Le Web 1.0, ce sont les sites internet de publication pure, qui n'autorisent ni commentaire, ni contribution, ni la possibilité aux lecteurs de signifier leur adhésion par un « like ».

Réaliser en 2015 un site Web en mode WEB 1.0 n'est ni une tare, ni une faute professionnelle : ça peut être tout simplement une réponse à un besoin fonctionnel qui impose ce mode de fonctionnement.

À titre d'exemple, il n'est pas choquant qu'un site web gouvernemental qui donne accès à des textes de lois n'invite pas les lecteurs à contribuer ou à signifier leur adhésion.

L'entreprise 2.0

Le Web 2.0 a investi l'entreprise en adoptant le nom tout trouvé d'Entreprise 2.0. Cette appellation couvre tous les usages du Web 2.0 dans le cadre de la vie d'entreprise. Il s'agit du partage d'informations (sous toutes ses formes) et de toutes les fonctionnalités permettant de commenter et de contribuer.

Aujourd'hui, on parlera plus volontiers de « digital interne d'entreprise » plutôt que d'Entreprise 2.0 bien que cette nouvelle appellation, dans mon esprit tout du moins, couvre un périmètre plus large que les seules fonctionnalités de partage et de contribution qui caractérisent   l'Entreprise 2.0.

J'ai commencé à publier sur mon site internet[16] des contenus sur l'Entreprise 2.0 et sur les nouveaux usages dans l'entreprise dès 2005, quelques années après le déploiement de la première version de SharePoint 2001. Tout cela pour dire que ce n'est pas un sujet récent.

L'adoption ne s'est pas faite sans mal et encore aujourd'hui de nombreuses entreprises restent plus ou moins imperméables au sujet.

La peur de la libre expression

Les outils et usages de l'Entreprise 2.0 ont apporté en leur temps la même nouveauté que celle qu'apporte aujourd'hui le Réseau Social d'Entreprise. Et dans le même temps, ils ont suscité les mêmes doutes, interrogations et craintes de la part des entreprises.

Les usages de l'Entreprise 2.0 ont eu des difficultés à s'inviter dans le monde du travail, parce qu'ils ouvraient pour la première fois une porte sur la libre expression de l'employé. Subitement, les employés n'étaient plus simples « lecteurs » d'une information distillée par la hiérarchie ; ils pouvaient eux aussi poster, contribuer, commenter.

Cette liberté était une nouveauté et elle a suscité nombre de craintes raisonnées ou irraisonnées sur les impacts que cela pouvait avoir sur la maîtrise de la communication et sur les risques sociaux.

---

[16] http://www.projetsinformatiques.com

N'allait-on pas perdre tout contrôle sur la publication au sein de l'Entreprise ? N'allions-nous pas assister à des publications sur tout et n'importe quoi et sur des sujets non professionnels ? Est-ce qu'il n'y allait pas avoir des dérives pouvant déboucher sur des risques sociaux au sein de l'entreprise ?

On retrouve ces craintes, presqu'à l'identique, dans les projets de déploiement de Réseau Social d'Entreprise; nous en reparlerons dans le chapitre qui est consacré au sujet, car l'essentiel des points abordés ici sont aussi valables pour les RSE.

La grande difficulté pour décliner en interne les usages du NET

Un autre frein, et non des moindres, vient également des difficultés chroniques des entreprises à comprendre comment les usages et technologies qui ont percé sur Internet peuvent se décliner dans le travail de leurs employés.

A ce jour, tous les principaux usages qui font le digital interne des entreprises dérivent d'un service ou d'usages qui ont séduit les utilisateurs du grand public, dans le monde interne : Wikipédia, YouTube, Blogger, Facebook, etc.

De ce fait, avant de débarquer dans les entreprises, ces outils ont une forte connotation « usages privés », dont l'intérêt pour la vie de l'entreprise n'apparaît pas au premier abord.

Si je résume les questions, ce serait « *est-il prudent de déployer un blog, qui permet de raconter ses dernières vacances ?* » ou encore « *Est-il utile de déployer un réseau Social, qui permet de publier des blagues et des photos du week-end ?* ».

La seule chose qui peut sauver une entreprise, c'est de disposer au sein de ses équipes de quelques personnes qui ont dépassé ce genre de clichés, et qui sont capables de voir en quoi ces outils peuvent apporter des gains pour l'entreprise.

SHAREPOINT DE 2001 A 2013

Il est difficile de parler du collaboratif sans parler de SharePoint. Je me propose ici de vous faire un petit topo sur l'historique de cet outil, parce que je trouve que son évolution reflète bien l'évolution des usages au fil des années.

SharePoint, c'est une *success story* finalement assez ancienne qui a réellement vraiment commencé avec sa première version qui est apparue au tout début de l'an 2000.

SharePoint 2001

Cette première version était dédiée quasiment à la seule gestion des documents. Elle apportait une réponse simple pour gérer des documents en mode web. SharePoint 2001 se présentait comme une alternative à des solutions lourdes de GED qui étaient à l'époque complexes à déployer et surtout très chères en licences, en maintenance et en accompagnement.

J'ai connu la version SharePoint 2001 : j'étais déjà en charge du portail Web intranet de l'entreprise qui m'employait. Le collègue[17] qui était en charge des solutions de GED (filenet et rapidement SharePoint) m'avait dit à juste titre : "*tu devrais y jeter un coup d'œil, ça pourrait bien révolutionner les intranets*".

SharePoint 2003

C'est avec la version SharePoint 2003 que la collaboration, à mon sens, a pris une nouvelle orientation. Si la première mouture de SharePoint était clairement orientée « Gestion documentaire », la version suivante a apporté les briques d'une nouvelle façon de travailler, notamment avec la notion de listes de données structurées et d'autres fonctionnalités nouvelles

Cette nouvelle façon de travailler s'appuie sur le partage des données au sein de l'entreprise, sous toutes tes formes et pas seulement sous la seule forme documentaire.

C'est avec cette version 2003 de SharePoint que j'ai pu commencer à utiliser l'outil pour couvrir des besoins métier qui dépassaient le simple partage de documents et de comprendre la puissance de SharePoint.

---

[17] Souvenir, souvenir, Christophe DE LA BARRE

Paradoxalement, SharePoint 2003 avait sacrifié certaines fonctionnalités de gestion documentaire qui avait fait le succès de SharePoint 2001, comme celles liées à la gestion de la confidentialité fine des documents, bloquant ainsi de nombreuses migrations de SharePoint 2001 vers SharePoint 2003.

Microsoft Office SharePoint Serveur 2007

Il a fallu attendre quelques années avant de voir arriver cette nouvelle version, qui a fait un mixte entre SharePoint 2001 et SharePoint 2003. MOSS 2007 a permis de débloquer les migrations des fonds documentaires bloqués en SharePoint 2001 pour cause de disparition de certaines fonctionnalités entre les deux versions.

Cette nouvelle version apportait des nouveautés, comme les Workflows, la publication, l'Excel services (avec les bonnes licences Entreprise). Elle apportait aussi des fonctionnalités très typées « 2.0 » comme les blogs et les wikis.

SharePoint 2010

Cette version a apporté un peu plus d'ergonomie aux environnements SharePoint, avec notamment (ça semble anecdotique, mais c'est important), la possibilité de « glisser–déposer » des documents dans une liste SharePoint.

Cette version a apporté des évolutions, mais pas de révolutions fondamentales, comme cela avait été le cas entre d'autres versions.

SharePoint 2013

Cette version, la dernière en date actuellement proposée à l'heure où sont écrites ces lignes, est logiquement la plus aboutie.

Elle embarque de nombreuses évolutions techniques et fonctionnelles, tout en gardant un esprit commun avec les autres versions, ce qui ne nécessite pas de réapprendre SharePoint pour ceux qui le maîtrisaient déjà.

Avec cette version, on sent que Microsoft se met à niveau en termes de look et d'ergonomie.

SharePoint 2013 embarque un « mur » de réseau social d'entreprise, qui permet d'activer à peu de frais un réseau social aux fonctionnalités de base. Mais la vraie solution RSE de Microsoft reste Yammer, dont l'intégration technique et fonctionnelle complète sera l'aboutissement.

Enfin, la vraie révolution de SharePoint 2013, c'est le choix de l'offre : on-premises (installation de la solution sur les serveurs internes propres de l'entreprise) ou « Cloud » (service accessible sur Internet, sous le nom générique d'Office 365). Nous en reparlerons dans le chapitre consacré à ce sujet.

SharePoint versus les Réseaux Sociaux d'Entreprise

Il n'est pas rare de voir que les utilisateurs s'interrogent sur le positionnement de SharePoint par rapport à un RSE, et réciproquement.

Dans un forum, j'ai lu un jour cette question : « *Entre un site collaboratif SharePoint et une communauté RSE, qu'est ce qui est le mieux ?* ».

Les usages étant différents, la question ne se pose donc pas sous cet angle. SharePoint offre des fonctionnalités de partage de documents, d'informations structurées et beaucoup d'autres choses encore. Les Réseaux Sociaux d'Entreprise proposent pour leur part un outil pour gérer le « conversationnel » (les échanges entre utilisateurs), en alternative au « tout mail ».

SharePoint trouble le jeu en proposant un « mur d'échange » de type RSE avec sa version SPS 2013 ou en intégrant Yammer dans ses pages. Mais Yammer ne propose pas toutes les fonctionnalités collaboratives de SharePoint. Pour être plus clair, Yammer ne permet pas de se passer de SharePoint.

MIEUX CONNAITRE SHAREPOINT

Je ne pouvais pas parler du « collaboratif » avec SharePoint sans évoquer le problème d'image que l'outil a parfois en entreprise.

SharePoint est un paradoxe. C'est un quasi incontournable dans les entreprises, un outil phare du marché, quasiment sans équivalent dans sa forme « intégrée ». Et pourtant, l'outil est bien loin d'emporter l'adhésion des utilisateurs. Pourquoi ? Pour plusieurs raisons.

... parce que ses utilisateurs connaissent mal l'étendue de ses usages

Posez la question autour de vous : que fait-on avec SharePoint ? Dans 90% des cas, on vous répondra que SharePoint, c'est un super serveur de fichiers. Ni plus, ni moins.

La fonction GED de SharePoint, c'est bien souvent le seul usage que les collaborateurs connaissent de l'outil. Depuis 2001, date de la première version qui était uniquement orientée GED, le "champ des possibles" de SharePoint s'est pourtant considérablement élargi.

SharePoint permet aussi :

- De partager des informations structurées, sous formes de listes, et de formulaires électroniques,
- De mettre en place des solutions métier, en mode agile, qui permettent de fluidifier les échanges entre les équipes,
- De porter des outils métier plus aboutis, qui reposeront sur le socle fonctionnel de SharePoint,
- De porter la communication au sein de l'entreprise, au travers d'un CMS (Content Management Service), certes perfectible,
- De porter le KM (Knowledge Management) des équipes, au travers de différentes solutions, comme les wikis,
- ... la liste est loin d'être exhaustive

Bref, SharePoint n'est pas forcément reconnu à sa juste valeur pour l'intégralité de ses fonctions et de ses usages. Un bon accompagnement interne est nécessaire pour améliorer cette connaissance.

… parce que SharePoint n'est pas le meilleur en tout

J'avais eu une discussion animée il y a quelques mois avec un expert WordPress particulièrement remonté contre SharePoint qu'il trouvait particulièrement pauvre en matière de gestion de publication. Sa recommandation était simple : laisser tomber SharePoint (complètement), et déployer WordPress en interne à la place.

A la place de quoi ? SharePoint ce n'est pas *que* de la gestion de contenu: ce n'est qu'une de ses fonctionnalités ! Mais oui, c'est vrai, il a raison : la gestion de contenu de SharePoint, ce n'est pas le top de ce qui existe. Sur ce point, WordPress est certainement plus efficace.

On peut aussi dire qu'il y a mieux que SharePoint pour faire des blogs. On peut encore dire qu'il y a également de meilleurs outils pour faire des wikis, comme il y a des outils beaucoup plus enthousiasmants pour faire des enquêtes d'utilisateurs, comme il y a des outils encore mieux pour gérer les données structurées ou pour gérer des documents.

De la même manière, un outil métier développé spécifiquement sera toujours plus puissant, plus ergonomique, plus adapté qu'un site métier intégré dans un site SharePoint paramétré (*mais ça serait aussi beaucoup, beaucoup, beaucoup plus cher*).

SharePoint, c'est un peu le Lego® du digital interne. En associant les briques Lego® ensemble on peut construire des maquettes d'avion, de maison, de voiture et de tout ce qu'on veut. Mais une maquette d'avion en lego ne vaudra jamais une vraie maquette d'aéromodéliste, avec tous les détails. Mais une vraie maquette, c'est aussi plus cher et plus long à réaliser.

SharePoint n'est pas le meilleur outil pour chacun des usages pris séparément, mais il les couvre tous et de façon intégrée, en une seule plateforme ! C'est ce qui fait toute la différence.

Un seul outil à déployer, une seule formation à faire, un seul support, une seule infrastructure, une seule compétence. Pas étonnant donc que ce soit souvent la Direction de l'Informatique qui décide du choix de cet outil, parce qu'ils sont les premiers impactés pour en assurer la maintenance.

... parce que SharePoint semble compliqué à utiliser

SharePoint permet de tout faire, grâce a du paramétrage. Ça reste simple dans la plupart des cas, mais la solution est riche et cette richesse se traduit nécessairement en un nombre non négligeable de fonctionnalités et de propriétés à remplir.

Quand on parle de la complexité de SharePoint, on met souvent tous les utilisateurs dans le même panier, alors qu'il y a trois catégories : il y a une petite minorité de concepteurs de sites, une minorité d'administrateurs de site et une grande majorité d'utilisateurs finaux.

Les concepteurs de sites

Les concepteurs de sites SharePoint, ce sont ceux qui ont la responsabilité de mettre en place un site SharePoint, de le penser et de le paramétrer. Pour ces personnes, SharePoint peut paraître complexe s'ils ne sont pas formés. Et comme SharePoint propose une grande quantité de fonctionnalités, cette formation s'impose.

Ceci étant, SharePoint repose sur une notion unique partagée par quasi toutes les fonctionnalités : la notion de liste. Dans SharePoint, tout est liste : les bibliothèques de document, les résultats des enquêtes, les listes structurées, les bibliothèques de pages, ... Toutes répondent aux mêmes principes en termes de paramétrage, de gestion des droits, de gestion des propriétés, du versionning.

L'utilisateur qui aura compris comment on gère "une liste" pourra l'exploiter sur toutes les fonctionnalités de l'outil.

Les administrateurs de sites

Les administrateurs de sites sont souvent les mêmes que les concepteurs. Ce sont en tout cas ceux qui vont gérer la vie du site après sa conception, jusqu'à sa suppression en fin de vie. Ils pourront gérer les propriétés des listes, les autorisations, les utilisateurs, les quotas de stockage, etc.

Pour eux aussi, l'outil peut paraître complexe. Il faut connaître les fonctionnalités, les subtilités de l'outil pour bien mener cette mission.

<u>Les utilisateurs finaux</u>

Les utilisateurs finaux constituent la très grande majorité des utilisateurs de SharePoint. Pour eux, point de complexité selon moi. En tout cas, pas plus que celle liée à l'utilisation d'un quelconque outil bureautique.

Par exemple, dans une bibliothèque de document, cliquer sur *"ajouter un document"* pour ajouter un document, etc... Rien de bien sorcier. L'utilisateur lambda qui ne fait qu'utiliser le site SharePoint ne voit rien de la complexité en arrière-cuisine des fonctionnalités de l'outil, qui n'apparaît que lors de la conception ou de l'administration.

Autrement dit, quand on dit que SharePoint est complexe, ça ne concerne qu'une minorité d'utilisateurs qui ont un rôle de concepteurs ou d'administrateurs : cette minorité qui doit de toute façon être formée un minimum à l'outil SharePoint, comme elle aurait été formée à tout autre outil qui nécessite une connaissance plus avancée que celle demandée à un simple utilisateur final.

... parce que SharePoint, ça ne semble pas très ergonomique

Les versions de SharePoint ont beaucoup gagné en ergonomie au fil du temps. La version 2013 est sur ce point logiquement beaucoup plus aboutie que les précédentes versions.

Paradoxalement, ce problème d'ergonomie est en fait une conséquence d'un des points forts de l'outil. Car au travers des versions, SharePoint conserve son âme, ses grands principes d'utilisation. De sorte qu'en passant d'une version à l'autre, tous les utilisateurs n'ont pas à repasser une formation complète. Pour cette raison, certaines lacunes ergonomiques semblent persister d'une version à l'autre.

L'autre souci, c'est qu'une grande majorité des utilisateurs sont toujours sur des versions antérieures, SPS 2010 dans le meilleur des cas, mais aussi MOSS 2007, voir même, pour les cas les plus désespérés, SPS 2003.

Plus on remonte dans le passé, plus l'ergonomie est vieillotte et plus le ressenti est mauvais. Le souci, c'est que les passages de version sont des exercices complexes pour une entreprise, ce qui condamne les utilisateurs à se contenter de leur existant.

... *parce que SharePoint, ça n'est pas très esthétique*

Les sites SharePoint ont mauvaise réputation en termes d'esthétisme. Et ceux qui auront vu les thèmes graphiques proposés par Microsoft dans Office 365 ne pourront qu'acquiescer. Heureusement, des éditeurs externes proposent à peu de frais des thèmes graphiques clés en main bien plus enthousiasmants.

Comme pour l'ergonomie, SharePoint a bien progressé en termes de rendu esthétique. Dans sa dernière version, les codes d'un internet moderne sont mieux respectés, notamment au travers des fontes de police utilisées sur l'écran.

Il n'en reste pas moins qu'il arrive que l'entreprise se charge elle-même d'enlaidir d'avantage SharePoint, en imposant à tous les sites de l'entreprise un thème graphique uniforme à l'aspect désuet. Souvent, faute de ressource graphique disponible, c'est un informaticien qui réalise le thème graphique, avec toutes les conséquences esthétiques négatives que cela sous-entend. Nous en reparlerons dans le dernier chapitre.

En conclusion

En conclusion, SharePoint souffre parfois d'un déficit d'image, pour tout ou partie de ces raisons.

Pour bien exploiter SharePoint, il faut dans chaque entreprise un spécialiste qui en connaisse tous les usages possibles et les limites.

Il faut également un vrai accompagnement de l'outil, à la fois pour faire comprendre les gains potentiels au management, mais aussi pour accompagner l'usage auprès des utilisateurs.

FONCTIONNALITES & USAGES

Avant d'aller plus loin dans mon exposé, je souhaitais faire un focus sur deux notions essentielles qu'il faut bien maîtriser pour comprendre et bien exploiter le digital interne : les **fonctionnalités**, versus les **usages**.

Ces deux notions sont importantes à comprendre et à positionner l'un par rapport à l'autre, parce que c'est ce qui vous permet ensuite d'identifier le meilleur gain que vous pourrez en tirer.

Ce que j'explique ici est bien entendu valable pour le grand chapitre suivant, consacré au Réseau Social d'Entreprise. C'est également valable pour bien d'autres domaines.

Les fonctionnalités

Tous les outils que nous utilisons proposent des fonctionnalités : ce sont les petits services qu'un objet ou qu'un logiciel peut nous rendre.

Par exemple, dans le point suivant, je parlerai de la gestion documentaire : pouvoir se faire notifier en cas de modification d'un document, c'est typiquement une fonctionnalité.

Les formations qui sont proposées aux utilisateurs bureautiques quand ils changent de versions de logiciels (par exemple, passer de Word 2007 à 2013), permettent de passer en revue essentiellement les évolutions apportées aux fonctionnalités et ça suffit largement.

L'erreur que commettent beaucoup d'entreprises quand elles souhaitent déployer le digital interne auprès de leurs employés, c'est qu'elles abordent cet accompagnement au changement sous l'angle restrictif des *fonctionnalités* alors qu'en fait, il faut l'aborder sous l'angle des *usages*.

Les usages

Dans les années 90, le constructeur automobile RENAULT avait utilisé un slogan particulièrement bien adapté à notre sujet, pour promouvoir ses voitures : « *à vous d'inventer la vie qui va avec* ».

Clairement, RENAULT nous faisait comprendre que la marque propose un outil avec des fonctionnalités et c'est à nous, clients, de nous approprier le produit pour en imaginer les meilleures expériences que nous pourrions vivre avec : partir en vacances, explorer, faire une sortie entre amis ou tout simplement aller au travail.

L'usage, c'est donc clairement « l'histoire » que l'on écrit quand on utilise les outils (fonctionnalités).

Des usages, c'est par exemple gérer des projets en fluidifiant les échanges, c'est animer une démarche d'entreprise en mobilisant toutes les forces vives de l'entreprise. Pour que ces usages soient possibles, on utilisera les fonctionnalités proposées par les différents produits disponibles sur le marché ou les applications métier conçues et développées en interne pour couvrir certains besoins.

Pour imaginer les usages, il faut connaître les fonctionnalités

La participation aux séminaires organisés (souvent gratuitement) par des agences est à mon sens capital, parce que cela permet de découvrir le champ des possibles des différents outils.

Le plus important n'est pas de maîtriser parfaitement la fonctionnalité, mais de savoir qu'elle existe. Cette seule connaissance vous permettra ensuite d'imaginer ce que ces fonctionnalités apporteront dans le travail quotidien des employés et donc d'en tirer les usages possibles.

Dans la suite de ce chapitre, nous allons aborder plusieurs grandes familles de fonctionnalités.

LA GESTION DOCUMENTAIRE

L'essentiel du patrimoine des entreprises se trouve dans des documents bureautiques. C'est vrai pour toutes les activités d'une entreprise, qu'il s'agisse des activités transverses ou métier et à tout niveau hiérarchique.

Ce patrimoine est croissant, comme j'ai pu l'expliquer au sein du chapitre consacré au moteur de recherche.

La gestion documentaire est donc une niche particulièrement importante en gain d'efficacité pour toute l'entreprise et un bon angle pour faire adopter l'usage collaboratif, parce que cela concerne quelque chose que tout le monde manie depuis des années et dans des volumes importants : le document bureautique.

La gestion documentaire depuis 20 ans

Avant de parler des outils collaboratifs de partage documentaire, rappelons-nous comment les employés d'une même entreprise partageaient les documents avant que ces outils n'existent.

A partir des années 1990, les entreprises les plus modernes ont mis à disposition de leurs employés des lieux de stockage partageables pour stocker les documents et les rendre accessibles par tous : ce sont les traditionnels serveurs de fichiers.

Couplés à l'essor de la messagerie, ces serveurs de fichiers ont représenté une réelle avancée en matière de partage de documents, en offrant la possibilité de partager un même patrimoine documentaire.

Malheureusement, cette solution restait pauvre fonctionnellement : elle correspond au stockage physique d'un fichier informatique, défini par son seul titre, le nom de la personne qui l'a créé puis modifié, ainsi que les dates de création / modification.

Pour cette raison, l'essentielle des informations utiles se doit d'être intégrées dans le nom du fichier : pas d'autres moyens.

C'est ainsi que dans les grandes organisations, les noms de fichiers sont souvent alambiqués, sous une forme qui ressemble parfois à ça :

SOC-DSI-PI-PRJ-NEPTUNE-SPEC-12A.doc

Document projet (PRJ) de la société SOC, direction DSI, du Pôle Intranet (PI),
pour le projet NEPTURE, spécifications de version 12A

Vingt ans plus tard

Aujourd'hui, en 2015, plus de vingt ans plus tard, les choses ont-elles changé ? Pas vraiment…

Les « serveurs de fichiers » restent encore très utilisés au sein des petites et grandes entreprises pour un tas de raisons : pour des raisons historiques parce que l'essentiel du patrimoine est toujours dans ces anciens serveurs de fichiers, ou parce qu'il n'existe au sein de l'entreprise aucune ambition particulière de rechercher des solutions plus modernes, ni au niveau management, ni au niveau des équipes.

Cette absence d'ambition se traduit par l'absence de proposition de solutions alternatives aux employés (pas d'outils collaboratifs). Mais parfois, les outils existent mais ne sont pas exploités : c'est ici l'absence d'accompagnement qui en est la cause et qui empêche les usages d'être visibles.

L'attrait de l'apparente simplicité

Il est vrai que le serveur de fichiers a un avantage indéniable : l'usage qu'il propose est poussé au paroxysme de la simplicité. C'est un lieu de stockage, point.

Ce côté « basique » plait aux équipes. En fait, il plait surtout à ceux qui déposent des fichiers, parce que l'opération est rapide et qu'ils n'ont pas à réfléchir à l'efficacité de leur partage.

Par contre, il déplaît à ceux qui doivent retrouver des documents, parce les fonctionnalités de recherche, d'affichage ou de notification sont inexistantes.

Le problème, c'est que ces personnes sont les mêmes : nous sommes tous amenés un jour ou l'autre à déposer nos fichiers et à retrouver ceux des autres. Les outils collaboratifs pour la gestion documentaire contribuent à mettre tout le monde d'accord, si tant est que l'on accepte d'abandonner l'illusoire simplicité du serveur de fichiers.

Les fonctionnalités

Aujourd'hui, les outils collaboratifs (SharePoint, mais d'autres également) offrent la possibilité de créer des lieux de partage (sites web) bien plus puissants. Leurs fonctionnalités dépassent de loin les possibilités basiques des vieux serveurs de fichiers.

Pour vous permettre de mesurer pleinement l'écart fonctionnel qui existe entre vos vieux serveurs de fichiers et une solution comme SharePoint, j'ai sélectionné quelques-unes des fonctionnalités principales de gestion documentaire.

Les propriétés (tags)

La vraie puissance de ce type d'outil, c'est de pouvoir associer des « tags » (propriétés) aux documents, de manière à pouvoir mieux les trier et les trouver. Si on compare aux traditionnels serveurs de fichiers, le seul « tag » disponible, c'était le nom du fichier.

Les « propriétés » que les outils collaboratifs permettent d'associer aux fichiers permettent de se passer de ce type de règles de nommage et de pouvoir exploiter directement ces informations pour faire des règles de tri ou de recherche.

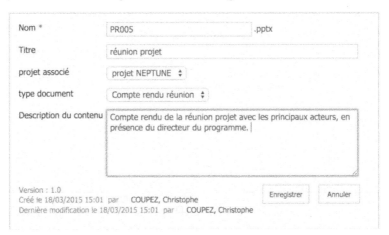

Mais attention, si ce système de propriétés (tags) est puissant, il est vivement recommandé de ne pas en abuser.

Associer des propriétés à des documents apporte des contraintes dont il faut avoir conscience. Cela oblige par exemple les utilisateurs à intégrer chaque document un par un, pour saisir les valeurs des propriétés. La dépose d'un document est alors une démarche moins simple, plus contraignante.

Il faut également veiller à ne pas multiplier le nombre de propriétés ; si la dépose d'un document oblige la saisie d'un formulaire électronique complet de plus de cinq données, vos utilisateurs risquent de rejeter la solution, tout simplement parce que ça ne sera pas utilisable au quotidien.

La possibilité de mettre des propriétés est donc une fonctionnalité puissante, mais seulement pour des contextes qui s'y prêtent. Dans le cadre d'un simple partage documentaire au sein d'une équipe de quelques personnes, sans enjeu métier, je ne le recommande pas.

Bref, sur ce sujet comme sur d'autres, l'accompagnement d'un expert de la question est primordial sur des sujets complexes pour définir la stratégie à mettre en place.

Les affichages

SharePoint, mais d'autres outils également, propose des « affichages » paramétrables. Ces affichages sont des façons d'afficher les documents, selon un ordre ou un tri donné, avec les propriétés que l'on souhaite afficher, ou pas.

Ces affichages sont une solution puissante pour donner une vision des mêmes documents, sous des angles différents. Vous pouvez par exemple proposer une liste des documents, regroupés par Direction, une autre avec les mêmes documents regroupés par projet (transverse).

Ces affichages, associés aux propriétés sont une bonne solution pour encourager le décloisonnement entre direction ou projet (par exemple) sans pour autant céder à l'anarchie documentaire.

Ces affichages s'appuient sur les propriétés associées aux documents, sujet que nous avons abordé dans le point précédent.

Ces affichages peuvent « s'affranchir » des dossiers classiques dans lesquels sont stockés les documents : une option dans les critères de paramétrage de ces affichages permet cette possibilité.

Exemple avec cette bibliothèque de documents, dans laquelle sont stockés les documents des projets. Deux propriétés « Projet associé » et « Type document » sont associés à cette liste documentaire.

Vous pouvez créer un affichage des documents en les regroupant autour de la propriété « Projet associé », ce qui donne cette vision :

Dans le même temps, vous pouvez peut-être avoir plutôt besoin d'une vision par type de document, transverse à tous les projets, ce qui est possible en créant un affichage qui regroupe autour de la propriété « type de document » :

Les notifications

L'essentiel des solutions actuelles, et bien entendu SharePoint, proposent des fonctionnalités de notification assez poussées qui vous permettront d'être notifié en cas de nouvelle action réalisée sur le document.

La définition de l'action qui déclenche la notification ainsi que la fréquence de notification est à paramétrer par l'utilisateur. Cette fonctionnalité est puissante pour être informé en différé ou en temps réel sur les évolutions d'un document important (les spécifications d'un projet par exemple).

Mais mieux vaut ne pas se faire notifier pour tout, sinon la notification perd de sa valeur d'alerte !

Mode de remise	M'envoyer des alertes par :
Spécifiez comment vous souhaitez recevoir les alertes.	⊙ Courrier électronique ccoupez@cambrai-amitie.org
	Message texte (SMS)
	Envoyer l'URL dans un message texte (SMS)
Type de modification	M'envoyer une alerte uniquement quand :
Spécifiez le type de modification pour laquelle vous voulez recevoir une alerte.	⊙ Toutes les modifications
	○ Des éléments sont ajoutés
	○ Des éléments sont modifiés
	○ Des éléments sont supprimés
Envoyer des alertes pour ces modifications	M'envoyer une alerte quand :
Spécifiez s'il faut filtrer les alertes en fonction de critères spécifiques. Vous pouvez également limiter vos alertes pour n'inclure que les éléments qui apparaissent dans un affichage particulier.	⊙ Une modification est effectuée
	○ Un autre utilisateur modifie un document
	○ Un autre utilisateur modifie un document - Créé par moi
	○ Un autre utilisateur modifie un document que j'ai modifié(e) en dernier
Fréquence des alertes	
Spécifiez la fréquence à laquelle vous souhaitez être alerté. (Les alertes par téléphone mobile ne sont disponibles que pour les notifications immédiates.)	⊙ Notification immédiate
	○ Récapitulatif quotidien
	○ Récapitulatif hebdomadaire

La confidentialité

SharePoint offre une granularité fine en matière de positionnement de la confidentialité. Les droits peuvent se positionner à tous les niveaux d'un site, depuis le niveau le plus haut, jusqu'au fichier.

Il est possible de donner des droits de lecteur seulement, de modification, de création, de suppression ou de créer un profil customisé faisant un mixte de tous ces droits pour correspondre à un besoin métier bien précis, comme pouvoir modifier mais pas supprimer.

SharePoint permet également de positionner des comptes (utilisateurs) dans les accès ou des groupes, ou même des « populations » de comptes qui répondent à certains critères, reposant sur les profils des utilisateurs.

Tout ceci est fort beau, mais plus une gestion de droits est fine, plus la complexité de cette gestion est forte. Généralement, une structure qui s'amuse à gérer des droits différents sur chacun des documents (au lieu de le faire de façon plus macro au travers de liste ou de dossier) ne sait plus où elle en est une semaine plus tard.

Bref, savoir positionner les droits sur un espace documentaire, c'est un savant compromis entre facilité d'administration et réel besoin de confidentialité sur le patrimoine documentaire.

La recherche

Une des raisons qui expliquent souvent la nécessité impérieuse d'une équipe à migrer l'intégralité d'un vieux serveur de fichiers dans un site SharePoint, c'était de disposer d'un moteur de recherche pour pouvoir y faire des recherches.

Or copier l'intégralité d'un vieux serveur de fichiers dans un SharePoint n'apporte pas toujours une vraie plus-value. Si les fichiers sont anciens (archives) et si aucune des fonctionnalités de SharePoint ne sont utilisées pour enrichir ces fichiers (avec des tags par exemple), il y a guère d'intérêt à réaliser cette migration. D'autant que le coût de stockage est plus important dans un outil collaboratif de type SharePoint, que dans un banal serveur de fichiers.

Sachez qu'un moteur de recherche comme SharePoint on-premises (installé sur votre propre infrastructure) vous permet d'indexer un classique serveur de fichiers. C'est généralement ce que je recommande plutôt que de se lancer dans une migration.

Les commentaires

Les outils collaboratifs récents, comme la dernière version de SharePoint, proposent des solutions efficaces pour gérer les commentaires des utilisateurs sur les documents.

Pour chaque document, l'outil permet de créer un fil de discussion dans lequel les utilisateurs pourront échanger des avis, poser des questions et y répondre. Ces nouvelles façons de collaborer permettent de gagner en fluidité et en rapidité dans les échanges entre collègues.

La popularité

S'il est difficile de juger en mode automatique de la qualité ou de la pertinence d'un document, il est en revanche possible de demander aux utilisateurs eux même d'en juger et de l'exprimer.

La fonctionnalité de rating de SharePoint permet d'indiquer l'importance que l'on donne à un document au travers d'un nombre d'étoile. La popularité des documents peut ensuite être exploitée par le moteur de recherche pour les mettre plus ou moins en avant, selon leur degré de popularité.

Cette fonctionnalité a cependant une faille et elle est de taille : elle repose sur le comportement « citoyen » des employés et sur leur bonne volonté. Sur ce plan comme sur d'autres, l'accompagnement des utilisateurs est capital pour expliquer les bonnes pratiques, pour les accompagner et les encourager.

<u>Le versionning des documents & la corbeille</u>

Qui, parmi nous, n'a jamais commis l'irréparable en supprimant par mégarde tout un chapitre de document et en enregistrant trop vite dans la foulée ? Ou qui n'a jamais supprimé un document par erreur ?

Une solution comme SharePoint propose une fonctionnalité de gestion de versions, qui permet de conserver les versions intermédiaires des documents. Il devient alors possible de retrouver un document tel qu'il existait plusieurs jours, semaines ou mois précédent.

Cette fonctionnalité a un revers de médaille (jusqu'à la version 2010) : chaque version est le document intégral à un instant T, de sorte qu'un document de 5 Mo en 50 versions depuis plusieurs mois, occupe 250 Mo d'espace de stockage. Ce n'est plus le cas avec SharePoint 2013.

SharePoint propose également une fonctionnalité de corbeille qui permettra à tout utilisateur de restaurer un fichier supprimé par erreur.

Faut-il migrer tous les serveurs de fichiers sous SharePoint ?

Les grandes entreprises ont bien souvent des volumes importants de documents stockés sur des serveurs de fichiers.

Bien souvent se pose la question de leur migration sur SharePoint : *est-utile & nécessaire de migrer la masse documentaire présente sur les serveurs de fichiers, vers des sites SharePoint ?* Mon avis sur ce sujet est presque contradictoire :

La migration est inutile, voir contreproductive. Migrer « tel quel » des Go de fichiers des serveurs historiques sur des sites SharePoint, sans exploiter les fonctionnalités de SharePoint (tags, affichages, etc.) n'apportent que très peu de plus-values fonctionnelles.

En outre, l'opération de migration peut s'avérer complexe, pas forcément sur le plan technique (déplacements de fichiers), mais sur le plan de la préparation du déplacement. Il faut en effet imaginer les structures des sites, des listes, repositionner les droits, etc.

Le risque est également de déplacer « le bazar » vers SharePoint. Car dans l'idéal, avant de déménager, il faut ranger, trier, nettoyer, jeter les fichiers anciens. Mais dans la réalité, aucune équipe ne dispose de la capacité pour mobiliser les employés à réaliser ce nettoyage de printemps avant la migration. Et si ce nettoyage et ce tri se font quand même, ça sera au prix d'une charge de travail importante.

Enfin, le coût de stockage des données n'est pas le même. Le prix de stockage sur de vieux serveurs de fichiers à la technologie ancienne, est bien moindre que le prix de stockage sur SharePoint, qui utilise des technologies de base de données plus complexes.

Autant garder les « vieux fichiers » sur les anciennes plateformes et éventuellement mettre en place un moteur de recherche pour faciliter la recherche de document dans ce patrimoine ancien.

Pour autant, utiliser SharePoint pour la gestion documentaire est primordial. Autant migrer les vieux fichiers n'a aucun intérêt, autant il faut lancer rapidement une action pour généraliser l'usage de SharePoint pour la gestion documentaire.

A partir d'un instant T, il faut tout mettre en œuvre pour que les équipes cessent d'utiliser les serveurs de fichiers pour gérer les fichiers vivants créés dans le cadre de l'activité présente, pour basculer dans des environnements SharePoint créés à partir de zéro pour l'occasion.

Pendant un temps, les équipes fonctionneront sur deux environnements ; l'historique sur des serveurs de fichiers (mais en mode lecture seule) et le « vivant » sur des sites SharePoint, structurés et utilisés de manière à en exploiter tout la puissance.

La sécurité de vos fichiers

J'ai abordé dans les points précédents les fonctionnalités de gestion de sécurité des fichiers, avec quelques conseils.

Reste que l'entreprise peut donner des règles plus strictes en termes de gestion des documents sensibles.

Des règles apparemment simples (sur le papier du moins) peuvent règlementer le stockage des documents selon plusieurs critères de confidentialité.

On peut imaginer par exemple, que des documents non confidentiels peuvent être stockés sur Office 365 (*sur le cloud*), mais que des documents jugés « confidentiels » doivent être stockés sur une infrastructure hébergée en interne (*ce qu'on appelle « On Premises »),* tout simplement pour des raisons de confiance moyenne dans le Cloud (*intrusion, NSA, etc.*).

Une autre règle peut être aussi de devoir crypter certains fichiers pour les rendre impossibles à lire sans un mot de passe. Ce choix a des impacts : celui de rendre le fichier impossible à interpréter par SharePoint (ce qui fait perdre quelques fonctionnalités) et cela impose également le partage du mot de passe entre plusieurs personnes.

Ces règles sont certainement le résultat d'un vrai enjeu stratégique pour l'entreprise (besoin de secret sur des appels d'offre, ou de nouveaux produits).

Retenez cependant plusieurs choses :

- La notion de « confidentialité » chez les utilisateurs est très difficile à appréhender. Il faut un bon accompagnement des employés « sensibles » pour les former à bien identifier ce qui est vraiment confidentiel, de ce qui ne l'est pas ;

- Des règles trop strictes (quand elles sont appliquées) sont des freins à l'efficacité. Stocker des documents à différents endroits selon leur confidentialité, c'est une gymnastique compliquée. Chiffrer des documents, c'est également compliqué. Veillez à ne mettre ces contraintes que sur des documents réellement très sensibles.

- Qui dit règles, dit contrôles. Face à la lourdeur de règles contraignantes, vos utilisateurs seront tentés de traiter les documents sensibles comme n'importe quel autre document. Réalisez régulièrement des audits sur les documents, pour identifier les cas où les règles ne sont pas respectées. Contrôler est l'un des moyens pour « encourager » les employés à respecter les règles.

- Il n'y a pas que les documents qui peuvent être sensibles : j'entends parfois des règles telles que « *les échanges se font dans Yammer, mais les documents doivent être sur le SharePoint interne* ». Bien souvent, les informations confidentielles sont aussi dans le mur d'échange, au travers des conversations entre les personnes (en évoquant par exemple le prix qui sera donné à un appel d'offre).

- Les documents ultra confidentiels, dont la divulgation pourrait nuire à l'entreprise (appels d'offres, etc.), ne doivent pas être sur des sites collaboratifs, mais sur des supports physiques, enfermés dans des coffres (clés USB, …)

- Ne pensez pas que vos stockages hébergés dans vos propres murs sont forcément plus sûrs. Faites un audit de votre infogérance : peut-être allez-vous découvrir avec effroi qu'une trentaine de prestataires, pour raison de service, ont tous les droits d'accès sur vos espaces en mode « super admin » ou sur les bandes de sauvegarde de vos serveurs.

Enfin, si certaines de vos données sont très sensibles, n'hésitez pas à monter un SharePoint dédié sur lequel les règles seront plus strictes.

Par exemple, sur cette architecture, le nombre de personnes ayant des droits d'administrateur sera réduit à un strict minimum (*un seul compte par exemple*), et le mot de passe de ce compte pourra être stocké dans un coffre. Cette disposition réduit le risque de vol des données via le compte d'administration, mais il réduit aussi la capacité de l'équipe technique à intervenir rapidement en cas de problème.

Pensez également à activer la fonctionnalité « d'audit » de SharePoint, qui permet de tracer très finement toutes les actions des utilisateurs sur les éléments de contenu des collections.

Cette fonctionnalité est très pratique pour savoir précisément qui a fait quoi sur le site (accès en lecture, en écriture, etc.). Mais elle a un coût en performance mais surtout en espace de stockage.

Recommandation pour vos projets de GED

Le GED est un gros sujet dans une grosse entreprise. Vous avez face à vous éventuellement plusieurs dizaines, centaines de milliers d'utilisateurs de la GED : ceux qui produisent et ceux qui consultent.

Quant au nombre de documents, il est à l'échelle du problème : vous en aurez des dizaines de milliers, des centaines de milliers, très certainement des millions.

Les entreprises essaient toujours d'aborder le sujet de la GED comme une « globalité » pour toute l'entreprise, comme si toutes les équipes, toutes les directions avaient les mêmes besoins et les mêmes usages.

Parfois, c'est la direction de la « Qualité » qui prend en charge le sujet et en fait une question de procédure sans rapport avec la productivité.

On impose à tous des métadonnées, des façons de gérer les documents qui ne correspondent peut-être qu'à la manière de penser de la seule Direction Qualité.

C'est un peu le syndrome de la pensée unique, comme si on distribuait une guitare à tout le monde, en interdisant de jouer autre chose que la partition imposée et seulement sur deux cordes, trois doigts et une main dans le dos.

Inversement, n'abordez pas votre projet de GED avec un trop grand niveau de détails. N'essayez pas de règlementer toutes les étapes de création du document, d'imposer des règles que personne ne saura ni respecter ni contrôler.

Pour moi, la GED s'aborde sous deux angles : la production et la conservation.

La production, c'est la création d'un document et tout le travail autour du document avant qu'il ne soit finalisé. Laissez vos utilisateurs maîtres de la manière dont ils souhaitent gérer leurs documents à cette étape : ils savent mieux que vous ce dont ils ont besoin.

La conservation, c'est la protection du patrimoine. Concentrez vos efforts sur l'identification de ce qui fait qu'un document est indispensable à la bonne marche de l'entreprise ou à sa pérennité. Ça peut être par exemple tous les contrats qui vous lient à des fournisseurs et qui seront fort utiles le jour où un préjudice majeur menacera la survie de la société.

Mettez toute votre énergie sur la création d'un outil « sanctuaire » puissant mais facile d'utilisation, dans lequel les documents finalisés seront conservés.

Ça sera peut-être des sites SharePoint, peut-être pas. A ce stade, ce n'est pas important. Il faut juste que ces « chapelles » du document soient bien identifiées, bien visibles et que les règles de ce qui doit s'y trouver soient claires.

Il faut également que la structure de l'outil soit adaptée, simple, claire, efficace. La chapelle ne doit pas se transformer en mur des lamentations le jour où on doit y verser trois documents et en rechercher d'autres, parce que personne n'y comprend rien.

En conclusion, la gestion documentaire est un usage incontournable au sein de l'entreprise car tout le monde produit et consulte des documents Bureautiques.

Il est donc nécessaire de profiter de cet usage comme d'un levier d'adoption des outils collaboratifs en faisant de l'outil collaboratif l'unique solution de gestion documentaire.

Mais il faut le faire avec discernement et en cherchant à utiliser l'outil au mieux de ses possibilités et de ses fonctionnalités.

LES DONNEES STRUCTUREES

Contrairement à ce que l'on imagine souvent, toutes les informations de l'entreprise ne sont pas dans la masse documentaire stockée sur des serveurs de fichiers ou dans les sites SharePoint.

La donnée, l'information, ce sont aussi des données structurées qu'il faut être en mesure de traiter.

Les données structurées, c'est quoi ?

Les documents bureautiques de type Word contiennent des informations « déstructurées ». Autrement dit, on y écrit l'information comme on le souhaite, sans contrainte de forme ou de structure.

Par exemple, à la différence des documents bureautiques de type Word, des données stockées en base de données par une application métier sont décomposées en « champs » d'information bien précis et « typés » (avec des formats de date, texte, listes de choix, etc.). On saisit ces données au travers de formulaires de saisie qui permettent de rentrer les informations dans chacun des champs.

Entre les deux, il y a Excel. Le tableur est une forme intermédiaire entre le document « déstructuré » et les données « structurées ». Un fichier Excel présente une structuration des informations par champs (colonnes) et peut proposer des formats de valeur. Mais les données sont stockées dans un fichier bureautique, avec tous les inconvénients associés (dont les accès simultanés à plusieurs qui impliquent des verrouillages de fichier).

Quel intérêt ?

Les données structurées permettent de couvrir le besoin de gérer des données qui répondent toutes à une structure identique très précise et qui nécessitent potentiellement un traitement de masse.

Dit autrement, si vos gérez les membres d'une association par exemple, vous aurez besoin de connaître les noms, prénoms, villes, adresses, numéros de téléphone, âges de vos membres.

Si vous créez un fichier Word pour chaque membre, vous ne serez jamais en mesure de savoir combien de membres habitent la ville de Paris.

Par contre, si vous structurez vos données sous forme de champs, des tris vous permettront d'avoir l'information.

L'autre avantage, c'est ce qu'on appelle « l'accès concurrent ». Si vous traitez ce type de données dans un fichier Excel, vous risquez de rencontrer quelques difficultés si vous êtes plusieurs à accéder en écriture sur le fichier : une seule personne à la fois peut écrire une information dans le fichier. Les autres personnes sont notifiées que l'accès est verrouillé. Et si la personne qui l'utilise part déjeuner sans refermer le document Excel, toute une équipe peut se retrouver coincée. Que ceux qui n'ont jamais vécu cette aventure lève le doigt !

En gérant ce type de données sous une forme « structurée », au travers de listes de données, chacun peut ajouter une nouvelle donnée sans bloquer les collègues.

Je suis toujours très surpris, à l'heure où j'écris ce livre (2015) de discuter avec des utilisateurs de longue date de SharePoint qui n'ont jamais entendu parler des capacités de SharePoint à gérer autre chose que des documents bureautiques.

SharePoint permet effectivement de créer des listes d'informations structurées que les utilisateurs pourront exploiter au travers « d'affichages » et de « formulaires électroniques ».

La définition d'une liste structurée

Une liste de données structurées dans SharePoint s'apparente à une définition de table de base de données, avec les noms des champs et leur typage (format). L'opération est bien sûr plus simple et plus conviviale que la définition d'une table dans SQL Server.

Il suffit de créer une liste paramétrable, de lui donner un nom, puis de définir chacun des champs de cette liste. Il existe tous les formats utiles pour les champs (texte, date, nombre, liste, etc.). Certains types de champs sont plus complexes, avec par exemple des règles de calcul.

Vous pourrez affiner le paramétrage en précisant les droits en lecture, modification, suppression, ajout sur la liste et d'autres fonctionnalités encore. Ensuite ? Le travail est quasiment terminé.

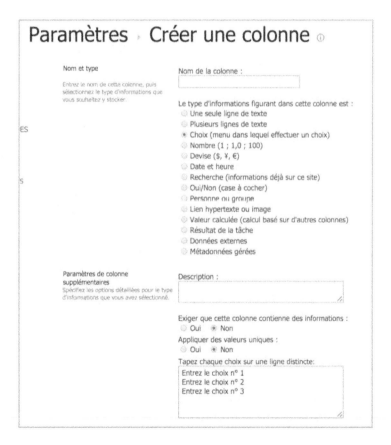

Le formulaire de saisie

Automatiquement, SharePoint affichera un formulaire de saisie qui permettra d'entrer des données dans votre liste.

Le formulaire réalise tous les contrôles nécessaires pour que la saisie soit conforme au format de la donnée que vous aurez saisi.

Nom *	
	Nom de l'adhérent tout en MAJUSCULE, sans rien d'autre ajouté (ni Mr, ni Mme)
Prénom *	
	Prénom de l'adhérent, tout en Minuscule mais avec la première lettre en MAJUSCULE
Civilité *	
Adresse numéro	
Adresse Rue	
	Saisir la rue de l'adhérent
Adresse Résidence	
Adresse Code postal	
	Saisir le code postal
Adresse Ville	
	Saisir le nom de la ville
Date de naissance	
	Saisir la date sous le format JJ/MM/AAAA. Exemple : 23/02/1970 pour le 23 février 1970
Numéro de téléphone	
	Saisir le numéro uniquement sous format 06.60.31.44.12
Date inscription	21/03/2015

Les affichages

J'ai évoqué la fonctionnalité de l'affichage en page 136. Un affichage SharePoint c'est une page qui affiche les données de votre liste sous la forme que vous souhaitez.

Pour chaque affichage, désigné par un nom, vous pouvez choisir la liste des champs, l'ordre de tri, le filtre, la forme d'affichage. Vous pouvez également faire des regroupements sur un champ donné, faire des sommes ou des comptages.

Exemple ci-dessous avec l'affichage d'une liste d'actions, avec tous les champs saisis par l'utilisateur :

On peut créer un autre affichage, qui va regrouper les informations autour de la valeur du champ « criticité » :

Ou un autre, en regroupant par statut :

Quelles opportunités pour l'entreprise ?

J'y reviendrai dans le chapitre « travailler autrement », car les opportunités de ces usages sont majeures pour l'entreprise. Pour vous faire comprendre les enjeux, je vais vous raconter une anecdote.

En 2006 (il y a 9 ans), j'utilisais déjà massivement les listes structurées pour gérer des données métier. Un jour, le stagiaire d'une autre direction est venu me voir, en ma qualité de responsable du pôle intranet. Il me demandait d'héberger son développement PHP sur mes serveurs. Comme mes serveurs étaient 100% Microsoft, l'histoire partait mal.

Je me suis tout de même intéressé à sa réalisation ; c'était un outil métier, avec une base de données MYSQL, et des pages web contenant un site web complet, avec menu de navigations, formulaires électroniques et pages d'affichages des données. C'était le résultat de 3 mois de stage dans l'entreprise.

Une fois seul, je me suis amusé à reproduire les mêmes fonctionnalités de l'application, au sein d'un site SharePoint, avec son menu de navigation, une page d'accueil, ses listes de données, ses formulaires électroniques. J'ai pu ajouter quelques fonctionnalités complémentaires que le jeune stagiaire n'avait pas implémenter dans son application, mais que je pouvais ajouter en quelques clics : un Workflow, des notifications, un moteur de recherche.

L'action m'a pris juste une demi-journée. En seulement une demi-journée, j'avais pu reproduire avec du seul paramétrage quasiment 100% des fonctionnalités de l'outil (même plus), qui avait nécessité trois mois de développement spécifique.

Sommes-nous toujours ici dans le cadre du collaboratif, ou dans le cadre du métier ? La question est importante, car beaucoup d'équipes SharePoint s'interdisent de mettre le pied sur ce genre d'usage pour éviter de marcher sur les plates-bandes d'autres équipes métier. Du coup, ils se limitent sur le principal usage connu de SharePoint : la gestion documentaire.

Pour autant, le collaboratif, c'est le partage des données entre les employés, sous toutes leurs formes : que ce soient des documents, ou des données structurées.

LES AUTRES USAGES DE SHAREPOINT

J'expliquais précédemment que SharePoint était le système Lego® du digital interne. En assemblant certaines *fonctionnalités* entre elles, vous pouvez offrir des *usages* différents.

De sorte que fournir une liste exhaustive des usages possibles, c'est à proprement parler quasiment impossible. Voici cependant quelques autres exemples.

L'information des équipes

SharePoint fournit une solution de Gestion de contenu (CMS) qui permet de construire des sites d'information, composées de pages Web. La dernière version (SPS 2013) améliore le système, en permettant de saisir plus facilement des contenus ou d'intégrer du code HTML si besoin.

La fonctionnalité est perfectible et peut difficilement rivaliser avec un outil comme WordPress ou WIX (pour ceux qui connaissent). Mais elle a le mérite d'exister et d'être disponible et intégrée.

Le blog est également une brique essentielle d'un dispositif de communication. Mais savez-vous concrètement ce que c'est ? Lorsque j'interviens dans des équipes, je pose la question et très souvent, un certain nombre des personnes présentes ne savent pas très exactement me répondre.

Un blog, c'est un outil qui permet de créer des articles, encore appelés « billets », qui sont affichés les uns sous les autres, dans l'ordre chronologique de leur date de publication. Il est alors possible de survoler tous les billets en faisant scroller la page. Une possibilité bien pratique pour « remonter » le temps et voir (par exemple) le déroulement d'un projet.

Comme j'ai pu l'expliquer, le blog est une fonctionnalité qui est apparue avec la version MOSS 2007 de SharePoint. Comme cette fonctionnalité était plus connue du grand public à cette époque pour raconter ses vacances, son déploiement dans le milieu professionnel ne s'est pas fait sans mal.

C'est pourtant une fonctionnalité fort utile à la fois pour tracer les décisions et comptes rendus de réunion d'un projet, mais aussi pour publier des nouveautés sur un outil métier ou tracer les interventions qui ont été faites sur un système technique au fil des jours.

Le Knowledge Management, ou la gestion des connaissances

La richesse d'une équipe, c'est la connaissance qu'ont les membres de l'activité et du métier dont ils sont les principaux acteurs.

Depuis de nombreuses années, les experts se succèdent pour aider les entreprises à pérenniser cette connaissance de l'entreprise au travers des bonnes pratiques et des outils.

SharePoint peut apporter des solutions concrètes à ces problématiques, notamment au travers du Wiki ou des listes structurées pour faire (par exemple) des listes de définition de termes.

Les bibliothèques de pages Wiki de SharePoint offrent les fonctionnalités de base d'un Wiki traditionnel. Mais savez-vous ce que c'est précisément ?

Un Wiki est un outil qui permet de construire une arborescence de pages Web facilement modifiables par tout utilisateur. Une syntaxe particulière permet d'intégrer facilement au sein du texte d'une page un lien vers d'autres pages. Enfin, l'outil permet de visualiser rapidement et simplement ce qui a été ajouté / modifié / supprimé par un utilisateur, avec son nom et la date de l'opération.

Sur le papier, le principe du Wiki est vraiment puissant et prometteur. Dans la vraie vie, cette démarche s'appuie à 200% sur la démarche « citoyenne » des collaborateurs et sur leur mobilisation à consulter / mettre à jour les pages Wiki. Un accompagnement méthodologique, un encouragement appuyé par la hiérarchie et une visibilité sur l'importance de l'action sont nécessaires pour que les équipes se mobilisent.

A titre de comparaison, en 2015, Wikipédia recevait vingt millions de visiteurs uniques par mois, pour seulement... 17 000 contributeurs actifs. Autrement dit, sur Wikipédia, à peine 0,08% des utilisateurs contribuent. Un chiffre à rapporter aux effectifs de votre entreprise (;->).

Le Business Intelligence

Comment pourriez-vous piloter un avion si vous ne disposiez pas d'un tableau de bord affichant toutes les données de vol : altitude, vitesse, direction, carburant ?

Les entreprises produisent souvent des quantités phénoménales de données mais disposent souvent de moyens très pauvres ou très complexes pour les publier en interne.

SharePoint offre des solutions de Business Intelligence qui permettent de publier au sein de pages SharePoint des données, avec des fonctionnalités comme Excel Services, PerformancePoint Services , Visio Services.

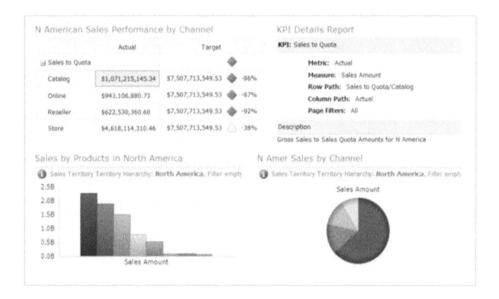

Avec ces solutions, il devient alors possible assez facilement de rendre accessibles des informations visuelles et graphiques pouvant servir de tableaux de bord pour piloter des activités ou des directions.

Un framework pour vos outils digitaux

On parle généralement de Framework pour désigner un ensemble de composants logiciels qui permettent de créer les fondations ou les grandes lignes d'une application. Utiliser SharePoint comme framework, c'est un usage que j'ai développé depuis MOSS 2007.

Tout est parti d'un constat : une application informatique Web est toujours constituée d'une structure de pages avec une page portail, d'un menu de navigation, de mécanismes de gestion de droits. Et bien entendu, au sein de cette structure globale s'insèrent des fonctionnalités métier spécifiques.

L'idée était de s'appuyer sur SharePoint pour construire le « squelette » d'une application métier en utilisant de façon native toutes les fonctionnalités structurelles que j'ai évoquées. Ensuite, la partie proprement métier pourra être développée spécifiquement et intégrée au cœur des pages via des « Webparts », ces zones actives que proposent SharePoint. L'économie ici est évidente : l'équipe de développement se concentre sur la partie métier, le cœur du sujet.

Il y a d'autres manières de procéder, comme celle de se servir de SharePoint comme « backoffice » de gestion des données. J'en parle dans mon site http://www.projetsinformatiques.com

On déborde ici le sujet à proprement parler du collaboratif, pour aborder des sujets plus techniques et métier. Mais pour autant, cette opportunité qu'offre SharePoint pour faciliter le développement d'applications contribue à digitaliser l'entreprise, en permettant de mettre en place de façon très économique des solutions digitales pour fluidifier les échanges.

Très clairement, ces opportunités contribuent à apporter de la légitimité à SharePoint, comme brique essentielle du digital interne.

VOTRE APPROCHE DU SERVICE

SharePoint, comme la messagerie, le portail et tous les outils que l'on met à disposition des employés, c'est avant tout un service. Il y a différentes postures possibles pour aborder ce service aux utilisateurs et selon chaque posture, une façon différente de mettre en musique SharePoint au sein de votre entreprise.

Revenons sur les fondamentaux : **je suis un employé, je démarre un projet, j'ai besoin d'un espace collaboratif, je dois faire une demande**.

Si vous êtes responsable de SharePoint, la question que vous devez vous poser, c'est « *comment est-ce que je souhaite répondre à son besoin* » ?

La réponse que vous apporterez dépendra de la place que vous donnez à l'utilisateur au sein de votre écosystème. Il y a deux façons de voir et n'y voyez rien de péjoratif dans l'un ou l'autre des cas.

Soit vous mettez l'employé au centre de vos préoccupations, soit vous y mettez vos process. Vous ne pourrez pas mettre les deux au même niveau : il faudra forcément prioriser l'un ou l'autre.

Je suis d'autant plus à l'aise sur le sujet, qu'en ma qualité d'ancien responsable de pôle SharePoint au sein d'une grande société, j'ai eu successivement les deux postures, la première que je présente ci-dessous, et la seconde depuis 2012.

Orientation #1 : votre PROCESS au centre de vos préoccupations

SharePoint fait trembler les équipes DSI, parce que c'est une boîte de Pandore. Les équipes DSI se disent que si on donne l'accès complet à SharePoint, les utilisateurs pourraient avoir l'idée saugrenue de l'utiliser et ainsi déclencher une croissance qui paraît difficile à maîtriser.

Dans cette optique, vous pouvez percevoir l'utilisateur comme **un élément perturbateur** d'un bel écosystème équilibré et ronflant. Et au lieu de trouver tous les leviers pour promouvoir l'adoption, vous allez chercher inconsciemment tous les freins possibles pour éviter une croissance que vous jugez par défaut non maîtrisée.

Si après plusieurs mois de déploiement, seulement quelques dizaines de collections de sites SharePoint apparaissent bien rangées sur votre console d'administration, l'équipe en charge de l'outil y verra le résultat d'une formidable gouvernance alors qu'en fait, c'est tout simplement le symptôme d'un échec de l'adoption.

Dans cette optique, le process sera mis au centre du service que vous allez donner aux utilisateurs. Mais ce process servira avant tout vos décisions qui viseront naturellement à limiter le désordre, avant de servir l'utilisateur.

Voici quelques exemples de ce que vous pourrez faire pour éviter le désordre.

Pour limiter une trop forte croissance, vous allez compliquer le processus de demande d'espace collaboratif. Il suffit pour cela de cacher le lien de demande de site bien au fond d'un intranet, sans trop en faire la publicité.

Ensuite, vous pouvez augmenter artificiellement le délai pour répondre à la demande des utilisateurs : il suffit d'ajouter une couche de validation qui allonge le temps d'obtention de l'espace et de ne pas automatiser la création une fois la validation obtenue.

- Avec un peu de chances, les valideurs (*qui sont le plus souvent des opérationnels dans les structures, hors DSI*) n'ont pas d'objectifs stricts en termes de délais de réactivité (*d'ailleurs ce n'est pas forcément dans leur mission*).
- S'ajoutera ensuite le délai de création manuelle des sites demandés.

Le problème de cette posture, c'est que ce délai très long est incompatible avec les contraintes de rapidité imposées aux projets. Or démarrer un projet commence bien souvent par la création d'un espace collaboratif. En imposant un délai de plusieurs jours (voire de plusieurs semaines) à cette action, on gêne le démarrage des projets de l'entreprise.

Si vous voulez aller plus loin, vous pouvez également interdire à vos prestataires de créer des sites ou mieux encore de les utiliser. C'est une très bonne stratégie pour tuer l'adoption, puisque les espaces collaboratifs ne seront d'aucune utilité si certains des acteurs projet (prestataires) n'y ont pas d'accès.

Enfin, vous pouvez également brider l'outil pour éviter que ces utilisateurs que vous jugez par définition trop incompétents pour tout comprendre, viennent apporter le désordre dans une chambre bien rangée.

Quelques idées :

- *Verrouiller des fonctionnalités*
- *Restreindre les droits d'administration*
- *Interdire la création de sous sites*
- *etc*

En faisant de telles restrictions à votre écosystème SharePoint, l'équipe DSI en charge de l'outil se rend service à elle-même, mais en aucun cas aux équipes opérationnelles qui ne peuvent pas accéder à certaines fonctionnalités que la DSI aura jugées, par décret, inutiles.

Pourtant, la force de SharePoint c'est de proposer un environnement au champ des possibles très large. SharePoint permet aux opérationnels de trouver par eux-mêmes de nouveaux usages et de nouvelles façons de travailler qui peuvent par la suite se répandre dans l'entreprise et améliorer l'efficacité collective. Comme je l'ai fait moi-même avec ma démarche « travailler autrement » dont je parle dans un des prochains chapitres.

Autrement dit, si SharePoint est une mine d'innovation dans la façon de travailler ensemble, décider de brider les fonctionnalités c'est comme stériliser le pouvoir d'innovation des équipes.

En résumé, pour empêcher 5% de dérives possibles, votre processus va choisir de bloquer 100% des utilisateurs de la solution.

Orientation #2 : vos UTILISATEURS au centre de vos préoccupations

Autant dans la première orientation, vous choisissez de contraindre les utilisateurs à respecter un processus qui sert avant tout votre stratégie, autant dans cette nouvelle orientation, c'est l'inverse.

Vous ne voyez plus l'utilisateur comme un élément perturbateur de votre écosystème, mais vous le voyez pour ce qu'il est vraiment : un collègue de travail à qui vous voulez rendre la vie plus douce.

J'utilise volontairement ces mots mielleux, parce que l'esprit est bien là. C'est une volonté de proposer un service, un service qui rend service, sans pour autant semer l'anarchie dans la gestion de l'écosystème.

Dans cette optique, il y a des choses à faire.

Le premier point, essentiel est de faciliter la création d'espaces collaboratifs. Plusieurs leviers pour cela : faciliter l'accès à la fonctionnalité de création (*positionner depuis la page d'accueil du portail de l'entreprise*), en faire la promotion (*dans une démarche encadrée avec les bonnes explications*) et soigner la démarche (*formulaire clair, propre, simple*).

Un des points essentiels, c'est surtout de mettre en place une création rapide et automatisée. J'en parle dans la partie RSE : vos employés, sur Internet, sont habitués à recevoir immédiatement des confirmations de prise en compte de commande. Quand ils achètent un bien sur Internet, il n'y a pas de validation de Pierre, Paul, Jacques, avant de leur dire qu'elle est bien prise en compte. Cette réactivité (c'est prouvé) contribue à donner une vraie confiance dans l'outil.

Le problème des validations pose en fait des problèmes difficiles à résoudre avec les congés, les absences. Peut-on accepter de bloquer une équipe projet, parce que Roger, qui valide toutes les demandes de la DSI, est parti en week-end prolongé au Touquet ?

Si vous doutez encore, posez-vous ces deux questions :

- Pensez-vous que vos valideurs étudient en détail les demandes et font des vérifications poussées avant de valider ?

- Que cherchez-vous à éviter en mettant de la validation à la création des sites (collections) SharePoint ? Des dérives ? Lesquelles ? Vous constaterez en analysant les demandes validées, que potentiellement seuls 5% des cas posent questions.

  En conséquence, il faudra décider : sommes-nous prêt à scléroser 100% de l'entreprise, pour éviter 5% de dérives potentielles qui pourraient faire l'objet d'un traitement a posteriori ?

Restent les questions du bridage des fonctionnalités. Il y a quelques années, j'avais fait faire une « version light » de la page d'administration de SharePoint 2007, parce que la litanie des liens pour gérer des fonctionnalités hors propos dans notre contexte brouillait la compréhension des utilisateurs.

J'avais aussi fait bloquer SharePoint Designer, parce que dans les versions 2007 et 2010, de mauvaises manipulations via l'outil pouvaient avoir des conséquences.

Et puis, en 2014, une équipe opérationnelle[18] m'a montré ce qu'ils avaient réussi à faire avec SharePoint, en natif, sans aucune aide de mon équipe de spécialistes. J'en avais été impressionné. Ils avaient utilisé toutes les possibilités de l'outil, y compris SharePoint Designer, et le résultat était une couverture métier plus que probante, à moindre coût.

Bref, SharePoint est un outil très particulier, très polyvalent, dont la puissance n'est révélée que si on l'offre entier et qu'on permet aux équipes d'innover et d'inventer avec.

---

[18] Clin d'œil à Jean-Christophe HAUSER et André DARMEDRU

L'ORGANISATION DE L'EQUIPE

L'organisation de l'équipe en charge de SharePoint sera déterminante dans la réussite de son déploiement et de sa capacité à couvrir les besoins de l'entreprise.

Il existe plusieurs façons de s'organiser en fonction des profils de l'équipe et des missions qui lui sont confiées.

Cela peut être simplement de l'administration de la plateforme, ou du support aux utilisateurs, ou carrément l'accompagnement des utilisateurs dans des projets SharePoint plus ou moins importants.

Voici quelques conseils pour que cette organisation soit la plus efficace possible et la plus compatible avec l'esprit du digital interne.

Faites simple !

Le drame des équipes en charge de SharePoint, c'est qu'elles sont souvent pilotées par des professionnels de l'informatique que j'appelle « lourde » (informatique métier, de production).

Or les réalisations sous SharePoint ne doivent pas être toutes considérées comme de l'informatique métier critique ; elles ne nécessitent pas toutes des processus aussi stricts et complexes que pour l'informatique de votre système commercial.

Surtout, l'une des clés de réussite du digital interne, c'est de faire simple, rapide et pas cher (voir page 267).

Ne faites donc pas du processus pour faire du processus. Sachez vous poser quelques minutes et vous demander si les processus en place ont du sens, s'ils sont utiles et cohérents avec des projets sous SharePoint, petits et grands.

Soyez à l'écoute des signaux forts ou faibles du terrain : des plaintes contre un manque de réactivité et d'agilité doivent vous alerter. Plutôt que de batailler pour imposer les processus, demandez-vous comment vous feriez pour répondre à ces plaintes.

Infogérance & digital interne

Les entreprises font souvent appel à l'infogérance pour couvrir un support à un produit, pour faire de la maintenance applicative ou pour répondre à des besoins de réalisation (développement).

L'intérêt réside dans la « scalabilité » des effectifs, c'est à dire la capacité d'adapter le dispositif au besoin du moment : un jour, vous aurez besoin de deux personnes à temps plein, la semaine suivante, dix.

La formule a tout de même des contraintes, c'est qu'elle est soumise à un processus strict en matière de gouvernance et d'engagement d'actions. Autrement dit, tout est payant.

Les différents niveaux de service (SLA) par exemple, auront chacun un prix. Plus vous voudrez un délai de réaction rapide, plus cela vous coûtera cher. Alors, vous pourriez être tenté de ne pas demander trop de réactivité pour réduire la facture mais ça serait au détriment du service rendu à l'utilisateur.

Comme toute action est payante, l'engagement de la moindre opération doit suivre un processus parfois assez rigide, avec documents, réunions, et validations.

Enfin, tout paiement étant un engagement de responsabilité par défaut des deux parties, l'infogérant et son client auront tendance à blinder leurs périmètres respectifs, à coût de procédures, de réunions, mais aussi en refusant de prendre certaines actions. Pour finir, dans ce mode de fonctionnement, vous ne pouvez pas garantir que la personne qui prendra en charge l'action soit toujours la même, avec le bon niveau de compétence.

Au final, l'entreprise fait souvent le choix de l'infogérance (contre celui de la régie) pour faire des économies. On peut arriver pourtant à des aberrations, avec des projets qui prennent trois fois plus de temps qu'en régie et qui coûtent trois fois plus cher.

Bref, l'infogérance est peut-être une bonne option pour des opérations techniques standard ou du support téléphonique aux utilisateurs. Mais la formule s'adapte difficilement à SharePoint, qui nécessite agilité, expertise, écoute, et réactivité.

LES PROJETS SHAREPOINT

Les projets SharePoint sont-ils des projets informatiques comme les autres ? Je fais des projets informatiques Web spécifiques depuis 2000 et des projets SharePoint au sens propre du terme depuis 2007. Je mesure bien la différence entre ces deux types de projet.

C'est donc en toute connaissance de cause que je peux dire qu'un projet SharePoint n'est pas un projet informatique comme les autres.

La manière d'aborder le projet est différente :

- On aborde le projet en développement spécifique avec un champ des possibles large en termes de réponse fonctionnelle : c'est du « sur mesure » ;
- On aborde le projet SharePoint sous l'angle de ses fonctionnalités natives prioritairement ; on n'envisage les adaptions que si certaines fonctionnalités non couvertes nativement sont critiques ;

La manière de concevoir est différente :

- Le projet spécifique nécessite des documents de conception très détaillés, puisque tout est fait « sur mesure »
- La conception d'un projet SharePoint peut être abordée d'une manière beaucoup plus agile. Dans la plupart des cas, plutôt que de réaliser des spécifications pour décrire le paramétrage, je le fais-moi même ce qui évite de perdre du temps. Ensuite seule la partie « spécifique » fait l'objet d'une spécification précise.

La manière de réaliser est différente :

- Le projet spécifique, c'est du développement de code en utilisant ou non des Frameworks ;
- Le projet SharePoint (s'il est bien abordé), c'est majoritairement du paramétrage natif avec du développement de code intégré quand il le faut et si c'est justifié ;

La manière de faire la recette (tests) est différente :

- L'application spécifique doit être testée sous toutes ses coutures;
- La recette d'une application réalisée sur la plateforme SharePoint se limite essentiellement au test de ses fonctionnalités spécifiques. Les fonctionnalités natives de SharePoint n'ont pas à être testées;

La manière de déployer est différente :

- Une application spécifique est développée sur un environnement (serveurs) de développement, puis basculée sur un environnement de pré-production (sur lequel généralement on fait la recette), avant d'être déployée sur un environnement de production.

  Dans ce cas, la « bascule » d'un environnement à l'autre est plutôt simple : cela consiste à installer sur chaque serveur le code applicatif et les bases de données. Cela peut se faire manuellement ou par script.

  L'intérêt de passer d'un environnement à l'autre, c'est de bien contrôler qu'il n'y a pas d'impact possible sur l'infrastructure qui héberge l'application (fuites de mémoires, etc.).

  Normalement, l'application ainsi basculée d'un environnement à l'autre est identique ; seuls les paramétrages des serveurs peuvent être différents et donc générer des différences de fonctionnement.

- SharePoint n'est pas vraiment compatible avec ce mode de déploiement. Une application construite sur SharePoint, c'est en grande partie du paramétrage qu'il est difficile de « basculer » d'un environnement à l'autre.

  Autrement dit, si vous essayez d'appliquer ce principe aux projets SharePoint, vous allez devoir refaire quasi manuellement tout le paramétrage d'un environnement vers l'autre.

  Cela a un impact fort : c'est que si vous faites votre recette (tests) sur un environnement, rien ne vous garantit que l'application sur l'autre environnement sera réellement identique, puisque vous serez soumis aux erreurs de paramétrage d'une plateforme à l'autre.

  Pour cette raison, je milite pour la construction directe d'une application SharePoint sur l'environnement de production, de sorte à pouvoir tester la « vraie » application qui sera ouverte ensuite aux utilisateurs, juste en positionnant les bons droits.

Connaître les limites

SharePoint permet de faire beaucoup de choses avec du simple paramétrage ou avec du développement.

Selon les fonctionnalités dont vous avez besoin, vous allez mobiliser des compétences différentes. Le souci, c'est qu'il est très compliqué de savoir identifier les limites fonctionnelles nettes au-delà desquelles l'utilisateur final ne sera plus autonome ou qu'un développement sera nécessaire. C'est ce que j'ai illustré avec ce schéma suivant.

La seule solution reste donc de vous appuyer sur une compétence SharePoint interne forte qui pourra statuer et orienter vos choix.

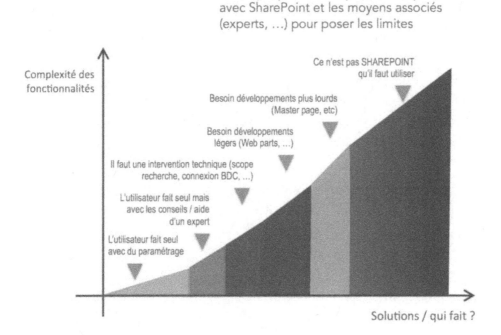

Pour en savoir plus

Je pourrais vous expliquer d'avantage mais un autre que moi l'a très bien fait au travers d'un eBook gratuit que vous pourrez lire à loisir.

Il s'agit de « ***Réussir son analyse SharePoint*** » écrit par **Franck Cornu** (Gsoft – Dynamite). Vous y trouverez des informations très utiles sur la manière d'aborder tout projet SharePoint, avec de très bons conseils. Je suis 100% en phase avec son approche.

LA GOUVERNANCE

On utilise ce mot pour évoquer tout ce qui permet de maîtriser des environnements ou des usages comme ceux liés à SharePoint. Ce sont par exemple les stratégies mises en place, les indicateurs, les actions et les outils utilisés pour superviser l'ensemble.

Les enjeux de la gouvernance sont importants pour garantir un contexte sain à vos outils collaboratifs. La gouvernance doit permettre d'éviter les dérives d'usage de vos outils.

Une dérive, ça pourrait être par exemple d'utilisation abusive de SharePoint comme outil d'archivage de fichiers volumineux en masse (des plans par exemple) alors que d'autres outils seraient plus adaptés.

C'est aussi contrôler que les espaces collaboratifs créés sont utilisés régulièrement et ne sont pas à l'abandon. C'est contrôler encore qu'ils sont bien sécurisés.

La gouvernance doit permettre également de garantir un bon niveau de service et de prévenir tout blocage pouvant survenir par le non-respect de certaines règles de bonne pratique.

Tenir le cap !

La gouvernance permet de définir un objectif à atteindre, les moyens de contrôle et les alertes à lever.

Si on faisait une analogie avec le monde de l'aviation on pourrait dire que la gouvernance couvre à la fois l'établissement du plan de vol, les opérations de contrôle des instruments et les actions correctrices si besoin. Les stratégies, ça pourrait être toutes les règles que l'on s'impose pour qu'un vol se passe bien : la manière de gérer l'embarquement des passagers, le déroulement du service à bord, les règles de sécurité.

Les pilotes sont chargés de la gouvernance de l'avion : ils surveillent les instruments de vol et déclenchent des actions quand une alarme s'allume. En clair, la bonne gouvernance d'un avion, c'est ce qui garantit qu'il atteindra la destination à l'heure en suivant la bonne route, en gardant la bonne altitude et en ne tombant pas en panne de carburant avant la destination !

Gouvernance technique et fonctionnelle

Il existe deux aspects de la gouvernance : technique et fonctionnelle.

La gouvernance technique c'est par exemple la supervision des infrastructures, comme les niveaux d'espace disque sur les serveurs. L'objectif est bien entendu de repérer tout risque de saturation sur les disques des serveurs pouvant aboutir à un plantage complet de l'infrastructure, voir à des corruptions de bases.

La gouvernance fonctionnelle correspond à la supervision des usages, au-delà des considérations techniques des serveurs. Il s'agit par exemple de contrôler que les règles d'usage et les bonnes pratiques sont respectées, pour éviter par exemple des surconsommations de ressources ou des dérives.

Les référents SharePoint

En 2007, face à une croissance rapide du nombre de site (*de 70 à 700 en quelques mois*), j'avais voulu mettre en place une organisation qui s'appuyaient sur des référents SharePoint.

Ces référents étaient des opérationnels, identifiés dans chaque direction, plus ou moins volontaires, dont le rôle était de valider des demandes (*création de sites*), de guider les utilisateurs SPS de leurs directions et d'être l'interlocuteur unique de la maîtrise d'œuvre de SharePoint (*mon équipe*).

Sur le papier, cette idée avait de la gueule, si vous me permettez cette expression. Dans les faits, cette démarche n'a pas donné tous les résultats escomptés.

Tout d'abord, l'identification de référents (*volontaires de préférence, pour avoir un minimum d'engagement*) n'est pas chose aisée. Ces référents ont un vrai métier et cette tâche « en plus » peut interférer. La reconnaissance de cette mission dans les objectifs annuels est un prérequis pour obtenir un minimum de mobilisation.

Ensuite, les référents se doivent d'être une « référence » sur le sujet, il leur fallait une formation supérieure en SharePoint. Mais ce n'est souvent ni leur désir, ni leur compétence. Certains n'étaient même pas utilisateur, de sorte que la formation ne servait pas à grand chose.

Vient aussi le jour où un référent quitte l'entreprise ou ne souhaite plus être référent. Dans un tel cas, il faut relancer la machine à nomination et à formation.

Enfin, il faut animer cette communauté de référents, lui donner un esprit de corps. Ce n'est pas simple, c'est un vrai travail et une vraie charge.

Conclusion, les référents, c'est une bonne idée, mais ce n'est pas la clé de la simplification de votre gouvernance.

La structuration des collections

En résumant très fortement, SharePoint vous permet de créer des « collections » de sites. Il faut voir une « collection » comme une arborescence de sites SharePoint, qui peut être assez profond.

La question qui peut se poser, c'est « *comment organiser les collections et les sites ?* ». En tout cas, je me suis posé cette question en 2006 (*il y a une éternité, en années Web*) et je n'ai pas forcément donné la meilleure réponse, avec le recul.

L'orientation une direction = une collection de sites

La solution la plus simple pour qui veut mettre le processus au centre des préoccupations (voir la page 161), c'est de décréter qu'une Direction, c'est une collection de sites.

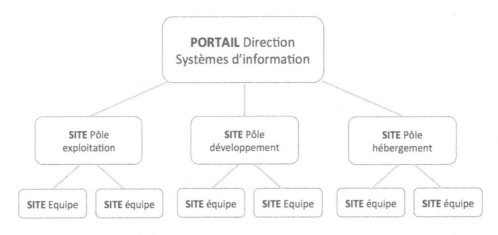

La page d'accueil de la collection, c'est le portail de direction et les sous sites, en gros, illustrent l'organigramme. Au fond de l'arbre, on retrouvera les sites d'équipe et éventuellement des sites projets.

Cette orientation a le mérite de simplifier la liste des collections côté IT : on ne voit plus que quelques collections, autant qu'il y a de grandes directions. Elle a aussi le mérite de simplifier les échanges entre les sites web (afficher un contenu d'un autre site) : ces relations sont simplifiées quand les sites web sont dans une même collection. Mais cette orientation a des impacts importants par la suite.

Premier impact, les réorganisations. Car une organisation, ça bouge, ça vit. Les pôles changent de direction ou changent de nom. Déplacer des sous sites d'une collection à une autre collection, ce n'est pas simple à faire, surtout sans outil spécialisé.

Second impact, les quotas. Un espace total utilisable est attribué sur l'ensemble de la collection. Cet espace est consommé par les différents sous-sites de la collection. Une fois que l'espace est consommé, la collection se bloque.

A ce petit jeu, il y a des équipes qui font des efforts et font du ménage, et les mauvais élèves qui se contentent de consommer l'espace qui se libère, sans jamais en libérer eux même, ce qui génère une bonne ambiance au sein des directions. En résumé, ne choisissez pas cette option !

L'orientation un site = une collection de sites

Cette orientation est plus granulaire. En gros, quand une direction, une équipe ou un collaborateur a besoin d'un site, on lui créé une collection de sites au lieu d'essayer de se greffer sur une collection monolithique en créant un sous-site.

Ensuite, si besoin, on peut utiliser les liens de site à site, par exemple pour donner une impression d'unité et de portail depuis le site de la direction vers les sites des équipes de cette direction.

Sauf que ce n'est pas si simple.

Pour créer un site collaboratif projet, le concept est simple : je créé mon site (collection de sites) et je gère mon projet.

Pour une équipe, ça peut déjà devenir plus difficile car je peux potentiellement créer des sous sites projets, dans ma collection d'équipes. Mais que se passera-t-il si le projet est repris par une autre équipe ? Devra-t-on le « déménager » ?

Pour une direction, c'est encore plus compliqué : une fois la collection créée pour la direction, on peut être tenté de créer des sous sites pour les différents pôles. Mais en faisant cela on reproduit l'organigramme de l'entreprise avec les défauts dont on vient de parler.

On peut alors être tenté de brider SharePoint pour empêcher les utilisateurs de créer des sous sites. Sauf qu'en faisant cela, vous les privez de beaucoup de possibilités. Par exemple il ne leur sera plus possible de créer un blog car cela nécessite, ... de créer un sous site !

Bref, le sujet est complexe et mérite qu'on y prête un peu d'attention pour trouver les meilleurs compromis.

Le nom URL du site

Vous l'avez sans doute remarqué à la création d'une collection SharePoint ou d'un des sous sites, SharePoint demande à l'utilisateur de définir un titre de site et un nom d'URL (qui complète une URL déjà formée).

Cette étape semble anodine, mais elle ne l'est pas vraiment. Pour le titre du site, vous pouvez saisir ce que vous voulez sans trop vous poser de question : vous pourrez modifier votre saisie à tout moment.

Pour le nom d'URL, c'est une autre histoire. Cette valeur ne sera pas modifiable pour deux raisons : parce que SharePoint ne vous permettra pas de changer la valeur et parce que, même s'il acceptait de le faire, tous les liens (favoris des utilisateurs, dans les mails, dans les documents, dans les pages du site, etc.) ne fonctionneraient plus.

Pour ce nom d'URL, vous avez donc deux solutions : soit bien réfléchir et trouver un nom que vous savez pérenne dans le temps, soit mettre une valeur qui n'a de sens que dans votre gouvernance (un code, genre DSI0012 soit la 12ième collection créé pour la DSI).

Cette dernière option est plus pérenne et prudente que toute autre, car vous n'êtes pas à l'abri d'un besoin de modifier une URL « qui parle trop », justement.

Par exemple, au tout début de mon expérience SharePoint, il y a plus de dix ans, alors que j'étais encore novice sur le sujet, nous donnions aux collections des noms d'URL intégrant les trigrammes des directions. Or au fil des réorganisations, les trigrammes ont changé. Difficile d'expliquer aux managers que l'URL qu'ils utilisent dans leurs communications doit toujours faire apparaître le nom qu'avait leur direction il y a plusieurs années.

Nous avions compensé avec un petit système que j'avais fait mettre en place, un système quasi artisanal qui s'est avéré fort pratique au fil des années : les URL « raccourcis ».

L'idée était de pouvoir fournir à toute équipe, sur demande, une URL intelligente entièrement modifiable rapidement, qui pouvait pointer une URL plus complexe et moins parlante.

L'annuaire des sites & leurs responsables

C'est bien beau de créer des collections de sites, mais encore faut-il savoir quels sites ont été créés, quelles sont leurs URL, à quoi ces sites correspondent et surtout, qui en est le responsable.

Le responsable

Lorsque vous aurez une certaine expérience de gouvernance SharePoint, vous comprendrez vite que trouver le « responsable » d'un site SharePoint, c'est mission impossible.

C'est pourtant très important. Si vous détectez des problèmes de contenu, des problèmes de quota, ou si tout simplement vous souhaitez migrer vers d'autres collections, ou sur une autre version, il vous faut discuter avec une personne capable de représenter tous les utilisateurs.

C'est également important si vous souhaitez faire une information auprès des personnes qui gèrent des sites SharePoint : pour rappeler des règles de bonnes pratiques ou tout simplement pour informer d'une indisponibilité temporaire.

Hélas, dans l'outil, de façon native, la notion de « responsable de site » n'existe pas. La seule piste possible, c'est le contenu du groupe des administrateurs qui ont « tous les droits » sur un site. Mais ça non plus, ce n'est pas la solution.

J'ai une anecdote sur le sujet. Il y a quelques années, j'avais voulu envoyer une communication à tous les « responsables de sites ». Pour cela, j'avais demandé à mes supers experts [19] d'écrire un programme qui allait récupérer les comptes

---

[19] Clin d'œil à Florent LOEFFEL & Lionel DELANOE

174

utilisateurs présents dans les comptes « administrateurs » des quelques 5000 sites que j'avais à gérer.

Avant d'envoyer la communication, j'ai eu la bonne idée de survoler la liste des destinataires, juste au cas où. Une intuition qui m'a été bien utile, car dans ces groupes il y avait le PDG et l'ensemble du Comité de Direction Générale. Ils ont failli recevoir un mail qui commençait par « *Vous recevez ce mail, car vous êtes identifiés comme l'un des administrateurs de sites SharePoint* ». Top crédibilité.

Comment est-ce possible ? C'est simple : quand une personne crée un site, quand vient le moment de donner les droits d'accès, le réflexe chez beaucoup d'entre eux c'est de donner aux grands chefs les droits les plus puissants. C'est humain.

L'annuaire

Quand on créé un site, il serait bien utile d'avoir quelques informations sur sa raison d'être, sur ce qu'il contient. Cette information est utile à la fois pour les utilisateurs mais également pour les administrateurs.

Pareil, de façon native, SharePoint n'offre pas un catalogue des sites qui puisse offrir une interface avec tous les sites créés.

Le mieux dans ce cas, c'est donc de développer en parallèle un système qui permet de dresser la liste des sites, en utilisant les informations que les utilisateurs auront saisis dans un formulaire, au moment de leur demande.

Ce système pourra être couplé à un traitement de création automatique des collections, afin de répondre au plus vite à la demande.

Bref, la gouvernance, ce n'est pas simple

La gouvernance ne se fait pas sans mal. Il y a plusieurs difficultés à surmonter pour mettre en place une gouvernance qui ressemble à quelque chose.

La première difficulté, c'est de savoir définir ce qu'on attend de la gouvernance. C'est décrire les indicateurs que l'on juge pertinents, les règles de gestion que l'on souhaite voir appliquer. Ce n'est pas une chose simple ; cela nécessite de bien connaître le sujet.

La seconde difficulté c'est d'avoir des ressources à la hauteur de ses ambitions. C'est bien beau d'édicter des règles mais c'est compliqué de les faire respecter quand il n'y a personne au sein de l'équipe qui a du temps à consacrer aux actions d'accompagnement et de correction.

La troisième difficulté ce sont les outils. Par défaut, les fonctionnalités proposées par SharePoint pour vous aider dans votre tâche de gouvernance sont assez pauvres. Le mieux est d'acquérir des solutions complémentaires pour une gouvernance plus automatisée. Mais toutes ces licences coûtent cher. Lorsque vous présentez la note à votre direction, toutes les bonnes résolutions s'envolent assez vite.

La quatrième difficulté, ce sont vos utilisateurs et leur hiérarchie. Pour maîtriser une croissance anarchique des sites SharePoint et de leurs contenus, vous pourriez mettre en place des stratégies pleines de bon sens, qui prévoient par exemple la suppression pure et simple d'un site SharePoint si personne n'y a accédé depuis plus de six mois ou un an.

Sauf que lorsque les sites obsolètes sont supprimés, leurs propriétaires ne l'entendent pas de cette oreille : on vous expliquera que le site est important, que le supprimer porte atteinte à l'activité. Bref, il vous faudra parlementer, expliquer, convaincre, si tant est que votre équipe a le temps pour cela, l'envie et le moral.

Une question d'ambition

Bref, mettre en place une véritable gouvernance, c'est clairement une question d'ambition qui se traduira par une volonté, des objectifs et des moyens associés.

Il existe des outils sur le marché pour accompagner vos ambitions, mais ils ont un prix non négligeable. Cet investissement est difficile à défendre puisque dans certains cas on peut bien entendu s'en passer, au prix cependant de difficultés pour maîtriser les plateformes et de maîtriser les usages que l'on en fait.

LE RESEAU SOCIAL D'ENTREPRISE

Lorsqu'on voit les séminaires consacrés aux RSE, les groupes de réflexion qui se sont formés, les clubs, les observatoires, quand on voit la somme des publications sur ce sujet, on pourrait penser que le Réseau Social d'Entreprise est un concept tout neuf qui vient d'être créé.

En fait, le Réseau Social d'Entreprise est né en 2010, à peu près. Mais à cette époque, personne n'aurait parié un kopeck sur l'intérêt de ce type d'outil en entreprise.

Malgré cela, le déploiement et l'adoption d'un Réseau Social d'Entreprise n'est pas simple, et fort heureusement pour moi, les consultants ont encore quelques belles années devant eux.

Il y a beaucoup de choses à dire sur les RSE, sur plein de sujets. J'ai sélectionné dans les pages qui suivent les points les plus importants à savoir. Nul doute que je ferai certainement plus tard un ouvrage dédié à ce seul sujet.

L'HISTOIRE DU RSE

On parle beaucoup du RSE aujourd'hui, mais ce n'est pas un sujet récent. Je vous propose un petit tour d'horizon sur le sujet pour en comprendre les origines et l'évolution.

A l'origine, Facebook

Facebook a sans conteste inventé le principe du Réseau Social sous la forme que nous le connaissons aujourd'hui, au travers du « mur d'actualité », cette zone dans laquelle les utilisateurs postent des messages courts, se répondent, se « likent », etc.

Facebook sous sa forme primitive est née en 2004, mais sa forme plus aboutie telle que nous la connaissons date (à peu près) de 2008.

Il s'agissait bien entendu d'un site Internet pour le grand public. A cette époque, aucune entreprise n'avait imaginé que ce système pouvait avoir une quelconque utilité pour travailler. On rejoint ici ce que j'évoquais en page 28 de ce livre, à savoir la difficulté des entreprises à imaginer les déclinaisons possibles d'un outil du net pour le travail de l'entreprise.

Les pionniers du RSE

J'ai eu la chance de travailler dans une entreprise dont un membre du comité de direction générale était visionnaire sur ces sujets. Il s'agissait en l'occurrence d'Yves CASEAU.

Convaincu que « *l'entreprise du 21ieme siècle sera 2.0 ou ne sera pas* » (*c'est la préface de son livre « Processus & Entreprise 2.0 » paru en 2011*), Yves CASEAU a demandé début 2010 à Guillaume FOLTRAN (*qui était mon patron et responsable d'un pôle IT Intranet & mobilité*), de trouver rapidement une solution de RSE à déployer chez Bouygues Telecom pour lancer un pilote.

Dès mai 2010, nous avons donc pu déployer un Réseau Social d'Entreprise reposant sur la solution Newsgator. Bouygues Telecom était alors le tout premier client européen de Newsgator, devenu aujourd'hui SITRION, un des éditeurs majeurs du marché.

Tout cela est bien beau mais à l'époque, il n'y avait aucun mode d'emploi de l'usage que l'on pouvait faire d'un Réseau Social d'Entreprise.

Les seules publications que l'on pouvait trouver à l'époque étaient quasiment toujours à charge contre le RSE. J'ai encore dans mes archives certains papiers écrits par de grands professeurs renommés, qui expliquaient en 2010 que le RSE est une mode qui passera et que les entreprises qui les déployaient ne le faisaient que pour se faire plaisir. En vérité, personne n'avait encore de cas d'usage ou d'expérience réelle sur le sujet.

Le Réseau Social d'Entreprise, le mal nommé

Depuis que je fais l'évangélisation des équipes, je mesure à quel point le Réseau Social d'Entreprise est mal nommé. C'est le mot « Social » qui pose souci dans cette appellation. Dans l'entreprise, ce mot suscite des craintes & des débats parmi ceux qui n'ont vraiment aucune connaissance sur le sujet. Par exemple, certains employés y voient des connotations relatives à leur vie sociale et donc à leur vie privée. Cela peut paraître étrange, mais c'est ainsi.

Les managers ou la RH ne sont pas à l'abri de peurs injustifiées. Pour eux, le mot social revêt une connotation syndicale très colorée. Leur parler de « Réseau Social », c'est pour eux leur mettre en tête tous les risques de dérives pouvant nuire au *climat Social* de l'entreprise.

Pour toutes ces raisons, je rejoins certains confrères qui préfèrent plutôt parler de Réseau Collaboratif d'Entreprise, ce qui me semble à la fois plus fidèle et moins anxiogène.

Une image négative, liée en partie à Facebook

En plus de cinq ans le sujet RSE progresse, mais toutes les entreprises n'en ont pas déployé un et quand bien même il y en a, il n'est pas toujours utilisé à bon escient.

Le RSE n'a pas toujours bonne presse, parce qu'il est souvent associé à Facebook dont il a hérité le mode de fonctionnement. Or retenez que tout le monde n'aime pas Facebook. De nombreux faits divers sordides ont mis FB sur le devant de la scène : harcèlement, événements FB qui tournent mal, dérives diverses et variées.

En illustration, au début de mes efforts d'évangélisation pour faire comprendre à mes ouailles ce qu'est un RSE, je simplifiais en disant « *c'est comme Facebook* ». Jusqu'au jour où une personne de l'assistance a manifesté une fervente opposition au sujet. Quand je l'ai interrogée en privé pour savoir d'où venait ce blocage, elle m'a expliqué : « *mon fils passe sa vie sur Facebook pour partager des blagues et des photos idiotes. Il ne fait rien d'autres, c'est une vraie drogue. Du coup, je me suis jurée que jamais, jamais je ne mettrai les pieds dans un truc pareil* ». A méditer !

PARLEZ-EN SIMPLEMENT

J'ai pu assister à différentes occasions à des séminaires sur les sujets du RSE et le moins que l'on peut en dire, c'est qu'il y a des efforts à faire sur la manière de parler du sujet.

On n'y comprend rien !

L'un de ces séminaires m'a particulièrement troublé. Cela faisait déjà plus de quatre ans que j'utilisais un RSE pour travailler sur l'intégralité de mes projets et plus de deux ans que je faisais de l'évangélisation en interne.

J'étais assis dans cette belle salle parisienne et j'écoutais un consultant nous expliquer le *pourquoi du comment* des Réseaux Sociaux d'Entreprise.

Autour de moi se trouvaient des professionnels venus découvrir le sujet RSE et juger si cela pouvait être utile pour la bonne marche de leur entreprise.

Mais franchement, je n'y ai rien compris. Les slides se succédaient les unes aux autres, avec des schémas compliqués, mêlés à des termes abscons. On y parlait de transversalité, de décloisonnement, d'intelligence collective...

J'ai pu observer les visages des autres personnes de l'auditoire, et visiblement, elles n'y comprenaient rien non plus. En discutant ensuite avec l'une d'elles, pendant le cocktail, elle me confiait qu'elle ne voyait toujours pas à quoi un RSE pouvait bien servir.

Parler simple, être concret

Pour faire comprendre le sujet RSE aux décideurs et surtout aux utilisateurs, il faut parler simple et rester dans le concret.

Les termes compliqués, les notions abstraites, c'est bien entre experts mais ça ne fait pas avancer l'adoption du RSE. Au contraire, cela contribue à appuyer la défiance que les utilisateurs pourraient avoir envers cet outil qui leur apparaîtra encore plus fumeux.

Pour parler du RSE, il faut montrer ce que l'outil peut apporter au travail de tous les jours et en quoi cela peut faire gagner du temps.

Certains usages sont simples à expliquer, d'autres sont plus complexes à appréhender. Mais dans l'ordre de l'adoption, les usages simples prennent en premier (j'en parle après) ; autant commencer par ceux-là.

S'appuyer sur des cas d'usage

Parler du RSE, c'est parler d'expériences professionnelles dans lesquelles chaque personne de l'auditoire pourra se reconnaître. C'est par exemple animer un projet commun ou apporter un support à un outil.

Mais pour parler du RSE de façon pertinente, il faut l'utiliser soi-même, car seule l'utilisation de l'outil « en vrai » permet de se forger une vraie expérience.

Or vous seriez surpris de découvrir que ceux qui vendent les RSE n'en sont pas forcément les plus grands utilisateurs. ATOS est une des exceptions, puisque la société a fait la promotion en interne de l'entreprise du RSE en alternative du « tout mail ».

POURQUOI INVESTIR DANS UN RSE ?

Personne de censé ne se lancerait dans un projet d'envergure sans avoir une vision claire de ce qu'apportera ce projet à l'entreprise.

Le problème du digital interne en général et du RSE en particulier c'est que ces gains sont difficiles à appréhender par ceux qui n'en connaissent pas les concepts. Je vais donc essayer ici de vous donner les bonnes et mauvaises raisons d'investir dans un RSE.

Investir dans un RSE pour fluidifier les échanges : oui à 100% !

Le RSE est un très bon moyen pour fluidifier les échanges au sein de l'entreprise. Mais ce n'est pas le seul; nous en parlerons dans le chapitre "travailler autrement".

Pour faire comprendre l'enjeu de la fluidité dans l'entreprise, j'avais posté dans mon site http://www.projetsinformatiques.com un billet dans lequel j'utilisais la métaphore de la circulation sanguine.

En synthèse, j'y expliquais que l'entreprise ressemble au corps humain : les équipes internes en sont les muscles, la direction générale en est le cerveau et les échanges d'information entre les équipes, c'est la circulation sanguine.

Le risque mortel, c'est l'embolie : le blocage de la circulation sanguine qui prive les muscles de leur alimentation en sang, quand ce n'est pas le cerveau lui-même.

Pour résumer, le RSE est un excellent médicament pour fluidifier les échanges d'information au sein de l'entreprise et réduire les risques d'embolie qui pourraient la paralyser.

Si vous ne voyez toujours pas comment et pourquoi, c'est normal, je vais y venir dans le chapitre suivant.

Investir dans un RSE en alternative au « tout mail » : c'est certain !

Cassons le mythe : le RSE ne va pas remplacer la bonne vieille messagerie qu'on utilise depuis plus de 20 ans, pour la même raison que l'invention de la moto n'a pas tué le vélo et que la voiture personnelle ne nous dispense pas de continuer à marcher et à courir dans le métro.

Mais le RSE apporte une réponse à un problème chronique que l'on rencontre dans les entreprises : la croissance exponentielle des échanges de mails qui peut à termes bloquer une entreprise.

Si vous prenez cinq minutes pour réfléchir à la situation vous pourrez constater de vous-même que la messagerie est souvent le passage obligé pour tout échange d'information. On envoie des mails pour informer, partager des documents, demander des avis, poser des questions (*et y répondre*).

Si ce mode de fonctionnement convenait il y a 20 ans, c'est parce que le contexte des entreprises était différent. Le besoin de réactivité était moins fort, la complexité moins grande et les interactions entre les différents acteurs moins cruciales.

J'ai commencé à travailler sur des projets web en 2000 et j'ai pu constater l'évolution des contraintes sur les projets, en délai, en coût, en agilité. Aujourd'hui, un projet se doit d'être agile et mobiliser toutes les forces vives, rapidement, pour que tout soit efficace.

« *L'abus des mails nuit gravement à l'efficacité et au moral de vos employés* », ai-je coutume de dire. Comme en témoigne ce directeur de projet que j'avais interrogé dans le cadre d'un audit. A ma question « *quel est votre métier* », il m'avait répondu d'un air désespéré : "*mon métier c'est de répondre chaque jour à tous les mails qu'on m'envoie*". Il consacrait la journée aux mails, à leur gestion, au tri, à leur traitement.

Ça illustre, s'il le fallait, de la charge croissante que prend la gestion des mails dans notre journée de travail.

Investir dans un RSE pour améliorer les relations : oui !

Un jour, un responsable d'équipe est venu me voir parce que les relations entre sa propre équipe et l'équipe d'un de ses collègues étaient catastrophiques. Les deux équipes devaient travailler ensemble, mais elles n'utilisaient pour cela que les mails et uniquement les mails.

Le problème, c'est que les personnels des deux équipes croulaient chaque jour sous les mails venant de toutes les équipes de l'entreprise. Elles ne parvenaient plus à gérer correctement tous les échanges quotidiens.

Au final, chacune des deux équipes harcelait l'autre équipe (*par mail, bien entendu*) pour avoir des retours d'avancement des demandes, ce qui contribuait à dégrader encore plus leurs relations et leurs performances.

Ces problèmes de friction entre les équipes ne sont pas des fatalités et les solutions pour les résoudre ne sont pas forcément coûteuses. Il suffit généralement de beaucoup d'écoute pour être en mesure de trouver le meilleur usage pouvant apporter le « lubrifiant » relationnel nécessaire.

Investir dans un RSE pour connecter les employés : ça fonctionne !

Il y a plusieurs années de cela, avant même que le RSE n'existe, mon équipe avait rencontré un problème technique réseau qui nécessitait l'intervention d'un expert interne. Mais qui ? Nous avions mis trois semaines à trouver LA bonne personne qui a résolu le problème en 10 minutes.

Plus récemment, pour un problème équivalent, il a suffi que je poste un message dans une communauté d'experts, composée d'une centaine d'experts de tous horizons (club des experts interne), pour que deux personnes me donnent les bonnes pistes qui m'ont permis de trouver la réponse en à peine quelques heures.

Connecter les employés, c'est ça : c'est réussir à trouver la bonne personne, à avoir la bonne réponse, de façon la plus rapide et efficace possible.

On donne un nom très poétique à ce type d'usage : la bouteille à la mer. L'image est évocatrice : on lance une question sans savoir si quelqu'un voudra ou saura y répondre.

Fort heureusement, le taux de réponse avec le RSE est plus important que si vous lanciez une bouteille en mer depuis le pont du Queen Mary. Il y a bien souvent des volontaires pour répondre, tout simplement parce qu'il est valorisant pour un employé de montrer qu'il est capable d'aider ses collègues et qu'il est solidaire.

Investir dans un RSE pour phosphorer : parfait !

Imaginez que votre entreprise se prépare à offrir à ses clients un nouveau service, complètement révolutionnaire et qu'elle recherche à la fois à mobiliser ses employés autour de cet événement, tout en recherchant les meilleures idées pour en faire la promotion.

Essayez, avec le mail, de proposer à vos employés de s'exprimer, d'échanger, de partager : impossible.

Avec un RSE, il suffit d'ouvrir une communauté d'échange, de faire la bonne communication autour de l'événement et de proposer aux employés de poster leurs idées et de voter pour celles des autres, en apportant si besoin des commentaires (faisabilité, etc.).

Loin d'être un exemple imaginaire, ce cas est du vécu et j'ai pu assister au succès de l'opération, en ma simple qualité d'employé contributeur. Cette campagne était menée par des responsables éclairés, convertis au bien fait des usages du RSE et je les en félicite encore.

Investir dans un RSE pour séduire les jeunes générations : bof …

C'est l'argument phare de beaucoup de consultants ou d'agences : les jeunes employés ont été élevés avec Facebook, il est donc logique et normal qu'on leur propose un produit équivalent au sein de l'entreprise pour travailler. Sinon, vous dit-on, ils iront voir ailleurs.

En fait, ce n'est pas si évident que ça. L'utilisation du RSE dans le milieu professionnel est très différente de l'utilisation des Réseaux Sociaux dans le privé, pour pleins de raisons.

J'ai vu par exemple une stagiaire qui n'était pas du tout à l'aise avec le Réseau Social de l'Entreprise. Elle n'avait mis aucune photo à son profil, et ses posts étaient longs & laborieux, structurés comme des mails, avec le « bonjour » en tête, et le « cordialement », suivi de toutes les adresses et numéro de téléphone en « signature » du post.

Pourtant, dans Facebook, cette jeune personne était parfaitement à l'aise avec les us et coutumes des réseaux sociaux. Renseignement pris auprès d'elle, cette jeune personne me confirmait que Facebook et RSE étaient deux outils distincts et que dans le milieu professionnel, son réflexe restait le mail.

Mettre en place un RSE pour répondre aux « besoins » que l'on imagine impérieux de la jeune génération, c'est donc louable, mais à mon avis, ce n'est pas une bonne idée, pour les raisons suivantes :

- Si vous affichez clairement cette raison au sein de votre entreprise, vous risquez de braquer les générations plus « seniors ». Elles se diront que si cet outil est déployé pour plaire aux plus jeunes, elles ne sont pas concernées, ce qui va compliquer vos efforts de déploiement.

- Vous allez aussi envoyer un message de « jeunisme » qui pourrait être mal interprété, alors que le bon usage du RSE se nourrit de l'expérience métier des plus Seniors, aussi et surtout.

- Enfin, vous aurez de toute façon potentiellement le même travail d'accompagnement quelles que soient les générations. Donc inutile de créer un clivage.

Investir dans un RSE pour son R.O.I. : difficile à chiffrer !

Le R.O.I., c'est le *Return Of Investissement*. En clair c'est l'argent qu'économise (ou gagne) l'entreprise en investissant de l'argent dans un projet. La plupart des arbitrages de projets (informatiques ou industriels) se font en s'appuyant sur le calcul du R.O.I. et c'est tout à fait normal et compréhensible.

Certains projets ont des R.O.I. évidents à calculer. Si vous investissez dans un projet d'automatisation de déploiement de logiciels sur les postes de travail, il est facile d'en calculer les gains : ce sont les économies que vous ferez en supprimant les postes de techniciens qui jusque-là faisaient des opérations manuelles sur les machines.

Pour le digital interne en général et le RSE en particulier, le calcul est plus aléatoire. Comment quantifier financièrement les gains d'efficacité qui seront faits ? Comment intégrer dans un calcul qui ait du sens des gains de confort de travail, de fluidité des échanges, de réactivité des équipes ?

Certes, tous ces gains auront un impact financier global. Faire des projets plus rapidement, trouver plus rapidement une information plus fiable, décontracter les relations entre les employés, ... tout ceci se traduira un moment donné par des gains économiques. Mais bien malin est celui qui serait capable de les chiffrer de manière certaine et scientifique.

Pour toutes ces raisons, l'approche des projets RSE par le R.O.I. n'est pas selon moi la bonne approche. Et s'il fallait se prêter à l'exercice pour répondre à une exigence managériale ce serait au final pour aboutir à des chiffres qui ne reposeraient finalement sur pas grand-chose de fiable.

QU'EST CE QUI CHANGE AVEC LE RSE ?

Une question est récurrente quand je rencontre des utilisateurs: pourquoi il serait plus efficace d'échanger avec un RSE, plutôt qu'avec la messagerie ? Après tout, qu'on utilise la messagerie ou le RSE, le flux d'information est le même, alors, où sont les gains ? Je vais tenter de vous donner quelques pistes de compréhension.

Le RSE permet de créer des « canaux » de collaboration

La principale différence entre les échanges par mails ou au travers d'un RSE, c'est la notion de « canal de communication » que le RSE permet de créer.

Avec la messagerie, tous les messages tombent par ordre chronologie dans une même corbeille, quel que soit le sujet.

Par exemple, si vous voulez maîtriser un tant soit peu un projet, vous êtes obligé de gérer les flux de mail, en regroupant les mails d'un même sujet dans un dossier, ou en leur associant une rubrique, histoire d'avoir à la fois l'histoire des échanges mais aussi l'enchaînement des échanges.

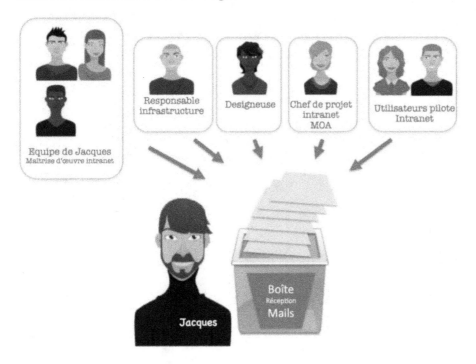

Cette gestion de la Boîte de réception représente mine de rien une charge de travail conséquente. Et si vous ne faîtes rien, vous aurez des difficultés pour bien maîtriser l'information.

Avec le RSE, vous pouvez créer des « canaux » de communication sur des sujets précis, tout simplement en créant des communautés d'échange autour de ce sujet avec les bonnes personnes (voir le point consacré à ce sujet en page 207).

Plus clairement, si vous êtes chef de projet, vous allez créer une communauté RSE pour collaborer sur le projet. Les membres seront tous les acteurs projets concernés, c'est à dire tous ceux qui sont des acteurs projets, qui sont appelés à contribuer ou à être informés du déroulement du projet.

Ce faisant, vous créez un « canal d'échange » privilégié sur un sujet entre toutes les personnes qui sont concernées.

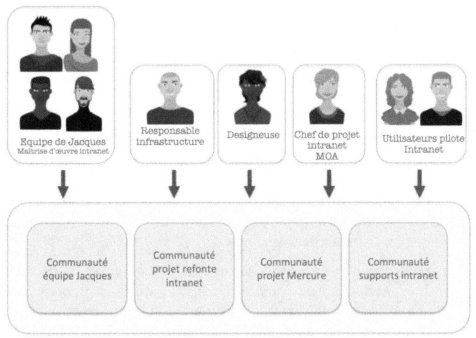

Ce mode d'échange permet de régler la question de l'arrivée anarchique des messages dans une même boîte aux lettres qui nécessite forcément le tri des messages.

Avec un RSE, il n'y a plus de tri nécessaire. Si je dois poster une information au sujet du projet NEPTUNE, je me rends sur la communauté du projet NEPTUNE et je poste l'information.

En postant le message dans la bonne communauté, c'est la personne qui publie l'information qui fait l'effort du bon classement de l'information. La charge de gestion des boîtes de réception s'en trouve considérablement allégée pour tous. Mais ce n'est pas le seul intérêt.

Le RSE réduit la charge de gestion de la messagerie

J'ai parlais dans le point précédent : l'utilisation exclusive de la messagerie pour échanger et collaborer implique une gestion des messages reçus pour avoir une vue claire des échanges. Cela se traduit par des déplacements de messages dans des dossiers ou par le classement via des « tags » ou des catégories.

L'utilisation du RSE pour se créer des « canaux de collaboration » autour de sujets précis ou de projets permet de se passer de ce classement.

Cela réduit aussi la phase « dépilage de mails » que tout le monde connaît en rentrant de vacances.

Imaginez : vous partez trois semaines en congés et le jour de votre retour au bureau, vous découvrez 400 messages de tout ordre, sur des sujets différent, dans un désordre complet. Dépiler les mails au retour de congés, c'est trier tous les messages pour ranger les messages par sujets afin de réussir à retracer les évènements qui se sont déroulés en votre absence.

Si vous utilisez le RSE, avoir une vision précise des informations qui sont échangées en votre absence est nettement plus simple. Il vous suffit de vous rendre sur la communauté du projet, tout simplement. En parcourant le « mur d'actualité » de la communauté, vous voyez tous les messages échangés par les acteurs projets en votre absence et tous les documents.

Le RSE facilite la recherche d'informations

Connaissez-vous l'expression « *faire de l'archéologie dans la boîte mail* » ? Ca consiste à utiliser le moteur de recherche de votre messagerie pour trouver un vieux mail échangé dans le passé. Lorsqu'un projet dérape et qu'il faut trouver les origines de certaines décisions, cette recherche peut vous prendre beaucoup de temps.

Le travail avec le RSE simplifie cette recherche d'information sur un sujet particulier. Il vous suffit simplement d'utiliser le moteur de recherche de la communauté de votre projet.

Le moteur vous permettra de rechercher à la fois dans les messages postés dans le « mur d'actualité », mais aussi les documents, les billets de blog ou les différentes notes.

Le RSE permet d'améliorer la lisibilité des messages

Souvenez-vous : quand vous étiez petit, à l'école, on vous a appris à rédiger une lettre. On vous a expliqué qu'il fallait mettre votre adresse en haut à gauche, la date du jour à droite, en dessous une ligne « *Objet* » avec l'explication de la raison de votre courrier. En dessous, on vous a expliqué qu'il fallait écrire « *bonjour* », puis en dessous qu'il fallait écrire votre texte, avant de finir par une formule de politesse incompréhensible, du style « *Veuillez agréer mes salutations respectueuses* » et signer.

Lorsque vous avez adopté la messagerie électronique, les codes ont changé. La fameuse formule de politesse a été remplacée par un « *cordialement* », qui ne veut pas dire grande chose non plus, d'autant qu'on l'utilise même lorsque le message n'a rien de cordial.

Les messages (ou posts) dans un RSE répondent aussi à des codes particuliers qui sont différents de ceux d'un mail :

- Un post dans un RSE se doit d'être court ; si le message est long, on fera un lien vers un document ou une « note » (au sens Yammer), ou un « billet de blog » (au sens SharePoint) ou tout simplement vers un document plus détaillé ;

- Un post doit donner l'information en quelques secondes, à sa simple lecture. Sa rédaction doit donc être courte et très synthétique. L'objectif, c'est que d'un simple coup d'œil, l'utilisateur comprenne le message. C'est très différent d'un mail qui est souvent très (trop) littéraire.

- Par défaut, la politesse est implicite dans un message de RSE. Inutile d'écrire « bonjour » en début de post ou « cordialement » à la fin. Ce point choque beaucoup celles et ceux qui ont la crainte de manquer de respect à leurs collègues. Pourtant, allez voir dans Facebook : jamais on n'écrit « bonjour » ou « cordialement » dans un post !

- Dans tous les RSE, votre post est affiché avec votre nom et votre photo sur la gauche. Selon l'outil utilisé, il est même possible en cliquant sur votre nom de vous appeler au téléphone ou de vous envoyer un mail. En conclusion, inutile en fin de post de rappeler vos noms, prénoms, titre, numéro de téléphone (et même de fax), adresses email, etc.

Ce code de bonne rédaction des posts dans un RSE doit être expliqué car tout le monde n'en a pas conscience. Il est très courant, dans le mur d'un RSE de voir des messages difficilement lisibles car rédigés comme un mail. Ce faisant, vos utilisateurs perdent tout l'intérêt du RSE.

En synthèse, comparons visuellement un mail avec le post dans un RSE pour passer le même message.

Le mail ressemblera à ça (en exagérant un peu, pour bien vous faire comprendre le message) :

Expéditeur : Jacques
Destinataires : Nathalie ; Eric ; Sophie ; Lilian ; Noémie ;
CC : Clémence ; Stanislas

SUJET : Fin des développements lot 2

MESSAGE:

Bonjour,

Nous vous informons que nous venons de terminer le développement du lot 2. Nous allons maintenant entamer les tests. A cet effet, nous recherchons des personnes disponibles.

Si vous avez des disponibilités, merci de me répondre par mail.

Vous remerciant,

Bien cordialement
Jacques

Equipe MOE intranet
Bâtiment C, Tour Horizon, LA DEFENSE
Téléphone : 06.07.08.09 Fax : 09.43.25.54.46
Jacques@bigsociety.fr

Le post équivalent, dans le RSE, ressemblera plutôt à ça :

 Jacques : le développement du lot 2 de l'application est terminée. On va pouvoir faire les tests. Qui est disponible pour nous aider ?

J'aime   Répondre

Les gains sont de deux ordres :

- Les employés rédigent plus vite leurs messages et les font plus concis. Le RSE permet de mettre le focus sur le fond du message et moins sur la forme ;
- Les employés peuvent plus vite prendre connaissance des messages grâce à une meilleure lisibilité du déroulé des messages (grâce au mur) et grâce à leur concision.

Ces gains n'ont rien d'anecdotique. Plusieurs dizaines de secondes ou minutes économisées à la rédaction et à la lecture des messages auront un impact important sur l'efficacité globale des équipes.

Le RSE permet de simplifier le casse-tête des destinataires

Quand on rédige un mail dans le cadre d'un projet il faut en indiquer les destinataires. Cela n'a l'air de rien, mais cette petite action peut devenir un casse-tête.

Qui doit être en destinataires directs ? Qui doit être en copie ? Mettre une personne en copie plutôt qu'en destinataire direct est un acte qui a une signification, et qui est interprété. Tout comme le fait de ne pas mettre certaines personnes en copie du message.

Le RSE simplifie considérablement la tâche, puisque tout message posté dans une communauté s'adresse à l'ensemble des membres de la communauté, sans distinction. Dans certains outils, il est cependant possible de filtrer les destinataires pour mentionner certaines personnes en particulier.

Pour les messages généraux, cette simplification des listes de destinataires permet un vrai gain de temps et une plus grande transparence.

Il y a tout de même un prérequis : que la communauté soit bien « taillée » en termes de membres. Nous en reparlerons prochainement.

Le RSE permet d'optimiser l'affichage des échanges

Faisons un test : envoyez un mail à une vingtaine de collègues pour leur poser une question et attendez les mails de réponse.

Premier constat : vous allez recevoir plusieurs mails de retour, certains mails pouvant répondre à d'autres mails. Si tout le monde réagit à votre question et aux réponses des autres participants, vous n'allez vite plus rien contrôler. Et surtout, il vous sera difficile de suivre le déroulé des échanges.

Tous les RSE proposent un même principe : celui de pouvoir répondre à un post, en apportant un commentaire à ce post. Ce concept n'est pas inné ; il n'est pas rare que des « primo accédant » au RSE répondent à un post en postant un nouveau post, ruinant l'intérêt de l'outil.

La plupart des RSE affiche par défaut les trois derniers commentaires apportés à un post, de sorte que l'écran reste parfaitement lisible. A tout moment, vous pouvez afficher tous les commentaires en « dépliant » la zone.

 Jacques : le développement du lot 2 de l'application est terminée. On va pouvoir faire les tests. Qui est disponible pour nous aider ?

J'aime   Répondre

Afficher les 4 réponses

 Nathalie : vous pouvez compter également sur moi

 Eric : je suis disponible cette semaine si tu veux ainsi que la semaine prochaine

Cette fonctionnalité vous permet de visualiser de façon structurée et lisible toutes les réactions à un message qu'un employé aura posté dans une communauté. Sans être inondé de mails inexploitables.

Le « like » pour montrer qu'on a pris connaissance d'un post

La fonctionnalité « like » bien connue dans un outil comme Facebook, peut vous apporter de fiers services dans vos communautés de Réseau Social d'Entreprise.

Personnellement, je m'en sers pour vérifier que les membres de mes communautés ont pris connaissance des informations les plus importantes que je poste dans une communauté. J'ajoute alors une mention particulière : « *Pour indiquer que vous avez pris connaissance de cette information, cliquez sur like* ».

Les outils RSE montrent la liste des personnes qui ont cliqué sur « like », ce qui permet de vérifier qui a pris connaissance du message, sans échanger ni mail, ni surcharger le mur d'échange de commentaires de validation de lecture.

Le RSE facilite la passation de connaissance

Pour avoir vécu un plan social dans une grande entreprise (et donc des départs en nombre), j'ai pu apprécier l'apport du RSE pour la passation des connaissances sur des projets ou sujets particuliers.

Pour assurer la passation des informations et des connaissances sur un projet, par exemple, les collaborateurs qui n'étaient pas grands utilisateurs du RSE partaient en exploration dans leur messagerie pour constituer des fichiers ZIP intégrant messages et documents. Une fois réalisés, ces fichiers ZIP étaient transmis aux personnes qui devaient reprendre les sujets. Mais explorer des messages dans ces conditions reste un exercice difficile.

Par contre, pour ceux qui, comme moi, exploitent le RSE pour travailler l'effort de passation consiste simplement et uniquement à donner les droits d'accès aux différentes communautés de travail. Dans ces communautés, les personnes nouvellement en charge des sujets y retrouvent les échanges (via le mur de la communauté) mais aussi toutes les informations utiles, avec les documents.

Ces gains que l'on décrit ici dans le cadre de la passation des connaissances, on les retrouve lorsqu'il faut intégrer un nouvel acteur dans un projet.

EN CONCLUSION

Je me suis concentré ici que sur les principaux gains qu'apportent les échanges au sein d'un RSE, au travers d'un mur d'échanges, plutôt que par messagerie.

Il y a d'autres usages, d'autres fonctionnalités très intéressantes que je n'ai pas abordées mais qui apportent également des gains réels (sondage, posts de vidéo ou de photo, …).

En synthèse, par son mode d'usage, le RSE permet d'améliorer la concision des échanges, de recentrer les informations échangées sur le « fond », plutôt que sur leur forme. Le RSE permet d'apporter une réponse à la difficulté de gérer les flux croissants des informations reçues et envoyées, en offrant un mode d'affichage optimisé.

La seule condition étant que tous les membres d'une communauté de travail adoptent cet outil, dans leur majorité, pour atteindre ce que j'appelle la masse critique. J'en parle par la suite.

Comprendre, en images

Si vous souhaitez un complément d'explications, en images et en explications orales, je vous invite à prendre connaissance de la vidéo que j'ai mise en ligne fin 2014 :

http://videoRSE.projetsinformatiques.com

REPENSER LA PLACE DU MAIL

L'une des difficultés du déploiement du Réseau Social d'Entreprise tient à la place que tient le mail au sein des entreprises. Aujourd'hui, le mail est placé sur un tel piédestal qu'aucun autre outil ou usage ne semble pouvoir être utilisé en alternative.

Envoyer un mail, pour être sûr de… (...)

Une personne que j'avais rencontrée à l'occasion d'un de mes accompagnements m'expliquait : « *Je préfère envoyer des mails, parce qu'avec un mail, je suis sûr que mon destinataire est informé* ».

En fait, messagerie et RSE n'ont pas le même principe de fonctionnement. La messagerie permet « *d'envoyer* » quelque chose, tandis que le Réseau Social d'Entreprise permet de « *déposer* » un message.

Le fait d'envoyer un message implique dans l'esprit de l'utilisateur que le message est bien parvenu et que par extension, il a été lu.

Or envoyer un mail n'implique pas du tout qu'il soit lu. C'est même souvent le phénomène inverse qui se produit, puisque les messages postés sur des communautés sont souvent en bien meilleure visibilité que les messages envoyés dans des boîtes aux lettres qui débordent de centaines de messages non lus.

Cette petite explication, il faut la donner à vos utilisateurs. Il faut juste rappeler que l'objectif premier d'un message c'est qu'il soit lu et que le mail n'est pas forcément le moyen le plus efficace pour cela.

Accuser réception, avec le like

On vient de le voir, les utilisateurs préfèrent le mail parce qu'ils pensent mieux atteindre leur destinataires. En fait, ils aspirent à vérifier que les messages sont bien lus.

Le RSE apporte une fonctionnalité puissante : le like dont j'ai déjà parlé. S'il est difficile de demander à ses destinataires de renvoyer un message pour confirmer qu'ils l'ont bien lu, avec un post de RSE il est plus facile de demander de cliquer sur « like » pour montrer qu'on a pris connaissance d'une information.

Le mail, pour preuve ultime

Quand un échange devient important, les utilisateurs ont tendance à le poursuivre exclusivement par mail. Le mail, comme preuve ultime en cas de litige.

Dans le cadre d'un projet, il est pourtant plus puissant d'obtenir un avis ou une validation dans le mur d'échange, parce que l'information s'intègre à l'historique du projet et qu'elle est vue de tous.

Reste que si le mail ne peut pas être rappelé, le post dans un mur peut être effacé par son auteur à tout moment. Là est la limite de l'exercice dans un contexte de confiance limitée.

Tout dépendra donc de la confiance qui règne entre les collaborateurs et de l'ambiance générale. Pour autant, pour les points litigieux, rien n'interdit de doubler l'information par un mail.

LA MASSE CRITIQUE

Pour qu'un réseau social fonctionne il faut atteindre une certaine masse critique. Ne cherchez pas dans la littérature, je doute qu'on y aborde ce concept que je sors de mon chapeau.

Le principe de la masse critique

Une communauté RSE, c'est avant tout un ensemble de personnes qui collaborent sur un sujet commun. L'exemple le plus simple, c'est celui d'un projet sur lequel travaillent plusieurs personnes, maîtrise d'ouvrage et maîtrise d'œuvre.

Quand une démarche RSE se lance, toutes les personnes du groupe n'auront pas le même comportement face à ce nouveau mode de collaboration que constitue le RSE. Certains seront enthousiastes et l'adopteront rapidement, d'autres feront des efforts, mais sans plus. Et un certain nombre de personnes seront carrément hostiles.

Je l'ai vécu en 2010 lorsque j'ai animé tous mes projets avec le RSE. Pour gérer la population des "hostiles" (*composés de certains managers étoilés, disons-le clairement*) j'ai dû faire le travail en double : animer le projet avec le RSE pour ceux qui jouaient le jeu, et animer le projet "*à l'ancienne*" avec le mail, pour les autres. C'est juste impossible à gérer : j'ai vite arrêté.

Ces premières expériences m'ont permis de remarquer qu'au sein d'un groupe, il y a avait une "*masse critique*" au-delà de laquelle l'usage du RSE était durable et efficace au sein du groupe. En gros, si 70% à 80% des membres du groupe adoptaient l'outil, les 20% à 30% d'hostiles se trouvent marginalisés et donc sont plus enclin à faire des efforts, au moins pour s'intéresser au concept, à défaut d'utiliser l'outil.

L'idée ici n'est pas de mettre à défaut ces personnes ou de leur faire jouer un mauvais rôle. Surtout pas. Mais la proportion d'utilisateurs en faveur du RSE permet de leur faire prendre conscience que leur position n'est pas forcément justifiée et qu'ils s'opposent peut-être à l'outil pour de mauvaises raisons.

L'autre intérêt d'atteindre la « masse critique », c'est qu'à partir du moment où la grande majorité des membres du groupe a adopté ce nouveau mode de fonctionnement il n'est plus nécessaire de faire une animation en double, avec les mails. De sorte que si les "hostiles" souhaitent continuer à être des acteurs actifs du projet, ils sont obligés d'utiliser la communauté RSE pour être informés et collaborer.

Rester pragmatique

Sur la base de ce concept, si vous prenez comme objectif d'appliquer ce principe de masse critique sur toute l'entreprise et le plus rapidement possible, ça sera difficile, voire impossible. Vous n'allez pas convaincre 80% de votre entreprise en quelques semaines.

Au démarrage de votre démarche RSE, l'approche doit être pragmatique. Il ne faut pas aborder ce sujet en l'attaquant de front, mais plutôt de biais, en l'abordant via des groupes homogènes de personnes. Ce sont les personnes qui travaillent ensemble sur des projets communs.

Il faut donc accompagner les équipes, même les plus petites, les groupes projets, les groupes de travail. Il faut les aider à travailler ensemble avec le RSE et les aider à réaliser les gains qu'ils vont en tirer.

Si même un seul groupe de 20 employés adopte le RSE pour travailler et en tire une vraie satisfaction, on peut considérer que c'est une belle réussite, car chaque utilisateur deviendra un ambassadeur du RSE partout dans le reste de l'entreprise. Ensuite, l'adoption est bien souvent virale.

La difficulté d'atteindre la masse critique

Les démarrages de RSE dans une entreprise sont toujours compliqués parce que le réflexe primaire, c'est la messagerie.

Lors du déploiement, le RSE est perçu comme quelque chose « en plus » de la messagerie, alors qu'en réalité, la messagerie est l'outil complémentaire du RSE (dans ce sens).

Dans les premiers temps, les premiers utilisateurs du RSE doivent jongler entre des modes de travail RSE avec les équipes ayant adopté le RSE et le mode de travail « à l'ancienne » par messagerie, avec les autres.

Ca fait une vraie gymnastique intellectuelle, qui est difficile à gérer. Cette difficulté s'estompe au fur et à mesure où l'adoption progresse dans l'ensemble de l'entreprise. Une fois la masse critique atteinte, tout devient plus facile, car le RSE est alors utilisé par une majorité des employés.

Pour vous faire comprendre le problème, c'est un peu comme si tous les employés d'une entreprise francophone devaient subitement passer à l'anglais. Dans un premier temps, seuls les plus motivés (*ou ceux qui parlent déjà anglais*) vont se lancer. Mais ils vont vite se heurter à un problème de taille : leurs collègues ne parlent pas encore tous anglais.

Ils devront donc constamment s'adapter à leurs interlocuteurs, entre ceux qui veulent parler anglais, ceux qui veulent bien mais qui ne savent pas encore et ceux qui ont décidé de se rebeller et qui refuseront quoi qu'il arrive de parler autre chose que le français.

Pendant un certain temps, la situation sera compliquée. La solution sera plutôt de traiter par petites équipes de personnes qui travaillent entre elles. Et d'équipes en équipes, le maillage se fera pour couvrir tous les employés.

Ce qui aide à atteindre la masse critique

Nous en reparlerons dans le dernier chapitre de ce livre, mais nous pouvons déjà donner quelques indices. Pour aider à atteindre la masse critique, point de miracle, il faut de l'accompagnement : des explications, du support, des exemples.

Utiliser correctement RSE et outils collaboratifs demandent une certaine maturité 2.0 que tout le monde n'a pas. Pour les aider, il faut donc les accompagner et leur expliquer.

LE DECOLLAGE DU RSE EN 3 PHASES

On évoque beaucoup les ratages du déploiement d'un Réseau Social en Entreprise. Beaucoup d'outils sont déployés, mais sans succès : l'usage ne prend pas ou du moins pas comme on l'imaginait et le projet est un échec aux yeux des Directions.

Avant tout, il faut bien définir ce qui constitue l'échec du déploiement d'un RSE dans l'entreprise. Pour le mesurer, il faut au préalable se donner des objectifs qui soient pertinents et réalistes.

Par exemple, si l'objectif fixé au lancement du projet par la direction c'est que 100% des utilisateurs adoptent l'outil dans les deux mois qui suivent son déploiement, et que « *l'intelligence collective* » qui leur a été vendue par les consultants prenne immédiatement son essor, vous allez au-devant d'une forte déception.

Car ce qu'il faut comprendre, c'est qu'un RSE suit trois phases dans son développement. Il faut donc se fixer des objectifs atteignables dans chacune des trois phases, dans l'ordre, sans viser d'emblée des objectifs de la troisième phase dès le démarrage.

Pour tenter de vous faire comprendre ces trois phases, on peut faire une analogie avec le cycle de vol d'un avion de ligne :

1. Dans son premier cycle de vol, l'avion roule sur la piste, prend de la vitesse pour pouvoir ensuite décoller : ça correspond à la phase pilote du Réseau Social d'Entreprise.

2. Dans son second cycle de vol, l'avion monte progressivement, pour atteindre une altitude de croisière : ça correspond à la phase de déploiement progressif au sein de l'entreprise.

3. Dans son dernier cycle de vol, l'avion est à son altitude de croisière. Il se stabilise et prend de la vitesse. Les passagers ont accès à de nouveaux services que cette stabilité autorise, comme par exemple la distribution du repas : c'est la phase de maturité du RSE, qui enclenche naturellement des phénomènes « d'intelligence collective » (partage des idées, contribution de l'entreprise à la veille, etc.).

Phase 1 : la phase pilote

Une fois le GO donné par la Direction Générale, c'est la phase pilote du lancement du RSE. Le lancement de cette étape est obligatoirement progressif. Elle consiste à identifier des équipes et des cas d'usage et à les lancer sans précipitation.

Cette étape est importante, car elle permet de constituer les fondations de la démarche globale. En effet, il sera possible de s'appuyer sur les cas d'usage mis en œuvre pendant la phase pilote pour préparer l'adoption par le reste de l'entreprise au cours de l'étape suivante. Les utilisateurs de la phase pilote seront les meilleurs ambassadeurs de demain et surtout les témoins de leur propre expérience.

Ces cas d'usage, dans cette phase comme dans la suivante, ce sont à mon sens uniquement des communautés de travail : communautés projets ou communautés de support par exemple. Je décrirai ces usages plus en détail dans le chapitre « *Travailler autrement* ».

Car avant de titiller « *l'intelligence collective* » ou de promouvoir le « *décloisonnement* », il faut que le RSE soit adopté par le plus grand nombre d'employés possible, afin d'atteindre la masse critique. Et pour cela, les cas d'usage qui permettent de travailler concrètement avec le RSE reste le plus efficace.

Phase 2 : le déploiement progressif au sein de l'entreprise

La phase pilote du RSE est terminée. Les responsables ont jugé que les expériences réalisées lors du pilote étaient concluantes et validaient la pertinence de l'outil mis en place, ainsi que son accompagnement.

Cette nouvelle étape correspond à l'ouverture du service à l'ensemble de l'entreprise, de façon officielle et industrielle, avec tout l'accom-pagnement nécessaire (nous en parlerons dans le dernier chapitre).

Pendant cette phase de montée en puissance, l'objectif est de monter en charge sur l'utilisation du RSE pour atteindre la masse critique rapidement, afin de passer dans la dernière étape de son cycle de vie.

Pour atteindre cette masse critique, la promotion du RSE sera ciblée sur le travail concret avec le RSE, pour animer des projets, faire du support, (comme pendant la phase pilote).

Faire travailler les employés avec le RSE leur enseigne rapidement le côté concret de l'outil ; les gains en termes d'efficacité sont plus évidents et rapides à appréhender.

Surtout, cela évite le syndrome du « *je perds du temps avec le RSE* ». En effet, quand les premiers usages ne sont que des communautés transverses de veille, sans rapport avec le travail concret, les employés se forcent souvent à poster des liens vers des articles internet juste pour « exister » dans cette communauté et montrer leur bonne volonté. C'est donc un travail supplémentaire qu'ils s'imposent, sans que cela ne leur apporte de gain réel dans leur travail quotidien.

Par contre, lorsqu'ils utilisent le RSE pour animer un projet, ils utilisent le RSE en alternative de leur messagerie, pour échanger avec les autres acteurs projets. Ce n'est donc pas une charge supplémentaire, mais l'usage normal d'un outil de travail, comme le temps qu'ils consacrent à leur messagerie pour travailler sur un projet. Sauf qu'avec le RSE, ils découvriront rapidement les gains d'efficacité qu'ils pourront tirer par rapport à l'utilisation exclusive de la messagerie. Autrement dit, non seulement ils n'y passeront pas plus de temps, mais surtout, ils vont en gagner.

Phase 3 : la maturité du RSE & l'intelligence collective

Cette dernière phase s'enclenche naturellement. Une fois la masse critique atteinte, s'enclenchent alors des phénomènes « d'intelligence collective » et de « décloisonnement » qui n'apparaissent vraiment naturellement (*en dehors de toute contrainte*) qu'une fois cette masse critique atteinte.

Plus concrètement, les employés qui ont utilisé le RSE pour travailler, ont compris l'intérêt et la puissance de l'outil pour se mettre en relation; ils vont alors avoir des initiatives personnelles pour se mettre en relation avec d'autres employés, au travers de la recherche ou de communautés transverses.

Des premiers usages de « *bouteille à la mer* » pourront alors commencer à naître, des communautés transverses feront leur apparition (veille, innovation, amélioration continue, …), bref, tous ces usages complexes à expliquer à des populations n'ayant jamais utilisé de RSE, mais qui deviennent naturels une fois l'outil appréhendé, compris et maîtrisé.

Ce type d'usage a moins de difficulté à s'imposer à ce stade de cycle de vie du RSE, parce que l'outil aura auparavant fait ses preuves dans les deux premières phases comme outil de travail. A ce stade, consacrer du temps à des communautés RSE autres que travail (innovation, veille) sera mieux accepté par le management et les employés.

Et surtout, l'efficacité de ces échanges à ce stade est grandement améliorée par le fait qu'une majorité des employés est connectée (masse critique) et qu'elle maîtrise les fonctionnalités du RSE.

EN CONCLUSION...

Si on résume les principaux points à retenir :

- Le lancement d'un RSE est un projet de longue haleine, qui suit trois phases qu'il faut comprendre et respecter ;
- Utiliser le RSE pour travailler (concrètement) est le meilleur moyen pour faire adopter l'outil dans un premier temps;
- Les gains vendus par certaines agences ou consultants (intelligence collective, décloisonnement complet, ...) n'apparaissent qu'une fois que l'outil est bien implanté et que les utilisateurs maîtrisent le concept (voir point précédent) ;
- Lancer des communautés « transverses » de veille, d'échanges, de discussion dans le tout premier cycle de vie du RSE, c'est prendre le risque que les employés n'y voient qu'une charge de travail supplémentaire, sans gains d'efficacité sur leur propre travail ;
- Au lancement d'un RSE, il faut se fixer des objectifs atteignables pour chaque étape du cycle de vie ;
- Lancer un RSE avec l'objectif de profiter de « l'intelligence collective » dès les premiers mois, revient à essayer d'envoyer un avion de ligne à 10 000 mètres d'altitude en zappant le roulage sur piste, le décollage et la montée en altitude ;

L'ART COMMUNAUTAIRE

Quel que soit le nom qu'on lui donne, la **communauté** (ou « groupe » dans le vocabulaire Yammer) est au cœur du Réseau Social d'Entreprise.

On peut tenter ces deux définitions :

- En termes de concept, une communauté est un regroupement de plusieurs personnes qui échangent et/ou collaborent autour d'un sujet précis commun.
- En termes d'outil, une communauté est un site Web qui regroupe tous les moyens permettant à une communauté de personnes de dialoguer (via le mur), de partager des informations (documents, calendriers, …).

La réussite d'un RSE, ou son échec, tient en partie à la capacité des utilisateurs à savoir correctement « tailler les communautés » en termes de sujet et de membres. Et c'est tout un art !

Créer une communauté autour d'un sujet précis

Dans les premiers temps du déploiement des RSE, l'angoisse des managers c'est de voir trop de communautés se créer.

Pour autant, si 200 projets sont en cours dans l'entreprise, la création de 200 communautés projets ne devrait pas être source d'angoisse; au contraire, ça serait le signe que le RSE est adopté pour travailler, ce qui est la première étape de son développement.

Pour limiter le nombre de communauté certains ont alors l'idée géniale de créer de « grosses communautés » généralistes, pour limiter le nombre de communautés.

Par exemple, plutôt que d'avoir une communauté par projet DSI, on pourrait être tenté de créer une seule communauté « projets », pour y traiter dedans tous les projets de la DSI.

Ce serait bien entendu une idée parfaitement absurde. Une communauté doit avoir un sujet précis et rassembler au travers de ses membres les principaux acteurs concernés par ce seul sujet.

Si la communauté embarque un sujet trop large, les échanges seront dilués dans le « bruit » de la communauté. Des acteurs d'un projet NEPTUNE verront passer les messages qui concernent des projets qui ne les concernent pas; ils se lasseront vite de cette pollution. La communauté sera inutilisable.

Pour vous en convaincre, pensez au milieu associatif. Imaginez des personnes qui souhaitent faire du football, d'autres du judo, d'autres encore de la natation et d'autres encore du vélo. Que vaut-il mieux faire ? Vaut-il mieux créer un seul club « les amis du sport » qui mêle tous les adeptes dans un joyeux désordre ? Ou vaut–il mieux créer quatre clubs distincts (sport, judo, natation et vélo), avec si besoin une association « chapeau » au-dessus pour les fédérer ?

Savoir inviter les bons membres

Certaines communautés sont « privées » (réservées en accès à une population bien définie), d'autres sont « publiques » (accessibles à tous les employés de l'entreprise) : nous en reparlerons plus en détail dans la suite de ce chapitre.

Pour les communautés « privées », il faut savoir inviter les bons membres pour que les échanges soient efficaces.

Si on prend l'exemple d'une communauté de projet, les membres de votre communauté seront les acteurs projets qui sont concernés par le projet : soit pour être informés de son déroulement, soit pour pouvoir contribuer concrètement au projet (en réalisant des tâches, en produisant des documents).

Si vous invitez des personnes qui ne sont pas suffisamment impliquées, les échanges risquent d'être dilués. Vous risquez surtout d'avoir des « interférences » avec des personnes non directement concernées qui voudront apporter leur point de vue, alors qu'au final, elles n'étaient pas sollicitées.

Si vous n'invitez pas tous les acteurs concernés, vous risquez au contraire de mettre des acteurs importants à côté de la démarche et d'être obligés éventuellement de les informer en parallèle par mails.

Bref, la constitution des membres d'une communauté demande une certaine réflexion, de même nature que celle que vous réclame la composition des destinataires d'un mail dans le cadre de l'animation d'un projet. Sauf que vous ne ferez cette réflexion qu'une seule fois.

Echanger autour d'un même projet,
entre acteurs de différentes responsabilités

Pour un même projet, en ma qualité de chef de projet Maîtrise d'œuvre, il m'est déjà arrivé de créer deux communautés distinctes : une communauté pour animer le projet avec la maîtrise d'ouvrage et une communauté pour animer le projet avec mon équipe de développement.

Pourquoi deux communautés, alors qu'il s'agit du même projet ?

Tout simplement parce que les sujets, les points abordés sont différents selon que je m'adresse à la Maîtrise d'ouvrage ou à l'équipe de développement, comme je l'explique dans mon précédent livre:

- Avec la Maîtrise d'Ouvrage (MOA), je communique sur des informations macro concernant le développement : les jalons, les avancées. J'évoque également avec la MOA le suivi du planning et les actions à réaliser pour l'accompagnement des utilisateurs;

- Avec mon équipe de développement, j'échange sur des sujets plus techniques. Potentiellement, on traite les problèmes techniques que l'on rencontre, on cherche des solutions; inutile d'inquiéter la MOA en les impliquant dans des échanges que les acteurs MOA ne comprendraient pas.

Notez bien que cette différentiation de communication selon la population d'acteurs n'est pas propre à l'usage d'un RSE. Si vous travaillez par mail, vous ne mettrez pas systématiquement en copie le responsable MOA du projet lorsque vous échangez sur des problématiques SQL Server avec votre équipe de développement. Tout simplement parce que ces problèmes ne sont ni de son périmètre de responsabilité de chef de projet MOA, ni de ses compétences.

On peut extrapoler ce mode de fonctionnement dans le cas des projets intégrant plusieurs chantiers : chaque chantier peut être une communauté d'échange et toutes les communautés peuvent être intégrées dans un même « réseau » Yammer (qui regroupe plusieurs communautés, encore appelées « groupes » dans Yammer).

Ce « Réseau » permettra d'agréger tous les échanges au sein d'un même mur d'actualités, pour que les acteurs intégrés à plusieurs « groupes » aient une vue centrale de tous les échanges au sein de leurs groupes.

Utiliser un RSE ne doit pas être une charge

Il doit y avoir pour chaque communauté un animateur de communauté[20] (ou « *Community manager* »), ou dit moins pompeusement, un responsable. J'en parle un peu loin.

Généralement, c'est la personne qui a créé la communauté. Par son action de création, il hérite des droits complets pour ajouter des membres, saisir une description et dans certains outils, il peut supprimer des posts déposés par d'autres utilisateurs.

Le grand sujet d'inquiétude des personnes qui sont au départ opposées au RSE, ou à minima inquiets, c'est de savoir combien de temps cet animateur de communautés et tous les autres utilisateurs des communautés vont devoir « *sacrifier* » dans les communautés du RSE, pour les animer et y contribuer (avec le sous-entendu « ... *au lieu de travailler...* »).

Quand on me pose la question, je demande souvent en retour : « *Combien de temps passez-vous tous les jours dans votre messagerie, chaque jour, pour travailler dans le cadre de vos projets ou de toutes vos missions ?* » : un temps énorme.

Un Réseau Social d'Entreprise sain, c'est un RSE avec lequel les employés travaillent principalement (projets, équipes, etc.). Le temps passé dans le RSE pour *travailler* n'est pas une charge « en plus » du travail, c'est une « charge » *à la place de* celle qui aurait été nécessaire pour faire le même travail mais via des outils moins efficaces, comme la messagerie.

Autrement dit, quand j'utilise le RSE pour animer un projet, je n'ai pas la sensation de « *perdre du temps dans le RSE* » au détriment d'autre chose. J'anime mes projets *avec le RSE* et cela me fait gagner du temps par rapport à ceux qui n'utilisent que la messagerie.

---

[20] Pour en savoir plus : http://metiers.internet.gouv.fr/metier/animateur-de-communaute-community-manager

Certes, on peut participer à des communautés transverses qui n'ont rien à voir avec son métier : des communautés d'échange sur des technologies qui nous passionnent, par exemple. Dans ce cas, il y a un vrai travail d'animation et de contribution. Il faut y consacrer quelques minutes pour poster des informations trouvées sur le net ou que les autres membres ont trouvée et partagé. Mais si nous acceptons de consacrer du temps à ces sujets, ce n'est pas parce qu'il y un RSE mais parce que ce sujet nous intéresse.

Autrement dit, ce travail de veille, nous l'aurions fait tout de même à nos moments perdus, qu'il y ait un RSE ou pas. Seule l'action de partager l'information avec d'autres collègues (soit quelques secondes) est propre au temps consacré au RSE. Autrement dit, le RSE permet de capitaliser sur la veille et de la partager au lieu de garder les résultats de ces recherches personnelles pour vous même.

Tous, ou personne !

Je suis déjà intervenu auprès d'équipes dont le manager a signifié sa volonté de basculer sur un mode de fonctionnement RSE, plutôt que par messagerie.

Les premiers échanges avec les membres de l'équipe ont montré un vrai frein au changement et une opposition de forme à toutes modifications des habitudes de travail, installées durablement depuis plus de dix ans.

Dans ce contexte, mieux vaut renoncer temporairement au passage au RSE et travailler encore la sensibilisation de fond : faire rencontrer des équipes qui ont adopté le RSE, donner d'avantage d'explications.

Ce n'est pas une bonne chose que d'ouvrir une communauté pour seulement une minorité d'utilisateurs. Une communauté (de travail) ne fonctionne que si elle est utilisée par une majorité de membres.

Le nombre de communauté n'est pas un problème

Pendant plusieurs mois, j'étais abonné à plus de 110 communautés de projet, de support et de veille, jusqu'à ce que je fasse un peu de ménage.

Dans le même temps, quelques collègues beaucoup moins adeptes du RSE prenaient peur en constatant qu'ils devaient participer à trois communautés ! Etre abonné à plusieurs communautés leur semblait nécessiter un effort de suivi quasi insurmontable. Petits joueurs.

Le nombre de communautés n'est pas un problème. Sur les 110 communautés auxquelles j'étais abonné, la grande majorité était en sommeil, d'autres « mortes » (en attente de suppression), d'autres peu actives. Moins d'une dizaine étaient très actives : principalement des communautés projets.

Pour ces raisons, le flux de messages généré par ces communautés ne pose pas de problème de gestion. Pas plus en tout cas que les centaines de mails reçus parfois quotidiennement, de manière chaotique.

La gestion du flux de messages postés dans vos communautés est facilitée par l'agrégation des messages dans un flux central que propose la plupart des RSE, ainsi que les fonctionnalités de notifications. J'ai bien moins de problèmes à gérer mes flux de posts dans un RSE, que les messages reçus pèle mêle dans ma messagerie.

En termes de gouvernance, un nombre important de communautés n'est pas nécessairement signe d'anarchie. Il y a problème seulement si la proportion de communautés inactives est trop importante; nous en reparlerons dans le point sur la Gouvernance.

Osez tricher pour « allumer » vos communautés

Le démarrage d'une communauté avec des personnes qui n'en ont jamais utilisé ne se fait jamais sans mal. Généralement, au tout début, seul l'animateur de communauté (ou CM, pour *Community Manager*) s'exprime: personne d'autre n'y poste de message, ni ne commente les informations postées.

Le CM s'y sent très seul : dans le mur d'actualité on ne voit que sa photo. Il a l'impression de prêcher dans le désert.

J'appelle « allumage » ce moment particulier, dans la vie d'une communauté, à partir duquel les membres commencent à s'exprimer librement, à se manifester de façon visible (j'aime, etc.). Ce moment magique à partir duquel d'autres photos de membres apparaissent sur le mur de la communauté.

Plusieurs phénomènes expliquent ce problème « à l'allumage ». Il y a la découverte de ce nouvel outil et l'incompréhension face à l'usage. Il y a les 20 ans d'habitude d'utilisation de la messagerie, qui font que les utilisateurs ont du mal à essayer autre chose. Il y a la prudence ou la timidité, qui pousse les membres à ne pas participer et à attendre que d'autres fassent le premier pas.

A ma grande honte, j'ai quelque chose à confesser… Au début de mon expérience RSE, je trichais un peu pour faciliter le décollage de mes premières communautés. Je vous explique…

Quand j'ouvrais une communauté (projet, support ou autre), j'identifiais toujours dans la liste des membres les personnes que je connaissais personnellement et avec qui je m'entendais bien. Près de 15 ans d'ancienneté permettent de créer certains liens. Je préparais mon crime avec application, en rédigeant un post qui appelait à des commentaires en retour.

Une fois le message posté, j'appelais un premier copain, membre de la communauté. Je lui expliquais que j'avais besoin de lui, pour faire une démo du RSE. Sous la forme d'une boutade, je lui demandais de se connecter à la communauté, puis de faire un like sur mon post et de le commenter. Je lui soufflais même ce qu'il devait écrire.Une fois le commentaire posté, j'appelais un autre copain, pour lui demander le même service, sur le même post. Puis un troisième ami, quand c'était possible.

Invariablement, à de rares exceptions, la communauté s'allumait à partir de ces échanges. Mes complices, qui avaient trouvé l'exercice simple et sympa, renouvelaient l'expérience par eux-mêmes ne serait-ce que pour répondre aux commentaires postés par les autres membres (*commentaires que je leur avais également soufflés, mais ça, ils ne le savaient pas*), tandis que les autres membres voyant que d'autres osaient s'exprimer, sautaient le pas à leur tour. Simple, malhonnête, mais très efficace !

L'INTERCONNEXION AVEC LE SI

Et si votre RSE devenait le « Hub » de l'entreprise, par lequel transiteraient toutes les informations métier utiles au travail des collaborateurs, que ce soient les conversations mais aussi les informations tirées du système d'information ?

Le concept

Ce principe existe déjà avec certaines solutions du marché. Le principe est simple : une application métier poste des messages dans le fil d'actualité du RSE, en l'adressant à toute une communauté ou à une personne en particulier.

On peut imaginer différents cas d'usage, comme par exemple l'application qui gère les validations des demandes de congés, qui posterait un message à un manager pour lui rappeler de valider les congés de son collaborateur. Sur ce type d'usage, l'intérêt est très faible ; j'en reparlerai dans la page suivante.

Beaucoup plus intéressant, on peut imaginer une application décisionnelle (ou Business Intelligence) qui réalise des traitements de données à intervalle régulier et qui serait programmée pour poster un message dans une communauté lorsque certains critères sont remplis (*comme par exemple, un nombre de clients journaliers plus bas ou plus haut que la moyenne*).

Ce post pourrait ensuite faire l'objet de commentaires de la part des utilisateurs et de likes. Ces échanges pourraient être des dialogues pour trouver l'origine d'un problème (*nombre de clients plus bas que la moyenne*) ou pour se féliciter d'une bonne nouvelle (*plus de clients que d'habitude*).

C'est cette seconde forme de cas d'usage qui présente le plus de potentiel, en mêlant messages issus du métier, et échanges réels de la part d'utilisateurs.

La réalisation

La difficulté de réalisation dépend essentiellement du fait que vous ayez ou pas la main sur l'application métier.

Si vous n'avez aucun levier pour accéder autrement que via l'interface *(pas d'APIs[21], pas d'accès direct aux bases de données)*, vous ne pourrez que vous reposer sur les « connecteurs » qui devront exister entre votre application métier et votre RSE. Si tant est qu'il soit possible que les deux dialoguent ensemble, ce qui est très peu probable.

Par contre, si vous avez la main sur l'application métier, votre Réseau Social d'Entreprise offre à coup sûr les APIs nécessaires pour poster un message. Il est alors très simple de développer un traitement automatique (de type « batch ») qui se lancera toutes les 30 minutes par exemple, pour faire différents traitements de calcul et qui postera un message dans le mur si certaines conditions sont remplies.

Les usages qui sont pertinents et ceux qui ne le sont pas

Il faut néanmoins rester prudent sur ce type de fonctionnalités et la réserver à quelques usages bien cadrés et pertinents.

L'exemple ci-dessus, avec un message posté par une application métier, peut avoir du sens si l'information peut susciter des échanges et si ces échanges peuvent apporter une plus-value (trouver une solution par exemple).

L'exemple du post rappelant à un manager de valider les congés de ses collaborateurs est le contre-exemple : ce post n'appelle aucun échange avec d'autres utilisateurs. Cette notification peut donc parfaitement rester dans la boîte de la messagerie.

Dans tous les cas, il faut vraiment limiter et encadrer cette interconnexion avec le RSE, en évitant par exemple des posts trop fréquents. Le risque, sinon, est de générer une pollution du Réseau Social d'Entreprise qui pourrait nuire à son efficacité (spam de posts).

---

[21] Une API (Application Programming Interface ou interface de programmation), de manière simplifiée, propose des commandes pouvant être appelées par un programme tiers, qui permettent de réaliser des actions qu'un utilisateur pourrait faire depuis sa propre interface utilisateur. Exemple, une API peut permettre à un programme de poster un message dans le mur, comme l'utilisateur pourrait le faire avec sa souris et son clavier

CONFIDENTIALITE & RSE

Avant d'aborder le débat, il est bon de préciser que la confidentialité au sein des Réseaux Sociaux d'Entreprise est un sujet crucial. Ne pas en tenir compte peut coûter l'adhésion de nombreux utilisateurs, voire de plusieurs directions.

La confidentialité : un vrai enjeu pour les RSE !

Je vais peut-être vous décevoir mais il serait utopique de penser qu'au sein des entreprises il n'y a aucun secret et que tout le monde peut tout lire, tout savoir et tout dire. Il y a des métiers qui ont besoin de secret ou, à minima, un vrai besoin de discrétion.

Les Directions en charge de l'innovation ou de la conception des nouveaux produits ne souhaiteront peut-être pas que n'importe qui dans l'entreprise (internes et prestataires) puisse découvrir ce que l'entreprise prépare de nouveau pour ses clients. Il y a des enjeux importants face à la concurrence, qui nécessitent un minimum de discrétion.

Des directions comme les Ressources Humaines sont aussi très frileuses en termes de confidentialité. Imaginez le cas d'une restructuration : les responsables RH ne souhaiteraient pas que leurs échanges soient connus de tous. Prenez le cas également de l'Audit interne : les auditeurs n'auront aucune envie que toute l'entreprise mette le nez dans leur travail.

Lorsque les équipes s'intéressent de près au Réseau Social d'Entreprise, beaucoup posent des questions sur le respect de la confidentialité. Ils veulent des garanties sur le fait que les échanges qu'ils auront entre eux restent confidentiels, s'ils l'ont décidé ainsi.

Les risques

Dans l'absolu, les RSE proposent toutes les fonctionnalités requises pour garantir une confidentialité des échanges au sein du mur. Dans la réalité, le respect de cette confidentialité tient aussi beaucoup de la connaissance et la maîtrise de l'outil par l'utilisateur.

Autant il est assez rare d'envoyer un mail à toute l'entreprise par erreur, autant il est assez simple, dans un RSE, de poster un message au mauvais endroit, en pensant se trouver dans une communauté précise. Yammer permet par exemple de poster des messages à la racine d'un réseau et non dans une communauté en particulier. Une erreur assez courante chez tous les débutants Yammer.

Les outils proposent tous de pouvoir positionner les communautés d'échange selon deux modes : privés ou publiques.

Les communautés « privées » ne sont accessibles qu'aux seuls membres déclarés de la communauté. Les communautés « publiques » sont accessibles à tous les employés de l'entreprise : tout le monde peut lire les informations échangées et contribuer s'ils le souhaitent.

Ce positionnement « privé » ou « publique » suscite de nombreux débats. Beaucoup, sous prétexte de décloisonnement, prône l'ouverture des communautés à tous les employés. D'autres (comme moi) ont une approche plus pragmatique.

Ce que disent les partisans du « tout public »

Les partisans du « tout – public » mettent en avant l'intelligence collective et le décloisonnement.

Pour eux, créer des communautés privées contribuerait à recréer des **silos** au sein de l'entreprise et à générer du cloisonnement : ce que l'on cherche à éviter avec un RSE, justement.

Surtout, la « *privatisation des communautés* » empêcherait selon eux « *l'intelligence collective* » au sein de l'entreprise, c'est à dire la capacité de toute collaborateur, quel qu'il soit, de trouver une information sur tout type de sujet, d'interagir dessus, de donner son opinion, d'apporter son expertise.

Choisir selon votre besoin

Pour ma part, je fais partie de ceux qui pensent que le sujet n'est pas si tranché et que le positionnement d'une communauté en « privé » ou en «public» doit avant tout répondre à un vrai besoin et à un vrai contexte. Se positionner sur cette question sans tenir compte de ces paramètres tiendrait plus de l'idéologie que de l'usage.

Encore faut-il savoir de quoi on parle, car chacun a une idée très personnelle de ce qu'est un RSE, en fonction de ce qu'on en connait ou de la manière dont on l'utilise dans l'entreprise dans laquelle on travaille.

Par exemple, certains ne voient dans le RSE qu'un outil permettant d'échanger sur des sujets de veille ou sur des grands sujets thématiques. Dans ces cas précis, les communautés ont bien évidemment tout intérêt à être les plus ouvertes possibles pour que chacun puisse participer et apporter sa contribution. Là-dessus, nous sommes parfaitement d'accord.

Mais le RSE ce n'est pas que ça. Les RSE servent aussi à travailler, à animer des processus, des équipes ou des projets. Ces communautés peuvent réunir plusieurs dizaines (centaines) de personnes ou juste seulement une poignée (deux au minimum).

Des exemples

Les communautés de deux personnes, ça existe. Par exemple, j'en partage une avec mon manager, pour échanger sur les sujets en cours et se tenir informés mutuellement de notre actualité reciproque.

Dans ce type d'usage, on peut décemment se poser la question de l'utilité de positionner de telles communautés en « public », car ce positionnement est avant tout une invitation à tous les utilisateurs à y contribuer librement. Or toutes les communautés n'appellent pas forcément des contributions de n'importe qui.

Par exemple, avec mon équipe, nous avions aidé des structures à mettre en place des communautés RSE (privées) pour fluidifier leurs échanges sur des processus métier, qu'eux seuls maîtrisent et connaissent. Les équipiers communiquaient entre eux au travers du « mur d'actualité », plutôt que par mail, et sur des processus métier très pointus : les actions à faire, les points de vigilance, les retours sur des actions réalisées, etc. Dans ce type de communauté, serait-il vraiment souhaitable qu'un quidam n'ayant aucune idée du processus ni même seulement du sujet dont il est question réponde à un message posté par un membre de l'équipe ?

Autre exemple, dans le cadre d'une communauté d'animation d'une petite équipe, mise en place pour créer un lien social entre tous les équipiers, est-ce qu'il ne serait pas troublant qu'un collaborateur inconnu de l'équipe intervienne dans les échanges internes informels, pour donner (par exemple) son avis sur le menu du repas d'équipe de fin d'année au restaurant ?

Vraiment : les équipes n'auraient-elles donc plus le droit d'avoir leur espace d'intimité juste « entre eux » sous prétexte que parce qu'on décrète un jour que quand on utilise un RSE, tout doit forcément être partagé avec tout le monde ?

Revenir sur les fondamentaux

A mon sens, le problème sur ce débat est que les postulats de base ne sont pas bons, notamment sur le décloisonnement. Selon moi, les communautés privées ne sont pas un obstacle au décloisonnement pour deux raisons.

La première raison c'est que le décloisonnement des équipes c'est avant tout une affaire de posture interne et de volonté; le RSE apporte une aide pour outiller cette volonté, mais ce ne sont pas quelques communautés privées qui vont bloquer le processus si telle est vraiment l'ambition de l'entreprise.

La seconde raison c'est qu'une communauté RSE privée peut être, bien au contraire, un vrai modèle de décloisonnement. Je prends pour exemple les communautés (privées) que je mets en place pour animer chaque projet, et qui rassemblent dans ses membres tous les acteurs projets, qu'il s'agisse de la maîtrise d'ouvrage, de la maîtrise d'œuvre, des développeurs, de certains utilisateurs toutes structures confondues. La communauté a beau être privée, on est bien dans le décloisonnement par excellence, à la fois des structures, des rôles et des métiers.

Un expert RSE, partisan du « tout public » à qui je donnais cet exemple s'interrogeait sur la nécessité de rendre cette communauté projet «privée», au lieu de la rendre « publique ». Son idée : tout le monde pourra suivre le déroulement du projet, même s'ils n'y sont pas du tout associés et ils pourraient même y contribuer, pour donner « des idées ».

Je vais être cash : penser que tout le monde peut contribuer, pendant la pause déjeuner, à un projet informatique complexe en donnant son avis, c'est quelque chose que j'ai du mal à entendre.

Dans l'idée, ce serait un formidable concept (utopie ?), car dans l'entreprise, il y a bien quelques experts qui auraient de bonnes idées (*ou qui pensent avoir de bonnes idées*). Mais dans la réalité, un projet c'est avant tout un contexte, des enjeux, des contraintes, des objectifs, des responsabilités et des acteurs projet ... Et penser qu'un quidam puisse avoir un avis pertinent sur un projet sans en maîtriser les paramètres, c'est beau, mais je ne pense pas que ça arrive très souvent.

Pour autant, il est important que via le moteur de recherche, un expert puisse découvrir l'existence d'une communauté projet sur un sujet particulier et qu'il puisse demander, si cette communauté est « privée », à faire partie des membres.

L'impact sur l'adoption du RSE par les utilisateurs

Attention à ne pas compliquer l'adoption, en expliquant aux futurs utilisateurs qu'une communauté du RSE doit <u>obligatoirement</u> être ouverte en lecture et en contribution à tous. L'adoption du RSE est déjà compliquée à la base, parce qu'utiliser un RSE oblige à changer toutes les habitudes de travail. Si, en plus doit s'ajouter que tout le monde peut tout voir et intervenir sur tout et n'importe quoi, le choc risque d'être rude, et le RSE risque d'être rejeté pour cette seule et unique raison. N'oubliez pas que certaines équipes ont vraiment besoin de confidentialité en utilisant le RSE (les équipes RH par exemple).

Enfin, un dernier point concernant la gouvernance : apparemment, le taux de communautés privées est surveillé de près par certaines entreprises. Un taux trop important de communautés privées serait-il vraiment un échec ? Ma position est plus nuancée : certes, il faut s'assurer que les communautés qui ont vocation à drainer les expertises soient bien ouvertes à tous (communautés de veille, etc.) : mais comme ceux qui créent ces communautés le font dans cet état d'esprit d'ouverture, elles sont généralement publiques, sauf grossière erreur de manipulation.

Pour moi, un taux de privatisation important n'est pas forcément un mauvais indicateur : ça serait même plutôt le contraire. Ça serait plutôt le signe d'une vraie appropriation du RSE par les collaborateurs pour animer les équipes et les projets, bref pour travailler. Et ça, c'est plutôt une bonne nouvelle !

Le pouvoir des administrateurs du RSE

Pour être tout à faire complet sur ce sujet difficile de la confidentialité il ne faut pas oublier de parler des administrateurs du Réseau Social d'Entreprise.

Ce sont ces quelques personnes qui ont les pleins pouvoirs sur votre RSE; elles ont une vue globale sur tous les contenus et sur toutes les communautés. Elles peuvent accéder à tous les échanges et partages (et même aux messages privés – exemple sur Yammer), elles peuvent supprimer des posts, des communautés, …

Il est nécessaire que quelques personnes aient ce pouvoir au sein de l'entreprise notamment pour faire de la gouvernance mais aussi éventuellement pour des interventions rapides en cas de dérives d'usage de certains utilisateurs. Par contre, il faut que les personnes qui détiennent ce pouvoir soient en nombre très limité: maximum trois personnes pour assurer un recouvrement en cas de congés.

Il faut également que ces personnes soient triées sur le volet. Elles doivent être exemplaires et professionnelles, conscientes de leur pouvoir et des devoirs. Ce sont forcément des personnels internes à l'entreprises et non des prestataires.

Lorsque viendront les questions sur la confidentialité du Réseau Social d'Entreprise posées par des collaborateurs (souvent des managers RH) qui échangent des données sensibles, vous serez obligés d'évoquer cette capacité de super administrateur qu'ont quelques personnes dans l'entreprise et cela peut poser problème.

Cela peut poser problème, parce que le RSE est un outil nouveau et que pour cette raison, il y a encore de la méfiance sur ce sujet. Pourtant, la situation est la même pour la messagerie, les serveurs de fichiers, les sites SharePoint, les données de paie et tous les systèmes informatiques de l'entreprise. Pour chacun, des administrateurs ont plein pouvoir de manière à pouvoir intervenir. Souvent même ce sont des prestataires qui détiennent ces clés. Et cela pose moins de soucis, tout simplement parce que ces outils sont implantés depuis longtemps et que plus personne ne se pose de questions.

LE CONTROLE DU RSE

L'adoption du RSE commence souvent par un besoin de collaboration que ressent un employé, qui débouche sur la création d'une communauté d'échange.

Par définition, ceux qui ont l'idée de créer une communauté sont les plus motivés de vos employés pour utiliser le RSE. Mieux vaut donc tout faire pour les encourager en soignant le processus de création et la fluidité des échanges.

Faire simple

La règle d'or ici comme ailleurs doit rester la simplicité. Créer une communauté ne soit pas être une course d'obstacles. L'objectif ne doit pas être de décourager l'utilisateur à créer une communauté (*pour une raison obscure de maîtrise de la croissance*) mais bien de l'aider dans sa démarche.

La création de groupes ou de réseaux dans Yammer illustre cette simplicité même si le vocabulaire ou la qualité de traduction peuvent parfois perdre l'utilisateur débutant.

La simplicité n'exclue pas le renseignement par exemple d'une fiche descriptive avec quelques propriétés bien pensées, qui aideront à la gouvernance ou à retrouver des communautés thématiques, tant que l'ergonomie reste fluide et simple à comprendre et à utiliser.

Faire vite

Une règle d'or à retenir : quand un utilisateur se décide à créer une communauté, il la lui faut tout de suite, pas demain.

Ce côté "*instantanéité*" l'utilisateur la retrouve sur le Net quand il créé un compte sur un site commercial ou lorsqu'il passe commande. Le fait que l'action soit réalisée immédiatement, avec une confirmation rapide contribue à donner confiance dans l'outil.

Faire confiance

Les entreprises qui se lancent pour la première fois dans une démarche RSE ont une trouille bleue. En déployant un RSE, elles ont l'impression d'ouvrir la boîte de Pandore et d'offrir à leurs employés sur un plateau d'argent un puissant outil de contestation.

Elles ont peur de voir apparaître des communautés de débat remettant en cause la stratégie de l'entreprise, la justesse de la politique RH ou la compétence du dirigeant.

Certaines entreprises ont tellement peur qu'elles souhaitent complètement contrôler les échanges au sein du RSE.

Dans un séminaire dédié à Yammer, une consultante expliquait que certains de ses grands comptes réclamaient à Microsoft une fonctionnalité Yammer de validation de tous les messages postés par les utilisateurs !! En gros, une sorte de censeur serait dédié à plein temps pour juger si un message posté dans le mur d'une communauté est autorisé, ou pas. Le pire, c'est que cette demande n'était pas une boutade, et que la consultante en était la porte-parole : elle cautionnait !

Si cette fonctionnalité vous est passée par la tête, posez-vous cette question : est-ce que vous validez tous les mails que les employés s'envoient ?

Dans un registre de paranoïa moindre, certaines entreprises veulent maîtriser le processus de création : après qu'un utilisateur a rempli une fiche de demande de création, un employé est alors chargé de juger de la pertinence de la demande et de sa légalité.

Tout ce contrôle policier est dans la très grande majorité des cas complètement inutile car les utilisateurs s'auto régulent d'eux-mêmes. Pour rappel aucune action n'est anonyme dans un RSE : photo et patronyme s'affichent en face de chaque message et pour chaque action.

Pour cette raison, les utilisateurs comprennent très vite qu'on ne peut pas dire n'importe quoi, de la même manière qu'on ne peut pas écrire n'importe quoi dans un mail et l'envoyer à toute l'entreprise.

Faire respecter

Pour cette raison très rares sont les dérives dans le RSE d'une société au climat social sain.

Quand bien même un utilisateur aurait l'idée saugrenue de créer une communauté des "*amateurs de la tarte tatin*" ou des fans du jeu de poker (c'est du vécu), un petit appel téléphonique sera bien suffisant pour rappeler quelques règles.

Encore faut-il que ces règles existent. C'est l'objectif d'une « *charte numérique* » qui doit être écrite par l'entreprise et partagée avec les employés.

Cette charte doit décrire les règles de bonne conduite : ce qu'il est autorisé de faire, ce qui est interdit. La règle doit être acceptée avant la première utilisation de l'outil, au moment de la première connexion.

Certaines entreprises vont plus loin, comme Orange, avec la création d'un « passeport » numérique qui valide la capacité de l'employé à comprendre l'usage des outils du digital mis à son service. Nous en reparlerons dans le dernier chapitre.

En conclusion, le RSE se construit sur une notion de confiance et de transparence. Faites confiance à l'intelligence de vos employés et donnez-leur les moyens de bien comprendre les règles d'utilisation.

Si vous estimez pour toutes sortes de raisons que l'entreprise ne peut pas leur faire confiance, cela indique qu'elle n'est pas encore mûre pour déployer un Réseau Social d'Entreprise.

Peut-on tout laisser faire ?

Il y a deux écoles extrêmes sur la question de la gouvernance du Réseau Social d'Entreprise.

D'un côté il y a les libertaires qui estiment que le RSE doit être un espace ouvert de dialogue, d'expression et d'échanges et qu'il ne faut rien censurer avec le leitmotiv que le RSE s'auto régulera tout seul.

De l'autre côté il y a les managers policiers qui pensent que le RSE est un outil dangereux qu'il faut entièrement contrôler, quitte à en casser la dynamique: ils voudront mettre en place des règles de validation complexes pour limiter la croissance.

La bonne posture se trouve bien entendu au milieu de ces extrêmes.

Le Réseau Social d'Entreprise doit rester dans tous les cas un outil fluide, facile d'accès et d'utilisation. Les validations à la création sont à mon sens une mauvaise solution; les contrôles peuvent se faire à posteriori dans le cadre des tâches de gouvernance quotidiennes.

Pour autant, je pense qu'il faut bien préciser dans la charte d'utilisation que le RSE doit rester avant tout un outil professionnel à utiliser pour traiter des sujets professionnels ou ayant un lien direct avec des sujets professionnels.

Reprenons l'exemple de la communauté de la « tarte tatin » que je mentionnais en page précédente. C'est la seule dérive sur plusieurs centaines de communautés créées. En 2011 un quotidien français très connu a voulu faire un article sur le phénomène RSE. Le journaliste avait demandé si nous avions constaté des dérives, et en guise de boutade, nous avions raconté cette anecdote de la communauté sur « les amateurs de la tarte tatin ». Au final, le journaliste a construit une grande partie de son article sur les dérives des RSE et sur leur inutilité en le construisant autour de cette anecdote. Je vous laisse imaginer l'effet d'un tel article sur les managers de l'entreprise qu'il nous restait à convaincre de l'utilité d'un RSE au sein de l'entreprise.

Ce qu'il faut retenir de cette mésaventure, c'est que la qualité et la pertinence des communautés ont un effet sur l'image de l'outil. Pour cette raison, il ne faut pas laisser faire n'importe quoi. Il faut en réserver l'usage aux seuls sujets professionnels et contrôler que c'est bien le cas.

L'IMPACT SUR LES RH

Le Réseau Social d'Entreprise est à l'origine d'un véritable séisme dans le milieu des Ressources Humaines, parce qu'au travers de ses usages, l'outil bouleverse les codes habituels du travail et de l'échange au sein de l'entreprise. Nous allons voir de quelles manières.

La fiche « profil » : la pierre angulaire

Premier impact et non la moindre, le positionnement de la « fiche profil » du RSE comme un élément déterminant du dispositif.

La « fiche profil », c'est la page d'informations que l'utilisateur doit renseigner lorsqu'il se connecte pour la première fois sur le RSE. Il peut y mettre une photo, décrire ses missions, ses compétences, les projets sur lesquels il travaille et préciser ses centres d'intérêts.

Le profil du RSE est une petite révolution par rapport à la traditionnelle « fiche annuaire » classique que nous avons tous connu (et que beaucoup connaissent encore), dont les informations sont à la fois pauvres (localisation, numéro de téléphone, adresse email, service, direction) et surtout redescendues du système central et, trop souvent, non modifiables.

Avec un RSE, l'employé peut / doit se décrire de façon plus détaillée, autour de plusieurs champs d'information qu'il convient de définir lors du déploiement du RSE.

L'individu devient un expert potentiel qui peut être sollicité

Ces informations saisies dans le « profil » seront ensuite exploitées par le moteur de recherche du Réseau Social d'Entreprise, dont l'ambition est de vous proposer les bons interlocuteurs pour les bons sujets.

Par exemple, si je me suis présenté comme « *spécialiste SharePoint & RSE*» dans mon profil (en ajoutant les tags : #RSE #SharePoint), un employé qui recherchera un interlocuteur sur ces sujets en tapant « SharePoint » ou « RSE » dans le moteur de recherche verra apparaître ma fiche en élément de réponse.

Pouvoir ainsi retrouver dans l'entreprise un individu (un expert) et le solliciter, c'est quelque chose de nouveau et potentiellement de perturbant pour toute l'entreprise et pas seulement les RH.

L'employé sollicité par une autre équipe peut voir dans cette sollicitation externe un risque de ne pas réussir à couvrir ses objectifs, à cause de cette perturbation dans son travail. Sa hiérarchie directe peut également mal accepter cette sollicitation de la part d'une autre équipe, sans forcément son consentement.

Pour cette raison, j'ai déjà vu de véritables experts laisser volontairement vide la description de leur profil pour éviter toute sollicitation extérieure.

Ce sujet est un point important à débattre au sein de l'entreprise lorsqu'on déploie un RSE. Il faut avoir une position claire sur le sujet et décider ce qui est important pour l'entreprise et ses employés :

- Conserver les « pré carrés » des équipes (*cloisonner*) et refuser les sollicitations qui peuvent dans la plupart des cas débloquer des situations de crise et permettre de gagner en efficacité ?
- Ou au contraire privilégier le décloisonnement de l'entreprise et encourager cette fameuse « *intelligence collective* » tellement bien vendue par les agences ? Dans ce cas, il faut en accepter les impacts et les accompagner au sein des équipes

Les curriculum vitae deviennent visibles

Très souvent les curriculum vitae des employés sont confidentiels. Les documents sont religieusement conservés dans une base documentaire à laquelle seuls les responsables Ressources Humaines ont accès.

Et très souvent également, ces CV ne sont plus à jour depuis très longtemps, parce que les employés ne sont pas invités à les mettre à jour, et/ou parce qu'ils n'y trouvent aucun intérêt personnel à le faire.

Avec des sites internet comme LinkedIn ou Viadeo, cette position a de plus en plus de mal à tenir. Les Responsables RH constatent avec surprise que leurs employés publient sur Internet leurs parcours, missions, compétences et expertises. Ils y trouvent un intérêt : celui d'être reconnus pour ce qu'ils savent faire et l'espoir éventuellement d'une proposition pour un meilleur poste.

Avec le RSE, le phénomène est comparable : ces fameux Curriculum vitae disparaissent au profit d'un profil mis à jour par l'employé et publié « publiquement » à toute l'entreprise. J'en parle dans le point suivant.

Sachant qu'il peut difficilement y avoir deux systèmes parallèles et antagonistes, les Ressources Humaines vont devoir faire un choix entre les deux options.

La bonne réponse dans le cadre du déploiement d'un RSE, c'est bien entendu de mettre le « profil du RSE » au centre de la démarche, et d'offrir aux collaborateurs toutes les possibilités pour décrire leur parcours, compétences et centre d'intérêt.

Le contrôle des compétences

Nous abordons maintenant un sujet plus complexe, celui des compétences et expertises auto déclarées[22]. Le RSE permet à l'employé de préciser les compétences et expertises qu'il a ou qu'il croit avoir. Il est le seul juge et il est difficile d'imaginer qu'il puisse y avoir un quelconque contrôle.

Cette auto déclaration, dans certains cas, pourrait avoir des conséquences lors des entretiens d'évaluation, par exemple. Que se passerait-il si l'employé souhaitait être rémunéré à hauteur des compétences qu'il a auto-déclarées dans sa fiche de profil ? C'est un exemple des problématiques auxquelles une direction des Ressources Humaines peut être confrontée lors du déploiement d'un RSE.

Des objectifs dans les Entretiens d'Evaluation

Le changement des habitudes représente une charge d'investissement. Cet effort, les employés ont souvent du mal à le fournir s'ils n'y sont pas réellement « invités ».

Dans certaines entreprises qui souhaitent basculer vers le digital interne pour gagner en efficacité, les efforts des employés à se former et à adopter les nouveaux outils ont fait l'objet d'un ajout d'une nouvelle rubrique dans les entretiens annuels d'évaluation. Une manière d'officialiser l'effort que chacun est censé fournir.

---

[22] Ce sujet m'a été inspiré par Sarah ALEZRAH, CDO de Bouygues Telecom; ma maîtrise d'ouvrage pendant plus de dix ans

LE PROFIL RICHE

J'en parlais justement dans la page précédente. Le profil de l'utilisateur RSE, c'est la fiche de renseignement qu'il met à jour dans l'outil. Cette fiche est l'une des pierres angulaires du RSE, avec le mur d'activité.

Le profil, c'est quoi ?

Le profil des utilisateurs, c'est tout simplement une fiche descriptive de la personne, que chaque utilisateur renseigne lui-même. On y retrouve, une photo, le nom, prénom et des champs descriptifs plus détaillés.

Dans la plupart des outils, la liste des champs descriptifs est paramétrable par l'entreprise. A elle de définir quelles sont les informations qu'elle juge utile de connaître sur l'employé, pour rendre les recherches encore plus efficaces.

Ces informations peuvent être les missions actuelles, l'expérience passée, les connaissances bureautiques, les applications métier maîtrisées, les centres d'intérêt pro / perso, les écoles, etc. La définition de ces champs implique fortement la RH; j'en parle juste après.

L'utilisateur renseignera son profil au travers d'un formulaire de saisie très simple, accessible via l'outil. Rien de bien compliqué.

A quoi ça sert ?

L'intérêt principal d'un Réseau Social d'Entreprise, c'est de tisser des liens entre les collaborateurs, non pas pour faciliter les *after work* au pub du coin, mais pour leur permettre de trouver les bons contacts qui pourront les aider dans certains projets.

Si vous ne voyez pas l'intérêt, rappelez-vous le jour où vous avez été bloqué, à un moment donné, devant un problème pour lequel vous n'aviez aucune solution ; vous auriez apprécié de trouver rapidement la personne qui a la réponse.

Le profil utilisateur facilite la connaissance du professionnel avec qui vous dialoguez et travaillez. Si cette personne a posté un message dans une communauté, en un clic, vous saurez où elle travaille, avec qui, quelles sont ses missions & responsabilités, ses centres d'intérêt.

De façon plus élaborée, ces fiches profils autorisent des fonctionnalités très efficaces, dites de « *Bouteille à la mer* ».

Le principe est simple : vous avez une difficulté sur un sujet quelconque : vous postez un message expliquant votre problème en lui ajoutant des « tags » (voir page 97 pour les explications) pour permettre de bien cibler le sujet. Le mécanisme de la « *bouteille à la mer* » consiste à adresser la question aux employés qui ont justement associé ces tags à leur profil.

Un exemple, imaginez que vous recherchez un expert du RSE. Vous posterez un message du type : « *Dans le cadre de la digitalisation de mon équipe, je recherche un expert #RSE pour nous accompagner* » et tous les employés ayant ce tag associé à leur fiche recevront une notification.

Pour avoir utilisé à plusieurs reprises le RSE dans le cadre d'une recherche de piste pour des questions que je me posais sur des projets, je peux témoigner à quel point cet usage est puissant. Il y a juste un prérequis : qu'une certaine « masse critique » (voir la page 207) soit atteinte pour que le phénomène d'entre aide puisse s'enclencher.

L'implication des Ressources Humaines

Les RH sont bien évidemment fortement impliqués dans la définition de la fiche de profil. Il s'agit de définir les champs qui seront proposés aux employés pour se décrire et cela n'est pas sans conséquence.

Au niveau Stratégique, il faut valider qu'on accepte le fait de pouvoir solliciter éventuellement des employés au-delà des silos de l'entreprise, grâce à une recherche au travers du RSE. Ce point a l'air évident, mais posé sous cette forme, il ne manquera pas de susciter le débat.

Au niveau social (syndicat), il faut préparer l'entreprise au fait qu'elle va proposer une solution permettant à chacun de se « décrire », bref, de s'auto-ficher. Ce seul point est à lui seul difficile à négocier car toutes les personnes autour de la table ne maîtrisent pas bien le sujet, que ce soit la RH et les représentants syndicaux qui peuvent avoir peur de ce type de solution.

Au niveau Entreprise, il faut définir ce que l'entreprise considère comme des champs significatifs permettant de décrire un profil collaborateur.

Certains des champs ne feront pas débat (nom, prénom, …), d'autres risquent de coincer un peu plus : date de naissance (pour souhaiter l'anniversaire d'un collègue), études, etc.

Sur tous ces sujets, les Ressources Humaines sont donc en première ligne pour exprimer leur accord, leurs limites et valider les orientations. Reste encore une fois que le travail est complexe pour les RH qui ne sont pas forcément experts du sujet et qui manquent donc de recul pour mesurer l'impact de leurs choix.

Contraindre ou pas le renseignement du profil

Le renseignement par tous du profil utilisateur est un prérequis pour que l'outil donne le maximum de ses promesses. Cette démarche étant une action volontaire, encore faut-il que les utilisateurs acceptent de se prêter à l'exercice.

Il y a plusieurs moyens plus ou moins coercitifs pour inciter les utilisateurs à renseigner leur profil. Mais la règle de base reste que les utilisateurs doivent comprendre leur intérêt et celui de l'entreprise.

Il y a donc une campagne à mener dans le cadre du déploiement pour sensibiliser, expliquer, sous un angle où l'employé pourra reconnaître son intérêt. Il est réel : c'est la possibilité d'être connu et reconnu, au travers des informations saisies et de son activité dans le réseau.

Il est essentiel que l'incitation soit la moins coercitive possible. Il faut être dans une posture d'accompagnement et de sensibilisation aux enjeux de chacun (des employés, de l'entreprise) et le moins possible dans l'obligation.

Pour autant, il peut être tout à fait sain de n'accepter sur le Réseau Social d'Entreprise que ceux qui acceptent de se conforter aux règles de bon usage et de politesse qui consiste au minimum à mettre une photo. Dans ce cas, l'accès au Réseau Social d'Entreprise peut être conditionné par le renseignement par l'utilisateur de quelques informations jugées essentielles (la photo, …). A défaut, l'accès n'est pas possible.

Cette posture fonctionne d'autant mieux que vous déployez de plus en plus de communautés indispensables, comme les communautés de support. Pour bénéficier du support, tôt ou tard, tous devront fournir l'effort suffisant pour obtenir ce droit d'usage.

Le profil : ce n'est pas un sujet simple

Le sujet du profil utilisateur n'est pas un long fleuve tranquille. Plusieurs loups se cachent dans la forêt. En voici quelques-uns.

« Je ne veux pas mettre de photo »

Un phénomène observé chez plusieurs personnes, hommes et femmes, et qui n'est pas si rare. Poster une photo n'est pas une démarche simple pour certains de vos employés, sachez-le.

Il y a ceux qui n'ont pas de photo correcte, ceux qui ne s'aiment pas en photo, ceux qui refusent par principe. Il y a aussi ceux qui ont des photos, mais qui ne savent pas du tout la retailler pour l'intégrer dans le profil. Dans certains cas, ce problème peut prendre des dimensions syndicales, pensez-y !

Allez, je vais vous donner une idée de promotion du renseignement du profil sur la base de la problématique de la photo.

Si vous avez du budget, pendant quelques jours, payez-vous un photographe professionnel (ce n'est pas si cher) et montez un studio photo bien visible dans un endroit passant de votre entreprise.

Annoncez par les moyens de communication interne à votre portée, que pendant quelques jours, dans le cadre du déploiement du RSE, l'entreprise offre des portraits professionnels de qualité professionnelle.

Chaque employé qui en profitera repartira avec les fichiers haute définition de deux ou trois clichés, ainsi qu'une image taillée pour être mise dans le profil utilisateur (*à la bonne dimension, au bon format, au bon poids*). La seule contrepartie : renseigner son profil.

« Je ne veux pas renseigner mon profil, c'est mon droit »

Autant le renseignement automatique de la fiche annuaire ne pose pas de difficulté auprès des employés, autant le renseignement volontaire du profil peut générer quelques blocages. Des informations comme le parcours, les études, les centres d'intérêt risquent d'être perçus comme une intrusion dans la vie privée.

Retenez une chose : à partir du moment où vous affichez qu'une action est volontaire, vous vous exposez à des refus de principe, pour plein de raisons, et pas souvent pour les bonnes.

« Je ne veux pas être dérangé »

Le Réseau Social va s'appuyer sur les experts qui apportent la plus grande plus-value en matière de ce qu'on appelle « l'intelligence collective » (communautés de veille, d'intérêt, recherche d'experts). Mais ce n'est pas toujours si simple.

Dans une entreprise qui avait mis en place un « club des experts » regroupant les employés identifiés en tant que tel sur leurs différents métiers, j'ai rencontré de réels experts au profil utilisateur vide. La raison : ne pas être sollicité.

Attention donc à votre approche du sujet : ne faites pas peur aux vrais experts en leur faisant croire que le RSE va les jeter en pâture à toutes les équipes.

« SharePoint versus Yammer »

A ce jour, SharePoint et Yammer, tous deux produits Microsoft, restent techniquement deux produits à part, même si leur intégration progresse.

SharePoint propose par exemple un système de profil très paramétrable, qui peut autoriser l'ajout de champs supplémentaires. Le profil de Yammer à l'opposé est plus restreint. Profils SharePoint et profils Yammer vont devoir cohabiter, pour le moment. Une solution possible : mettre à jour le profil Yammer en se basant sur les données saisies dans le profil SharePoint. La solution ultime étant le profil Office 365 qui intègre Delve pour remonter les documents sur lesquels je travaille.

LES ANIMATEURS DE COMMUNAUTES

Peut-être avez-vous entendu parler du rôle de « *community manager* » ou animateur de communautés dans le cadre de séminaire ou de conférence. Je vais vous dire quelques mots sur ce rôle important au sein d'un RSE.

Un animateur de communautés, c'est quoi ?

Les animateurs de communautés portent la responsabilité d'une ou plusieurs communautés et sont chargées de leur animation.

Généralement, l'animateur de communautés est celui qui a créé physiquement la communauté, mais ce n'est pas toujours le cas. Le créateur de la communauté peut nommer un animateur et lui déléguer la gestion et l'animation.

L'animateur de communautés a pour principale mission d'animer la communauté. Il va veiller à ce que les questions postées trouvent leur réponse, il va encourager les échanges et le partage, il va animer en postant lui-même des contenus.

Il va aussi veiller au bon respect des règles de bonne conduite, recadrer si besoin. Il va gérer les membres de sa communauté si elle est privée, en ajoutant / supprimant des personnes en accès. C'est aussi de sa responsabilité de supprimer une communauté qui n'est plus utile, ni utilisée. Bref, il est de sa responsabilité que sa communauté « fonctionne » et soit utile pour l'entreprise.

Une mission différente selon le type de communautés

Le rôle d'animateur de communautés diffère selon le type de communautés. On ne pourra donc pas aborder ce rôle de la même manière pour tout le monde.

Il y a à mon sens trois principaux types de communautés ; j'en parlerai plus précisément dans le chapitre « Travailler autrement », en page 255.

Les communautés de veille

Les communautés de veille & d'échanges permettent à des personnes ayant les mêmes centres d'intérêt d'échanger, de partager des informations, des articles, etc.

Dans ce type de communauté, l'animateur de communautés a un vrai grand rôle d'animation. Il doit veiller à ce que la communauté « vive », c'est à dire qu'il y ait des infos nouvelles chaque jour.

Il va donc poster lui-même des infos, rebondir sur les messages des autres utilisateurs, ouvrir des débats, faire des annonces, etc.

Dans ce cas précis, l'animateur de communautés doit consacrer une vraie charge de travail à ce rôle d'animation, une charge qui ne correspond pas forcément à son vrai métier et qui se fait « en plus ».

Pour cette raison, ce rôle est parfois mal accepté par des managers qui peuvent légitimement s'inquiéter du temps consacré à une tâche qui ne correspond pas aux missions assignées à l'employé.

Les communautés de support

Les communautés de support sont créées pour apporter une aide aux utilisateurs d'une application ou d'un processus métier.

Pour faire simple, la communauté centralise les informations nécessaires sur une application (modes d'emploi, FAQ, etc.) tandis que le mur central centralise les échanges. Les utilisateurs y postent leurs questions auxquelles les « sachants » peuvent répondre.

Dans ce genre de communauté, l'animation que l'on demande à l'animateur est d'une toute autre nature.

Son rôle principal sera plutôt de veiller à ce que la communauté propose des documents qui sont bien à jour et qui couvrent bien toutes les informations utiles. Ça sera aussi de veiller à ce que toutes les questions posées ont une réponse; pour cela, il répondra lui-même ou relancera d'autres personnes pour y répondre.

Dans ce cas présent, le temps consacré au rôle d'animateur de communautés correspond bien au métier de support que l'on attend de cette personne, contrairement au cas précédent. Ce n'est pas du travail « en plus ».

<u>Les communautés de projet (de travail de façon générale)</u>

Les communautés de projet sont encore un autre cas. Ces communautés sont créées pour animer les projets. Autrement dit, l'animateur de la communauté c'est le chef de projet lui-même.

Son rôle (son besoin), c'est d'utiliser la communauté comme d'un outil pour tenir informés les acteurs métier des différentes étapes du projet, des événements, des actions.

Sans le RSE, le chef de projet consacrerait également du temps à cette animation de projet, mais l'effort serait plus important car l'animation d'un projet avec le mail est bien moins efficace.

Dans ce cas présent, on ne peut pas considérer que le chef de projet a un rôle d'animateur de communautés au sens de ce que j'expliquais pour une communauté de veille.

Il fait son métier de chef de projet et il le fait avec le RSE. En somme, il n'anime pas vraiment la communauté; il se sert de la communauté pour animer son projet, ce qui est différent.

Dans ce cas présent, l'animateur de la communauté (le chef de projet) travaille avec le RSE, à la place du mail. Et en utilisant le RSE il gagne du temps par rapport à un usage exclusif du mail.

L'accompagnement des animateurs de communautés

Ce qu'il faut retenir de ces explications, c'est que tous les animateurs de communautés n'ont pas forcément le même travail à faire dans leurs communautés.

Or bien souvent, lors du déploiement d'un RSE, le plan de formation est le même pour tous. Tous les responsables de communautés reçoivent les mêmes conseils et les mêmes recommandations.

Et animer une communauté de veille n'est pas la même chose que d'utiliser une communauté pour animer un projet. Ce n'est ni les mêmes attentes, ni la même charge, ni les mêmes façons de faire.

Le rôle n'est pas non plus ressenti de la même manière par le manager de l'animateur de communautés : charge « en plus » pour certains, charge normale « de travail » pour les autres.

LE CHOIX DE L'OUTIL

J'ai assisté début 2015 à un colloque organisé par l'agence Lecko, qui présentait les résultats de son excellente étude sur les RSE.

Dans le document « ***RSE tome 7 – s'organiser et s'équiper pour se transformer*** », que je vous invite à télécharger sur le site de Lecko (http://lecko.fr), l'agence fait (entre autres choses) l'inventaire de toutes les solutions RSE qui existent sur le marché, et il y en a pléthore.

Le choix de l'outil est donc complexe et il serait bien présomptueux de ma part de vous donner un guide de choix efficace et complet.

Le guide de Lecko cependant offre de bonnes pistes. Dans ses études, les solutions sont positionnées entre elles en fonction de thèmes : potentiels sociaux, communication, productivité, gestion des connaissances, communautés externes, outillage des processus, …. Je vous invite à en prendre connaissance.

© Lecko http://www.lecko.fr

Choisir le bon outil est le fruit d'une réflexion en amont sur des besoins, les contraintes et les exigences. Il y a certains points qui sont rédhibitoires, et qui permettent d'élaguer un nombre important de solutions.

Voici les quelques questions simples qui vont vous permettre de réduire le nombre d'outils qui pourront répondre à votre besoin :

- **Cloud, ou pas**: si l'entreprise a une politique sécurité anti-cloud, toutes les solutions « Cloud Only » sont hors course (Yammer notamment, mais pas seulement).

  Si au contraire, l'entreprise recherche la solution Cloud (*pour ne plus rien gérer en termes d'infrastructures*), toutes les solutions « On-Premises » (*hébergées sur vos propres serveurs*) deviennent hors sujet ;

- **Intégré à SharePoint, ou pas** : réseau social d'entreprise et outils collaboratifs (SharePoint) sont intimement liés. Pour les entreprises qui ont un fort historique sur SharePoint, le besoin est peut-être de continuer à s'appuyer sur le socle SharePoint.

  Dans ce cas, certaines solutions deviennent caduques. D'autres au contraire deviennent hautement pertinentes.

- **Du budget, ou pas** : l'argent reste le nerf de la guerre. Les gammes de prix des solutions sont très larges. Yammer, par exemple, est intégré dans les licences Office 365. D'autres solutions ont des coûts à la licence utilisateur non négligeable, voire très chères.

  Etes-vous prêt à investir plusieurs centaines de milliers d'euros, chaque année, pour pouvoir utiliser l'outil RSE de vos rêves ? C'est une question qu'il faut se poser dès le départ.

- **Personnalisable ou pas** : certaines entreprises ont un besoin impérieux de pouvoir mettre à leur image les outils qu'ils proposent à leurs employés. Leur besoin est donc de pouvoir adapter l'outil, le modifier, quel qu'en soit le prix.

  Certains outils offrent plus ou moins de possibilité. Yammer, à titre d'exemple, et à la différence de SharePoint, n'en offre volontairement quasiment aucune

LA MIGRATION DE RSE

Il est très difficile de faire le choix d'un outil de Réseau Social pour une entreprise parce que plusieurs paramètres entrent en jeu. J'ai pu vous donner quelques premiers axes de réflexion sur ce point en page précédente.

Des entreprises font alors parfois le choix de lancer un pilote sur un outil RSE quelconque en se disant qu'ils choisiront le meilleur outil plus tard.

Entre temps, le pilote aura peut-être bien fonctionné et de nombreuses communautés se seront créées. Entre temps, vous aurez peut-être jeté votre dévolu sur un autre outil. Vous allez donc vouloir étudier les possibilités de migration.

Seulement, la migration est un art complexe et incertain et migrer une communauté RSE est bien plus complexe que de déplacer de simples fichiers d'un espace de partage à un autre.

La principale difficulté se concentre sur le mur d'échanges. Recréer les messages du mur d'un RSE vers le mur d'un autre RSE présente de vraies difficultés : recréer la chronologie (dates), respecter la forme (pas toujours possible), respecter les liens intégrés dans les messages (parfois impossible puisque l'outil a changé : les liens vers l'ancien RSE sont donc tous morts), respecter les images intégrées à titre d'illustration (compliqué), etc.

Bref, la migration d'un RSE à un autre n'est pas une opération simple. A ma connaissance, peu ou pas de solutions industrielles permettent l'opération, tout simplement parce que le nombre de combinaisons entre des RSE aux technologies différentes est très important, et que la demande pour ce type d'opérations est finalement encore faible. Rien n'est impossible en ce bas monde, mais à quel prix et pour quel résultat?

Avant de penser à une migration outillée, regardez le nombre de communautés à migrer, leur fréquentation, le nombre de messages postés dans son mur et jugez de la pertinence de l'opération. Parfois, une recréation pure et simple des communautés prend moins de temps et est tout aussi efficace.

LA GOUVERNANCE DU RSE

J'ai déjà parlé en détail de l'intérêt de la gouvernance dans le chapitre consacré au collaboratif avec SharePoint (page 172). Je ne vais donc pas revenir sur les concepts généraux et les enjeux, mais juste faire un focus sur la gouvernance du RSE.

Une gouvernance par rapport à des objectifs

Vous écrivez l'histoire du RSE de l'entreprise et c'est donc à vous de décrire les éléments de gouvernance qui vous permettront d'atteindre votre objectif.

Les éléments de cette gouvernance ce sont toutes les stratégies et tous les indicateurs qui vous permettront de vérifier que ces objectifs sont atteints, en bonne voie d'être atteints, ou au contraire si vous vous éloignez des objectifs initiaux.

Les objectifs pour un déploiement de Réseau Social d'Entreprise peuvent être par exemple vos ambitions en termes de déploiement du RSE (rapidité du taux de pénétration, ...), de maîtrise de la croissance, du respect des règles d'utilisation.

Définir la stratégie RSE

La première chose à faire pour être capable de mettre en place une gouvernance, c'est d'avoir défini ce que vous attendez clairement du RSE.

De cette attente, vous pourrez en déduire les stratégies que vous mettrez en place, c'est à dire les règles d'usage, les règles de supervision.

Par exemple, imposer à l'utilisateur de signer électroniquement la charte d'utilisation du RSE avant toute première utilisation, c'est de la stratégie. De même qu'imposer aux utilisateurs, à la première connexion, de renseigner son profil utilisateur, c'est aussi de la stratégie.

Ensuite il est possible de définir des règles générales liées par exemple à la pérennité de la communauté.

Vous pouvez décider qu'une communauté à laquelle personne n'a accédé au cours de ces 6 derniers mois est une communauté "morte" : au-delà de ce délai, vous pourriez décider qu'un traitement de suppression automatique sera enclenché, avec ou sans notification par mail. On en reparle en page suivante.

Les cas possibles sont nombreux; des ouvrages spécialisés pourraient vous en donner une liste plus exhaustive.

Maîtriser la croissance

La maîtrise de la croissance est généralement une des principales préoccupations des responsables de RSE. L'objectif est de garantir que le nombre croissant de communautés correspond à des usages pertinents et non à des communautés inactives ou détournées de leur usage premier (exemple : uniquement pour stocker des documents).

L'enjeu est important : une part trop grande de communautés inactives dans un écosystème RSE constitue une certaine pollution qui dégrade l'efficacité de la recherche.

Cela biaise aussi les indicateurs qui permettent de mesurer l'adoption. Par exemple un RSE de **100** communautés actives a concrètement plus de succès qu'un RSE constitué de **700** communautés au total dont en fait, seulement 50 sont réellement actives.

En fonction de ces données, votre accompagnement sera différent : vous ferez plus de sensibilisation sur un point ou sur un autre, selon les informations que vous fourniront vos indicateurs.

Par exemple, une proportion importante de communautés sans activité ne signifiera pas forcément qu'elle a été abandonnée, mais plutôt qu'elles correspondent à des projets finis et que les utilisateurs ne demanderaient pas mieux de les supprimer s'ils pouvaient archiver quelque part les informations qu'elles contiennent (archivage des échanges dans le mur, des documents, etc.).

Il est donc bien utile de se donner quelques indicateurs permettant de déterminer ce qu'est une communauté active et ce qu'est une communauté inactive. C'est le sens de la définition de la stratégie.

Contrôler a posteriori

J'ai évoqué dans le point concernant la confidentialité ma position face à la stratégie de contrôle du RSE. Je milite pour un RSE basé sur la confiance, mais la confiance n'exclue pas le contrôle.

Un Réseau Social d'Entreprise nécessite une supervision et un contrôle à posteriori. La tâche est plutôt simple : c'est se poser quelques minutes par jour pour étudier la nature des dernières créations de communauté : lire les titres et les sujets par exemple, suffit déjà largement.

Si un problème « éditorial » est détecté (*création une communauté sur un sujet non professionnel ou sur un sujet tendancieux*) un contact avec l'auteur de la communauté s'impose pour recadrer, sensibiliser, expliquer. Généralement, ça se passe très bien parce que cette démarche vise aussi à protéger l'employé contre une action mal réfléchie qui pourrait lui nuire vis à vis de sa hiérarchie ou de ses collègues.

Mesurer les flux d'échanges

Un bon indicateur de l'impact d'un RSE sur l'activité des équipes, ce sont les flux de mails reçus et envoyés par chaque membre de l'équipe.

Dans une autre vie, avec la complicité des responsables de la messagerie, j'avais pu mettre en place un traitement de calcul du nombre de mails reçus et envoyés au sein de différentes équipes, identifiées par leur manager. Des outils comme ceux de l'éditeur Tryane permettent ce type de mesure.

Dès les premiers chiffres sortis, j'ai comparé les "scores" de notre propre équipe (*qui utilisait le RSE pour animer tous les projets et la vie d'équipe*) avec d'autres équipes de métier comparable. La conclusion était sans appel avec, pour certaines équipes, plus de 4 fois plus de mails échangés que nous et un « ressenti » des collaborateurs de ces équipes en phase avec les chiffres (*difficultés de gérer la boîte mails, perte de temps, etc.*).

Cet indicateur pouvait être utilisé par les équipes en voie de "Digitalisation" pour pouvoir observer l'évolution de la consommation de mail, à la baisse si tout allait bien.

Se donner les moyens pour une vraie gouvernance

Je pourrais donner d'autres exemples de points de gouvernance mais ce n'était pas l'objet de ce point.

Ce qui est important de retenir, c'est que mettre en place une gouvernance, c'est une vraie ambition et une vraie volonté. Et en face de cette ambition il faut aligner les moyens nécessaires.

Ce sont tout d'abord les moyens humains : c'est une charge qu'il faut prévoir au sein de l'équipe et des rôles qu'il faut distribuer. J'évoquais dans un point précédent le contrôle a posteriori, mais il y a d'autres tâches, comme la supervision des principaux indicateurs et les actions à lancer pour réagir si ces indicateurs l'imposent.

Ce sont aussi des moyens techniques: les outils RSE sont de façon générale assez pauvres en indicateurs. Les outils de supervision sont généralement des modules supplémentaires, à acheter en complément des licences du produit. Ce sont potentiellement aussi des outils tiers, comme par exemple les outils de supervision SharePoint disponibles sur le marché.

Sinon, ce sont aussi potentiellement des développements spécifiques pour répondre à des besoins précis d'indicateurs ou d'actions de gouvernance. Par exemple, créer un outil permettant d'archiver une communauté [23] (*murs, documents et autres informations stockés dans un fichier ZIP à archiver*) peut constituer un exemple d'outils à créer spécifiquement.

Tous ces moyens réclament une vraie volonté et un budget associé. Dans le cas contraire, la gouvernance n'est que sporadique et le pilotage du RSE difficile à réaliser.

---

[23] Merci à Lionel DELANOE (C2S) qui nous a développé ce type de traitement en quelques jours

TRAVAILLER AUTREMENT

"Travailler autrement", c'est le nom que j'avais donné en 2012 à une démarche que j'avais initiée au sein d'une grande entreprise, dans ma précédente vie professionnelle en ma qualité de responsable de pôle intranet.

Mais cette initiative - *et c'est intéressant à préciser*, n'était pas une mission de ma fonction mais plutôt une démarche personnelle née de mes propres constats et de mes convictions. C'était donc une démarche fondée sur du concret et sur de l'expérimentation en conditions réelles.

Je m'étais appuyé sur le Réseau Social d'Entreprise pour servir de « caisse de résonnance » à cette démarche. J'ai créé une communauté « Travailler autrement », et j'ai posté régulièrement articles provenant d'Internet, billets sur mes propres expérimentations, billets postés sur mon site http://www.ProjetsInformatiques.com, supports, guides, ...

Une autre communauté, celle-là animée par la Com'Interne, maîtrise d'ouvrage du RSE, complétait la démarche, avec un angle plus orienté sur le mode d'emploi et les questions pratiques.

Au fil du temps, la communauté a gagné en visibilité et les managers se sont manifestés pour en savoir plus.

Je vous propose ici un petit focus sur cette démarche, sur la posture, et sur ce qu'elle apporte à l'entreprise et aux employés.

LA FRACTURE NUMERIQUE

Le sujet du digital interne divise. Tous les acteurs du secteur constatent une fracture numérique nette entre les entreprises et au sein même des entreprises.

Les positions sont résolument antagonistes. D'un côté il y a ceux qui sont convaincus et que le digital interne est un levier d'efficacité majeur dans le contexte moderne. De l'autre, on constate un scepticisme revendiqué, quand ce n'est pas un rejet caractérisé de toute idée de changer les modes de travail en interne.

Autrement dit, digitaliser nos clients d'accord mais me digitaliser moi, collaborateur ou manager, non merci.

Ça pose souci. Car au-delà de l'efficacité, peut-on bien digitaliser le parcours client quand, pour concevoir ces parcours digitaux, on collabore en interne par mails et serveurs de fichiers interposés comme il y a 25 ans ?

Une image me vient à l'esprit pour vous faire comprendre le problème : imaginez les ingénieurs d'Airbus qui doivent inventer l'avion de demain et qui expliqueraient qu'ils ne prennent jamais l'avion parce qu'ils n'en comprennent pas l'utilité ou tout simplement parce qu'ils détestent tout ce qui vole...

Tout espoir n'est cependant pas perdu car ce blocage digital des managers et de leurs collaborateurs changent selon leur niveau de connaissance du sujet. Une étude récente indiquait que le ressenti des collaborateurs sur l'intérêt des solutions digitales internes changeait du tout au tout selon que la personne avait déjà utilisé ou pas ce type de solution.

En clair ceux qui ont utilisé l'outil ou qui se sont intéressés à la question comprennent les gains qu'ils peuvent en tirer tandis que les autres n'y voient strictement aucun intérêt. Ce qui est somme toute assez logique.

Bref, sensibilisation & accompagnement sont les deux passages obligés pour réussir la digitalisation interne.

L'ESPRIT « TRAVAILLER AUTREMENT »

Avant de parler outils ou usages, « travailler autrement », c'est avant tout un état d'esprit, et une posture tournée vers la recherche de solutions pour faire progresser l'entreprise au travers de nouvelles méthodes de travail et de nouveaux usages de collaboration.

Changer les habitudes

"Travailler autrement" ce sont avant tout de nouvelles habitudes de travail, qui s'appuient sur des outils digitaux et sur les usages qu'on peut en tirer.

Mais qui dit changement d'habitudes dit frein au changement. Le phénomène est connu, expliqué et réexpliqué à chaque formation que tout employé peut avoir tout au long de sa carrière.

Le frein au changement, ce sont ces oppositions que chacun formule à tout changement qui survient dans sa vie ou dans son mode de travail.

Parfois ces oppositions sont justifiées car tous les changements imposés ne sont pas toujours de grandes idées. Un nouveau logiciel peut être imposé à toute une direction et en plomber l'efficacité pour différentes raisons : incohérence fonctionnelle, performances désastreuses, plantages, ineptie de l'ergonomie, et j'en passe.

Parfois cette opposition correspond plus à une posture personnelle, attachée à une stabilité dans les méthodes de travail. Cette opposition ne s'appuiera donc pas sur des éléments concrets mais plus sur des aprioris, une certaine défiance voir sur des sentiments (colère, peur,...).

Les employés les plus sujets à ce syndrome sont généralement faciles à reconnaître. Leur leitmotiv c'est "*ça fait 20 ans que je travaille comme ça, je ne vois pas pourquoi je devrais changer quelque chose*"... sans comprendre que si eux ne souhaitent changer, le monde des entreprises, les enjeux, les contraintes changent constamment et de plus en plus rapidement.

Le déclencheur

Je vous le dis tout de suite : travailler comme avant (*mail, serveur de fichiers*), c'est la solution la plus confortable pour tout le monde :

- *pour les employés qui n'ont pas à changer leurs habitudes,*
- *pour les managers qui n'ont pas à conduire leurs équipes vers le changement,*
- *pour les ressources humaines qui n'ont pas à gérer un plan massif d'accompagnement,*
- *pour la direction générale qui bien souvent ne comprend rien du sujet et qui verrait d'un bon œil de ne pas se lancer dans un truc pareil.*

Donc si votre objectif c'est votre tranquillité et celles de vos employés, le mieux serait de rester dans le mode de travail des années 90. Clairement.

Mais un jour pourrait arriver un événement déclencheur, un stimulus, un catalyseur qui fera que l'entreprise sera obligée de changer et de « travailler autrement ».

C'est par exemple un retournement de marché avec l'arrivée d'un nouveau concurrent qui casse les codes et qui met en danger les sociétés historiques. Ce sont des difficultés financières, qui nécessitent de simplifier, et d'optimiser le travail. C'est une modification majeure de la structure de l'entreprise (fusion, acquisition, …) qui nécessite de revoir les échanges entre les directions, entre les équipes.

Plus « soft », ça peut être aussi l'arrivée d'un nouveau dirigeant très en phase avec son époque et qui souhaite que son entreprise ne loupe aucun virage. Ça peut être aussi des changements dans la vie de l'entreprise, comme l'arrivée du télétravail qui modifie les rapports et les échanges entre les employés.

Pour affronter ce changement majeur du contexte il faut aller plus vite, fluidifier les relations entre les équipes, optimiser les flux d'échange, encourager les interactions, la collaboration et la créativité.

Seulement, voilà : l'adoption de ces usages ne se fait pas en un claquement de doigts. Il faut du temps, de l'énergie, de l'accompagnement, bref, il faut des moyens.

Dans une situation de crise, argent et temps sont les deux choses qui font le plus défaut. Autrement dit, basculer l'entreprise vers les modes de travail de son temps, c'est quelque chose qu'il vaut mieux faire en douceur, quand tout va bien, sans attendre d'y être obligé.

Mettre l'entreprise en ordre de mouvement

Tout le monde sait que changer les choses est compliqué dans une grande entreprise. On compare souvent les grands groupes à un gigantesque paquebot qui ne réagit pas immédiatement aux changements de direction donné par le commandant depuis la passerelle. Le film Titanic illustre bien mes propos et les conséquences.

Malheureusement, nombreuses sont les entreprises qui souffrent d'un mal qui peut s'avérer mortel : le conservatisme.

Le conservatisme, c'est cette volonté consciente ou inconsciente qu'ont les employés et les managers d'une entreprise de surtout ne rien changer aux habitudes de travail et de pensée, aux méthodes, aux usages et aux processus.

Plus l'esprit de conservatisme est bien implanté chez les employés et les managers et plus le changement est compliqué.

"*Travailler autrement*", c'est passer de ce conservatisme à une posture d'évolution et d'adaptation aux nouvelles manières de travailler.

Faire la promotion de ces usages et de ces outils permet d'insuffler dans l'entreprise un mouvement continuel d'adaptation grâce aux nouveaux usages et aux nouveaux outils.

C'est une posture qui est difficile à comprendre pour une partie de vos employés les plus conservateurs, mais c'est une posture qui est attendue par les employés les plus innovants, ceux qui tirent l'entreprise vers le haut.

Il faut aider, accompagner et sensibiliser les uns, encourager et mettre à l'honneur les autres.

LES GISEMENTS DE PRODUCTIVITE

Pour bien vous faire comprendre le "*travailler autrement*", je voulais vous parler d'un billet que j'avais posté en 2007 sur mon site internet http://www.projetsinformatiques.com.

J'y expliquais que les entreprises exploitaient sans le savoir les « gisements de productivité » que la technologie leur apportait. Certaines entreprises sont pionnières dans ce domaine, d'autres sont en retard, d'autres encore complètement réfractaires à toute nouveauté, ce qui pourrait bien leur poser problème à terme.

Chacune de ces innovations a révolutionné les modes de travail et la manière de communiquer, de collaborer. Et chacune a connu un petit délai avant de devenir des incontournables de l'entreprise.

La liste des gisements de productivité

J'avais écrit un billet sur ce sujet en 2007 pour faire comprendre en quoi les outils collaboratifs tout naissants de type SharePoint allaient révolutionner la collaboration dans l'entreprise et expliquer pourquoi il était important de s'y intéresser.

Quatre ans plus tard, j'avais mis à jour la liste est y ajoutant le Réseau Social d'Entreprise qui apporte un nouveau gisement de productivité.

- **1960 - 1975, l'informatique** : arrivée de l'informatique dans les grandes entreprises (*mainframes*);
- **1975 - 1985, la micro-informatique** : l'ordinateur débarque sur les bureaux des employés;
- **1985 - 1995, le réseau & la messagerie** : les ordinateurs sont connectés, la collaboration passe par la messagerie;
- **1995 – 2001, l'intranet** : la communication interne adopte les technologies du Web pour diffuser l'information *Corporate*, suivie par les métiers;
- **2001 – 2010, le collaboratif** : l'entreprise 2.0 envahit les entreprises, avec SharePoint;
- **2010 – 2015, le Réseau Social d'Entreprise** : le RSE devient un nouveau mode d'échange et de travail collaboratif.

Suivre le rythme (ou pas)

La compétitivité des entreprises, c'est un peu comme le sport de haut niveau; le podium se joue souvent à quelques secondes, voir à quelques dixièmes.

La différence peut se faire sur les produits, sur la stratégie mais aussi sur l'efficacité des collaborateurs et leur capacité à travailler ensemble, de manière plus fluide et efficace.

Le rythme des innovations dans ce domaine est de plus en plus rapide. Il suffit pour s'en convaincre de voir les innovations proposées par Microsoft, avec de nouveaux produits, de nouveaux usages : Office 365, portail vidéo, Delve, Groups, etc. Et je ne parle même pas des solutions mobiles.

Adopter l'esprit "travailler autrement" dans l'entreprise c'est se mettre à l'écoute de ces innovations, pour les exploiter avant les concurrents et gagner peut être ces quelques dixièmes de points qui feront la différence.

LE PANEL DES SOLUTIONS

Quand j'essaie de visualiser le processus de digitalisation interne d'une entreprise, je vois une palette de couleurs et un pinceau.

La digitalisation interne d'une entreprise c'est de l'impressionnisme par petites touches de couleur ici et là : la bonne couleur à la bonne place, le bon outil pour le bon usage.

Travailler autrement pour une équipe, c'est savoir combiner les usages de plusieurs outils pour fluidifier les échanges et être plus efficace. Et c'est bien ce qui est complexe dans l'adoption: le ticket d'entrée est compliqué à acquérir parce qu'il nécessite un accompagnement très spécifique.

Le Réseau Social d'Entreprise

Le RSE apporte la fonctionnalité de discussion et d'échange au cœur d'un espace collaboratif. Il permet donc d'associer les échanges directement à un sujet (projet, équipe, ...), au contraire de la messagerie.

Ses usages apportent aussi une nouvelle façon de communiquer avec plus de concision et d'efficacité.

SharePoint

Comme j'ai eu l'occasion de l'expliquer, SharePoint est une brique essentielle de la digitalisation interne.

Mais pour que cette transformation s'opère il faut voir SharePoint dans tout son panel d'usages, bien au-delà du simple outil de GED que tout le monde connaît. SharePoint se marie idéalement avec le RSE dont il peut être le complément ou le support.

Les développements spécifiques

La digitalisation c'est aussi savoir apporter des solutions adaptées à des circonstances particulières que les outils de type SharePoint ne couvrent pas, ou mal. Avec un pré requis toutefois : **que ces réalisations restent agiles et économiques**. J'en parle dans le point suivant.

J'ai eu l'occasion de travailler sur un projet de digitalisation de la bureautique d'une grande entreprise de 9 000 personnes, en collaboration avec la responsable bureautique[24]. Le challenge : mettre en place les briques digitales permettant d'améliorer le service bureautique proposé aux utilisateurs, tout en supprimant la traditionnelle hotline téléphonique. Un défi de taille.

Les solutions apportées ont été de plusieurs ordres, avec la conception, le développement et la mise en place de plusieurs briques :

- Site de type "commerce en ligne" pour demander matériels, logiciels et services,
- Portail web bureautique intégrant une base de connaissance gérée par les acteurs bureautiques. Développement spécifique (pour le portail) s'appuyant sur un site SharePoint natif (pour la gestion du backoffice – base de connaissance et autres données),
- Site d'auto résolution de questions ou problèmes bureautiques (en remplacement de la hotline), sur base d'un arbre de connaissance permettant aux utilisateurs d'avoir une solution rapide à leurs problèmes ou de déclencher une action en vue d'une correction,
- Solution mobile permettant d'apporter certains de ces services sur son téléphone personnel (indispensable quand le PC est planté, pour pouvoir déclencher une action)

La messagerie (eh oui !)

On pense que les évangélistes RSE sont allergiques à la messagerie et que leur objectif est de l'éradiquer totalement. Ce serait une position stupide: comme je l'ai déjà dit, le vélo n'a disparu après l'invention de la moto.

La messagerie reste le bon outil pour des échanges de personne à personne (de type privée par exemple) ou en dehors d'un canal pré établi que pourrait être une communauté. Dit autrement, avant qu'un projet ne démarre, la communauté projet n'existe pas et il est naturel d'échanger via la messagerie.

La position à retenir c'est que la messagerie c'est comme le vin : un verre c'est bon pour la santé mais en abuser vous expose à de gros problèmes.

---

[24] Clin d'œil à Sophie JOSSERAND : formidable projet

Les solutions de téléphonie, messagerie instantanée, ...

Les solutions de téléphonie sur IP, de messagerie instantanée, de partage d'écran, de visio conférence contribuent aussi à la digitalisation de vos équipes et à l'atteinte de l'objectif de fluidification des échanges. Avec Lync ces solutions sont intégrées aux solutions collaboratrices SharePoint et RSE.

Leur déploiement offre des gains rapides, notamment pour les équipes distantes (télétravail, nearshore, offshore[25]). Mais leur adoption n'est pas toujours simple: réussir à faire une réunion d'équipe à distance réclame quelques adaptations et quelques règles de bonne pratique qu'on ne peut pas toujours deviner.

Le contact humain (toujours)

Quel que soit l'outil que vous utiliserez, le contact humain réel sera toujours un moyen efficace pour huiler les relations entre les interlocuteurs. On aurait presque tendance à l'oublier.

---

[25] L'offshore désigne le recours à des ressources basées sur un autre continent (exemple, en Inde), tandis que le Nearshore désigne le recours à des ressources basées en France, ou pays limitrophes

QUELQUES SCENARII

Digitaliser une équipe, c'est lui écrire un nouveau scénario de travail, avec des acteurs qui collaborent et des outils pour travailler.

Dans l'absolu, les différents scenarii possibles permettant d'exploiter les solutions de digital interne, tout outil confondu, sont innombrables. Je peux cependant vous en présenter quelques-uns, parmi ceux qui participent le mieux à la promotion des usages.

L'animation d'une équipe

Dans ma précédente vie professionnelle de responsable de pôle Intranet, j'ai animé une petite équipe composée de 5 à 10 personnes, selon l'activité.

J'ai eu la chance, en 2010, de devoir faire front à deux évènements consécutifs qui ont radicalement changé les relations entre mes équipiers :

- **Le télé travail** a été proposé à mes collaborateurs internes et à moi-même, en mode pilote, à raison de 2 jours par semaine ;
- **L'externalisation** de mes équipiers prestataires qui ont dû quitter mon open space, pour travailler en near shore depuis les locaux de leur propre société, certains en île de France, d'autres en région ;

En seulement quelques semaines, il n'y avait plus personne sur le plateau.

Cette situation a profondément changé nos modes de collaboration : plus possible de se parler par-dessus les écrans, plus de discussions devant un café, plus d'échanges à la cantine, plus de réunions rapides sur un coin de table, …

En quelques jours, j'avais vu le nombre de mails échangés croître d'une manière assez fulgurante. Tout le monde s'envoyait des mails pour tout et n'importe quoi, en alternative au contact direct. La situation devenait compliquée. Il a fallu trouver des solutions. C'était un des déclencheurs dont je parlais précédemment.

La solution a reposé sur deux outils principaux :

- **L'usage de l'outil Lync de Microsoft**, que nous n'utilisions finalement pas beaucoup, a été généralisé dans l'équipe. Nous l'utilisons principalement pour la messagerie instantanée, le partage de document en écran partagé pour travailler sur nos sujets et la visio-conférence pour nos réunions d'équipe.

- **L'utilisation exclusive d'une communauté d'équipe** pour nos échanges et notre partage d'information / documentaire. Cette communauté intégrait également un Blog pour me permettre de poster les différentes informations relatives à notre actualité d'équipe & d'entreprise, à nos missions et à mes propres consignes.

La règle d'or : tout échange qui intéresse l'équipe directement ou indirectement devait se faire uniquement par la communauté d'équipe.

Au final, la communauté d'équipe a été un très bon outil pour canaliser les échanges entre mes équipiers et moi-même, en alternative des mails qui polluaient nos messageries.

Je me suis appuyé sur le blog et/ou le mur d'actualité de la communauté :

- Message d'informations d'actualité sur l'équipe ou l'entreprise, que je postais à l'intention de mes équipiers;

- Diffusion de mes consignes ;

- Message d'information des équipiers entre eux, pour informer d'un problème technique ou d'une opération en cours ;

- Questions d'un équipier à l'équipe, sur des sujets divers : savoir où se trouve un document ou sur la résolution d'un problème ;

- Et surtout, pour le liant social, les messages d'ordre moins professionnels : une photo prise dans la rue le matin même, la petite blague du jour ou la photo du petit dernier, né récemment.

Au final, la communauté d'équipe a permis de recréer cet espace de rencontre que nous n'avions plus physiquement. Le RSE nous a donné un espace virtuel d'équipe, qui permet de communiquer, d'échanger sans s'échanger de mail.

L'animation d'un projet

Je ne parle *d'animation projet* que depuis que j'utilise un Réseau Social d'Entreprise. Je ne faisais avant que de parler de *pilotage projet*.

Pilotage et animation de projet sont deux choses complémentaires mais bien différentes. Pour reprendre l'analogie avec la voiture, le **pilotage** c'est le fait de regarder les cadrans du tableau de bord, d'appuyer sur l'accélérateur ou le frein, de donner des coups de klaxon ou de changer de vitesse.

L'animation c'est l'ambiance que je mets dans la voiture dans laquelle se trouvent les autres acteurs du projet. L'animation, ce sont les infos que je leur communique, ce sont les questions que je leur pose sur la route à suivre. Ce sont aussi les bons moments de détente qui créent du lien social, de la solidarité et l'esprit d'équipe.

Vous l'aurez compris, l'animation ce sont toutes les actions que le chef de projet va réaliser pour que tous les acteurs se mettent en mouvement dans la même direction, dans un même but et en ayant le même niveau d'information. L'animation consiste donc à partager la connaissance sur le projet : objectifs, enjeux, documents, actualités, ...

Ça consiste également à faire tout ce qui est nécessaire pour garantir les bonnes interactions entre les acteurs en s'assurant que tout le monde est en phase sur son domaine de responsabilité.

Bref, souvent les chefs de projet font du pilotage projet mais aucune animation projet, tout simplement parce l'animation projet avec la messagerie, c'est lourd, long, fastidieux et pas du tout efficace.

Cette absence d'animation peut avoir des conséquences : des acteurs projets qui n'ont pas mêmes infos, des difficultés pour retrouver la dernière décision, des documents projets mal partagés, avec des conséquences sur la qualité de la réalisation, etc.

Personnellement, en plus du pilotage classique (budget, suivi planning, etc.), **j'anime** tous mes projets avec une communauté projet au sein du Réseau Social d'Entreprise.

Comme pour la communauté d'équipe, je me repose essentiellement sur le mur d'activité et sur le blog pour communiquer, diffuser et partager.

J'utilise le blog pour poster des comptes rendus de réunion et des comptes rendus de décision. L'avantage du blog, c'est de permettre de survoler l'historique du projet uniquement en scrollant l'écran. Les billets doivent bien sûr être synthétiques et courts, ce qui facilite la prise de connaissance.

J'utilise le mur d'activité pour informer les acteurs projet, que ce soit pour informer de la réalisation de petites actions ou de plus grandes décisions avec un lien vers un support ou un billet de blog. J'utilise aussi le mur pour poser des questions aux acteurs projets.

En complément, je m'appuie sur une liste documentaire que je structure selon les besoins. Dans cette liste documentaire, je stocke tous les documents projets : expression de besoin, spécifications, documents de suivi de projets, etc.

Et quand vient l'heure de la recette (les tests de l'application), je m'appuie sur une liste structurée SharePoint pour enregistrer les bugs observés. Je paramètre quelques champs simples : titre, description du problème, criticité, type de problème (*bug, non-conformité ou demande d'évolution*), statut (*à traiter, en cours de traitement, à tester, clos*). Cette liste simple, permet à la maîtrise d'ouvrage de remonter ses observations simplement, et sans aucun mail.

En synthèse, une communauté projet me permet potentiellement de conduire un projet complet, sans **aucun échange de mails** : tous les échanges étant centralisés dans le mur. Cette communauté projet représente le **lieu de référence** du projet complet, intégrant documents, informations et échanges.

C'est un avantage décisif quand de nouveaux collaborateurs rejoignent un projet en cours : il suffit de leur donner les droits d'accès et un lien d'accès.

L'animation du support d'un processus ou d'une application

Lorsque vous déployez une nouvelle application ou que vous mettez en place un nouveau processus métier, se pose rapidement la question du support que vous allez proposer aux employés.

Le support, c'est principalement deux choses : la mise à disposition de documents ou de vidéos d'explication et c'est aussi la possibilité de poser des questions. Le réseau social d'entreprise est l'outil tout indiqué pour apporter un espace de support à un outil ou à un processus.

Les documents peuvent être stockés dans une communauté et mis en visibilité pour tout utilisateur qui en aurait besoin.

Mais le mur d'échanges est le point central du dispositif. Un utilisateur peut poser une question et un responsable de l'outil, y répondre. Parfois, le responsable n'a pas le temps d'y répondre; un autre utilisateur y aura répondu s'il connaissait la solution.

L'avantage du mur, dans ce genre de dispositif, c'est de permettre aux utilisateurs de voir les échanges et de relever parmi les cas présentés des problèmes qu'ils ont eux-mêmes rencontrés, ce qui peut les aider.

Maintenant, soyons francs : des utilisateurs qui répondent aux autres utilisateurs, il n'y en a pas des milliers. De même que des utilisateurs qui lisent l'historique des échanges avant de poser une question ne sont pas légion.

Pour autant, la communauté Support est un excellent moyen pour amener les utilisateurs à se connecter pour la première fois au RSE. En plaçant une communauté comme unique centre de référence et de support à un outil métier important ou à un processus, vous encouragez les utilisateurs à un premier contact avec l'outil.

Reste que ce dispositif a des limites. Penser que créer une communauté va permettre de remplacer une équipe de support, c'est un leurre. Derrière la communauté, il faut un animateur de type « opérationnel » qui va garantir que toutes les questions obtiennent des réponses et des intervenants qui vont poster ces réponses.

Les communautés de support ont une autre limite, celle de la gouvernance.

Ce type de communauté c'est l'idéal pour un support léger, pour des processus et des applications qui ne génèrent pas des dizaines de questions quotidiennes. C'est idéal aussi pour un support qui ne fait pas l'objet d'une gouvernance forte. La raison est simple :

- **Limite dans le nombre de messages par jour** : les questions étant postées dans le mur d'activité, les questions les plus anciennes finissent par « sortir du cadre » (*passer dans une seconde page, ou être reléguées tout en bas de la page*). Même s'il est possible d'explorer les messages les plus anciens, le risque existe que les questions anciennes demeurent sans réponses car devenues invisibles ;

- **Pas d'indicateurs** : à moins d'utiliser systématiquement des « tags » en posant une question (*inutile de compter sur les utilisateurs pour cela*), il vous sera impossible d'avoir des indicateurs sur la nature des questions qui sont posées via la communauté et leur nombre. C'est très problématique, parce que ces indicateurs permettent d'identifier des dysfonctionnements récurrents et donc de les corriger.

Ceci étant, les grandes entreprises ont intégré dans leur relation avec leurs clients les sites sociaux, comme Facebook et Twitter. Elles utilisent ces canaux pour répondre aux questions et problèmes remontés par leurs clients. Mais ces équipes spécialisées disposent d'outils qui industrialisent ces genre d'échange ; ce dont on dispose rarement pour un Réseau Social d'Entreprise.

VITE ET PAS CHER

La digitalisation d'une entreprise, c'est une opportunité à saisir quand l'occasion s'en présente.

Comme je l'ai indiqué, il y a des raisons qui imposent parfois un déploiement rapide et ces raisons sont parfois impérieuses : des difficultés économiques, un retournement de marché, une réorganisation majeure. En parallèle, les outils et technologies évoluent et elles évoluent très vite.

Lancer la digitalisation de l'entreprise ne peut donc pas être un projet de dix ans, qui coûte des dizaines de millions d'euros. Pour que cela fonctionne il faut aller vite, très vite, et faire cela pour pas cher.

La différence de l'approche projet

Un projet de digitalisation d'une entreprise diffère d'un projet métier traditionnel par l'étendue de son champ d'application et par son besoin de rapidité.

Là où un outil métier traditionnel concerne une direction ou une équipe sur un sujet métier très précis (*la logistique, la facturation*, ...), la digitalisation est un effort qui porte sur tous les métiers, sur tous les utilisateurs (*collaborateurs et prestataires*) et tous les sujets (*projet, Equipe, veille*, ...).

Dans le cas du projet métier traditionnel, on peut s'appuyer sur une organisation de projet classique avec tout le dispositif habituel (*Equipe projet, comité engagement, comité de suivi, spécifications, développement, recette, etc.*). On peut en accepter les impacts : le coût de tout le dispositif, et le délai qu'impose un déroulé classique de gros projet.

Dans le cas de la digitalisation, si vous l'abordez sous cet angle pour chacune des équipes, vous allez devoir piloter potentiellement plusieurs centaines de projets en parallèle, ce qui représenterait un coût colossal et un délai de réalisation rédhibitoire.

Pour que l'entreprise réussisse à travailler autrement, il faut penser autrement le projet et faire vite, pour pas cher.

Priorité à l'agilité

Je fais partie de ceux qui font la promotion d'un retour aux fondamentaux en ce qui concerne la conduite de projet.

Bien souvent, les grandes entreprises bâtissent au fil du temps des procédures complexes, s'ajoutent des contraintes, des étapes, et en oublient au final l'essentiel : de quoi a-t-on besoin et qui va travailler sur le sujet, en bonne intelligence ?

L'agilité, ce n'est pas forcément des méthodes académiques qui nécessitent d'envoyer toute une direction en formation Scrum. L'agilité, c'est surtout un état d'esprit : la volonté de rapprocher les personnes qui participent à un projet.

Construisez votre village gaulois

Ce qu'il faut retenir, c'est que la digitalisation doit s'appuyer sur cet état d'esprit, sinon, elle ne peut pas aboutir.

C'est vrai pour la digitalisation des équipes (*travail collaboratif, échanges, etc.*), et c'est encore plus vrai pour la mise en place d'outils développés spécifiquement ou d'adaptations potentielles de certains outils (SharePoint par exemple).

Si le circuit d'engagement de projet est complexe dans votre entreprise (*plusieurs commissions, des réunions de plus de 10 personnes, etc.*), il vous faut créer d'urgence une équipe de type « *village gaulois* » un peu à part, composée de personnes bien câblée et de bonnes volonté, débordantes d'idée, passionnées, pragmatiques, qui acceptent de « faire autrement » pour mettre en place des solutions efficaces, belles et pas chères.

Il faut les protéger et entourer ce village gaulois d'une bulle de simplicité et d'une dérogation face aux contraintes que l'entreprise s'impose à elle-même, à juste titre souvent pour ses projets industriels, mais qui n'ont aucun sens sur des projets de ce type.

A titre d'exemple, j'évoquais dans un point précédent le développement d'une solution d'assistance en ligne (arbre de résolution). Cette solution était très aboutie, avec des fonctionnalités front office et back office riches.

Pour un ordre d'idée, la conception a duré 3 semaines et le développement 3 mois. C'était pourtant un projet de grande ampleur, avec de vrais enjeux (*supprimer la hotline qui existait depuis près de 15 ans, tout en améliorant le service aux utilisateurs*).

Appuyez-vous sur SharePoint

Nous l'avons vu avec le point traitant des usages, SharePoint peut permettre de couvrir des besoins métier qui sont bien souvent couverts par des développements spécifiques coûteux, ou pas couverts du tout.

SharePoint n'est pas connu pour ces usages, mais vous avez compris dans les pages précédentes qu'il offre des fonctionnalités qui permettent de faire beaucoup plus que du partage documentaire.

En quelques jours d'audit et de paramétrage, un expert SharePoint est capable, via du simple paramétrage, de positionner entre des équipes ou au sein des équipes, des sites de travail qui permettront de traiter des données métier et pas seulement des documents.

Certes, SharePoint ne vous permettra pas de tout faire. Certaines fonctionnalités ne pourront pas être couvertes par le produit, tout comme certains détails de présentation (look, disposition, ...) et d'autres aspects qui resteront mineurs.

Mais paradoxalement, ces limites sont aussi une vraie chance pour l'entreprise. Elles sont un prétexte pour se reposer des questions sur la vraie pertinence de certains processus qui sont, pour certains, des héritages du passé qui n'ont peut-être plus lieu d'être.

J'ai une anecdote à ce sujet. Pendant la digitalisation d'une équipe, un processus de saisie d'activités peinait à être intégré dans SharePoint sous la forme complexe demandée. Il a fallu se renseigner à droite et à gauche pour proposer des simplifications, ce qui aurait permis son intégration avec du simple paramétrage. Ces échanges ont abouti à une information intéressante : ce processus n'avait plus lieu d'exister depuis... deux ans ! Pour le coup, SharePoint n'a pas apporté grand-chose au processus, mais la réflexion dans le cadre de sa simplification a permis de se poser les vraies bonnes questions.

Ce qui n'est pas cher… peut rapporter gros !

Proposer aux structures de l'entreprise une démarche de digitalisation agile et peu coûteuse n'a paradoxalement pas toujours un bon accueil.

Les structures opérationnelles ont l'habitude de gérer avec la DSI des projets coûteux et longs. Elles s'attendent à des budgets conséquents et des plannings sur du long terme, à la hauteur de leurs enjeux, même si elles réclament des coûts moindres et des délais plus courts. Du coup, elles ne trouvent pas très crédibles des solutions rapides et peu chères.

Annoncer à une Direction quelques jours d'audit et de paramétrage pour permettre de fluidifier le travail entre équipes inspire de la méfiance de la part des grands managers.

En fait, les directions ont tendance à imaginer qu'une solution qui ne coûte pas cher ne vaut pas grand-chose.

J'en ai fait l'expérience un jour avec un manager à qui j'ai présenté une solution SharePoint pour aider ses équipes à fluidifier leurs échanges et à mieux gérer leurs infos métiers. C'était un site SharePoint natif, avec des listes structurées et un portail d'affichage. Je l'avais réalisé en quelques heures, en préparation d'une réunion de présentation.

Lors de la démonstration de ce que j'avais présenté comme « la maquette », mon interlocuteur était emballé. Quand il m'a demandé mon budget mon planning pour le déployer, je lui ai avoué que le travail était fait, qu'il suffisait de donner les droits à ses équipes et de les accompagner à son utilisation. A peine avais-je dit cela que j'ai senti que ma solution avait perdu toute sa crédibilité : ça n'avait rien couté, donc ça ne valait rien.

L'INTRANET MOBILE

Les téléphones intelligents (ou « Smartphones ») et les tablettes ont aujourd'hui indéniablement séduit une grande majorité de la population. Qu'ils utilisent iOS, Android ou Windows Phone, le succès de ces appareils mobiles n'est plus discutable.

Les utilisateurs ont été séduits par la simplicité de l'usage, le côté pratique (*toujours disponible, toujours sous la main, facile à allumer, facile à éteindre*) et par l'expérience utilisateur très souvent de très haute qualité.

Ces utilisateurs du grand public, ces gens qui les utilisent plusieurs heures chaque jour, ce sont vos employés.

Ce sont des séniors, des jeunes, des cadres, des dirigeants, des ouvriers. Toutes les classes sociales et toutes les tranches d'âge ont adopté ces appareils et leurs usages. Mais bien souvent, ces appareils restent cantonnés à la sphère personnelle.

Les entreprises qui investissent dans l'intranet mobile restent encore très rares. Pourtant, ces appareils offrent pléthore de services pour l'entreprise.

Je vais vous parler de l'histoire de l'intranet mobile, des principaux usages possibles, des enjeux mais aussi des contraintes et des difficultés à le déployer dans l'entreprise.

L'HISTOIRE DE L'INTRANET MOBILE

Le sujet de l'Intranet mobile est encore plus jeune que l'Intranet dit "*de bureau*" accessible depuis le navigateur de votre poste de travail.

Rappelez-vous : avant 2008, les téléphones intelligents n'existaient pas. Les seuls téléphones "évolués" ne proposaient que le WAP, un système de page de texte, sans image (*les débits des réseaux mobiles n'autorisaient aucune fioriture de ce type*). Les contenus étaient rares et vraiment pauvres. Rien d'enthousiasmant sur l'Internet mobile et le désert quasi complet sur l'Intranet mobile.

Les choses ont un peu évolué avec l'arrivée de l'i-Mode, l'Internet mobile que Bouygues Telecom a lancé le 15 novembre 2002. L'approche était clairement plus orientée "services" et le rendu des sites plus attractif. Mais la principale limite restait l'utilisabilité des appareils.

Mon premier projet d'Intranet mobile

En ce qui me concerne, mes premières actions sur le sujet remontent au tout début de l'année 2003. L'objectif était de monter une infrastructure Intranet mobile (*une révolution, à l'initiative de la Direction de la Communication Interne, avant-gardiste*) reposant sur la solution i-Mode de Bouygues Telecom, pour l'authentification de l'utilisateur.

Il a fallu tout inventer, avec l'équipe d'experts dans laquelle je travaillais[26]. En plus des questions d'infrastructure [27], il fallait imaginer les usages sur ce sujet particulièrement novateur. Pour rappel, il n'existait rien (ou pas grand-chose) d'équivalent à cette époque.

Au final, avec l'équipe de la communication interne[28], nous avions inventé un portail intranet mobile qui était une vue en miniature du portail Corporate Intranet dont il exploitait les mêmes données.

---

[26] Nicolas MOTRON, Olivier LE NOAN, Christophe DE LA BARRE, Sébastien ROGER

[27] Merci à Peggy MASSON, collaboratrice Bouygues Telecom au moment des faits, qui nous a permis de mettre l'infrastructure en place en un temps record. Elle est aujourd'hui consultante. Retrouvez ses services sur le site http://www.akacia-consulting.fr

[28] Sarah ALEZRAH, Olivier SONNEVILLE

Ce « portail intranet mobile » est un des points qui avait permis à Bouygues Telecom de décrocher un magnifique **prix CEGOS / Entreprises et carrière** en 2005, mention "portail".

Extrait de « Entreprise & Carrière » N° 782 de 2005

Une démarche Intranet mobile

Par la suite, pour compléter le catalogue de services Intranet mobile, nous avions "miniaturisé" plusieurs applications existantes pour pouvoir être utilisables sur nos petits téléphones à clapet comme le NEC 21 !

Nous avons découvert à cette occasion les clés de réussite de ce type de projet et les risques d'échec. En résumé, une application intranet mobile est un succès si ce service est utile dans le cadre de la mobilité. Rendre « mobile » une application qui n'entre pas dans ce cadre ne sera pas utilisée.

Les premières applications traduites en Intranet mobile dès 2003 / 2004 ont été bien entendu l'annuaire, mais également l'application de gestion des temps qui permettait de voir son compteur de jours de congés et même de poser ses demandes de congés en ligne, toujours depuis son petit téléphone à clapet.

Ainsi naissait officiellement pour nos deux équipes MOA (Communication interne) et MOE (mon équipe, puis une autre équipe spécialisée[29]) l'intranet mobile. Un domaine qui n'a cessé de s'améliorer au fil du temps, notamment avec l'arrivée des téléphones intelligents.

---

[29] Sébastien Roger, leader de l'équipe Mobilité

L'EXPLOSION DES USAGES

L'arrivée de l'iPhone en 2007 dans le paysage de la téléphonie mobile a réellement révolutionné les usages en Mobilité.

Avec son grand clavier entièrement tactile, son système d'application simple à utiliser, son système assisté de saisie, l'iPhone a réussi là où les autres avaient échoué : les téléphones classiques et les Pocket PC, avec leurs stylets.

Apple a rendu utilisable un appareil qui tient dans la main et qui me permet à l'instant même (véridique) d'écrire ce texte, debout dans un wagon de la ligne 13 du métro Parisien, station Duroc !

Google avec Android et Microsoft avec Windows Phone ont emboîté le pas à Apple pour proposer des solutions concurrentes. Aujourd'hui, les usages explosent en mobilité.

- Facebook par exemple enregistre plus de visite sur son application mobile que sur PC et réalise avec les accès mobiles l'essentiel de son chiffre d'affaire.

- Microsoft a placé la mobilité en priorité dans sa stratégie, avec le cloud : **mobile first**, cloud first. Ses outils phares ont leur déclinaison en mobilité sous une forme ou une autre : la suite bureautique mais aussi Yammer, OneDrive pour les documents, les vidéos.

Et votre entreprise dans tout ça ?
Quels sont ses projets en matière d'intranet mobile ?

LES USAGES

La qualité des appareils et la diversité de leurs formats (téléphones intelligens, tablettes et phablettes à mi-chemin entre les deux en termes de taille) autorisent aujourd'hui beaucoup de choses. Tellement qu'il serait impossible ici d'en dresser une liste exhaustive.

Citons tout de même les applications mobiles comme Yammer qui permettent d'accéder au réseau social d'entreprise en mobilité, que l'on soit au domicile ou dans les transports.

Microsoft offre à lui seul une panoplie d'outils utilisables en mobilité pour tout type d'appareil, depuis la suite bureautique (Word, Excel, ...), jusqu'à Lync (messagerie instantanée). L'éditeur a en effet positionné l'accès en mobilité comme axe majeur de sa stratégie de développement.

Mais au-delà des applications proposées par les grands éditeurs, les entreprises ne sont pas en reste pour inventer leurs propres usages et répondre à leurs propres besoins.

Les appareils de type téléphone intelligent et tablette sont bien adaptés pour couvrir les besoins métier des employés mobiles : agents techniques en intervention sur site, commerciaux en visite chez les clients. Pour ne citer que ces exemples.

J'ai travaillé en 2003 sur ce type d'application qui permettait aux techniciens en déplacement sur site de consulter toutes les informations utiles en interrogeant en temps réel le système métier via une interface très simple. Une fois leur intervention terminée, ils pouvaient saisir un compte rendu d'information rapide, qui partait directement dans le SI métier. Le tout avec le téléphone à clapet Nec21 de l'époque !

Certaines entreprises investissent sur l'intranet mobile et en font un usage complet couvrant à la fois le Corporate et le collaboratif.

En illustration, citons l'application **B.desk** de Bouygues Telecom qui a été inventée en 2011 par **Guillaume FOLTRAN**[30] : il n'avait eu le premier iPad dans les mains que 4 mois plus tôt, directement importé des USA !

Développée en interne par une formidable équipe[31], cette application disponible sur téléphones et tablettes (Android et iOS) intègre tous les services et données utiles de l'entreprise :

- *les nouvelles de l'entreprise,*
- *l'accès aux documents SharePoint,*
- *l'accès au réseau social d'entreprise,*
- *l'accès aux vidéos du « YouTube interne » d'entreprise,*
- *l'accès aux notes, aux blogs,*
- *et bien sûr l'accès à l'annuaire.*

Cette réalisation a été récompensée en 2013 par deux prix consécutifs : le **Prix Intranet Innovation Award** et le **prix CEGOS / entreprises & carrière** remis à l'équipe Bouygues Telecom par Zyrieb Marouf, directeur Applicatifs RH & RSE d'orange, et président de l'Observatoire des Réseaux Sociaux d'Entreprise, fondé en Juin 2010.

---

[30] Guillaume FOLTRAN était mon responsable hiérarchique de 2008 à 2015

[31] Sébastien ROGER, Nicolas MOTRON, Christophe DE LA BARRE, Olivier LE NOAN, Bruno CABRIE, Elodie ANNEQUIN, Daniel COHEN-SALMON, Johan IBOLD, Omar BENHOUNA

LES ENJEUX

Encore aujourd'hui, les décideurs voient dans l'Intranet mobile quelque chose pour se faire plaisir ou simplement pour être dans l'ère du temps. Ça va bien au-delà de ça.

L'accès à l'intranet, pour tous

L'intranet mobile est une des solutions pour permettre à tous les employés d'avoir les moyens d'accéder aux outils et aux informations officielles de l'entreprise.

Rappelez-vous que dans une entreprise, tout le monde n'a pas à sa disposition un ordinateur, une connexion sur le réseau de l'entreprise, une table et une chaise.

C'est notamment le cas des ouvriers. Pour eux, l'entreprise met souvent à disposition un poste en libre-service, dans un couloir. Mais l'utiliser dans de telles conditions n'est pas simple, d'autant que les ouvriers postés ont des contraintes d'horaire que n'ont pas les cadres. Leur possibilité pour se connecter est donc très réduite, d'autant plus réduite que souvent peu utilisée, la machine prend la poussière et est régulièrement en panne.

L'intranet mobile est une solution élégante pour solutionner ce problème, en apportant à tous les collaborateurs un accès aux mêmes informations sans investir dans du matériel puisque ce sont les appareils personnels qui sont utilisés.

Une question d'image

Si vous avez des commerciaux dans votre entreprise qui vont au contact des clients, la question de l'image est prépondérante. Les tablettes offrent aujourd'hui des possibilités qu'il vous faut absolument explorer.

Face au client, une tablette apporte un plus indéniable par rapport à un vieux PC sorti du fond d'une sacoche, ou pire, face à un vieux cahier d'école accompagné d'un classeur aux feuilles froissées.

Restent à trouver l'usage que les commerciaux pourront en faire car l'idée est bien entendu que la tablette soit utile. Il ne suffit pas qu'elle brille.

Vous avez plusieurs pistes à creuser sur ce sujet, de la solution la plus simple à la plus complexe techniquement.

Le plus simple, ce sont les supports de présentation qu'il est possible de visionner en très bonne qualité sur une tablette. A une condition, que cette présentation soit de bonne facture (design). Si vous présentez un Powerpoint qui ne ressemble à rien, vous ruinez l'impact en image que la tablette peut vous donner.

Le plus complexe, c'est l'application commerciale à développer qui permettra au commercial, devant son client, de consulter les stocks ou de faire le devis. Pour cela, une bonne connexion internet en mobilité est nécessaire. Un petit « galet 4G[32] » fera merveille.

Réduire l'écart pro / perso

Comme je l'ai expliqué précédement, un fossé s'est creusé, plus ou moins profond selon les entreprises, entre la vie digitale personnelle des employés et leur vie digitale professionnelle.

Au bureau, on demande aux employés de faire le ménage sur leur espace de stockage de 1 Go alors qu'à la maison ils peuvent aligner 4 To et même plus pour quelques centaines d'euros. Au bureau, on les oblige à utiliser Internet Explorer 8 alors qu'ils ont la toute dernière version de Chrome à la maison. Les exemples sont nombreux.

Et aujourd'hui, vos employés sont mobiles dans l'âme par leur utilisation intensive des téléphones iOS, Android ou Windows phone.

Ils n'utilisent d'ailleurs pas que les téléphones. Les familles sont de plus en plus nombreuses à être équipées de tablettes ; les ventes de ce type d'appareil dépassent même celles des ordinateurs portables.

Vos employés sont donc mobiles et ils n'ont pas attendu leur entreprise pour le devenir. L'avantage qu'il faut y voir, c'est que ces employés sont rompus à l'utilisation des applications mobiles pour ce type d'appareils et surtout qu'ils en sont équipés!

Tout ceci offre de belles opportunités. Le risque de ne pas les exploiter, serait de creuser d'avantage le fossé qui sépare leur vite digitale personnelle mobile de leur vie digitale professionnelle uniquement sédentaire.

---

[32] Je vous recommande la 4G de Bouygues Telecom ☺

Gagner en confort d'utilisation

Evoquer le fait de travailler le soir, après le travail, c'est mal. Syndicats et directions s'accordent sur le principe de préserver la vie familiale et de faire en sorte que la sphère professionnelle ne déborde pas sur la sphère personnelle. Même si la sphère personnelle, elle, déborde allègrement sur la sphère professionnelle (*visites sur Facebook ou sur d'autres sites pendant les heures de travail*).

Une fois que l'on a dit cela, on peut parler de la réalité. Et la réalité, sans aller jusqu'à travailler en nocturne le soir dans son lit pour terminer un dossier urgent, c'est parfois simplement d'avoir une idée pour son travail, ou de vouloir consulter une information (*ses droits en jour de congés par exemple*).

L'intranet mobile, c'est donner la possibilité aux employés de faire ces petites actions simples sans effort, en utilisant un appareil toujours accessible, qui ne réclame aucun délai de démarrage. C'est d'ailleurs autant utile le soir à la maison qu'au bureau.

Faciliter l'accès aux indicateurs de l'entreprise

Voici un levier majeur pour que l'entreprise accepte d'investir dans l'intranet mobile : permettre aux managers d'accéder rapidement et simplement aux indicateurs de l'entreprise.

Dans la plupart des métiers, ils gardent un œil inquiet sur les indicateurs de leur domaine de responsabilité : le nombre de clients en temps réel, le chiffre d'affaire, le taux de charge des chaînes de production, etc. Ces données s'appuient sur des Datamarts puissants (bases de données) mais qui n'offrent pas tout le temps des conditions optimales de consultation.

L'intranet mobile a une carte à jouer dans ce domaine en offrant aux responsables une possibilité de consulter de manière fluide et efficace les diagrammes, tableaux et autres graphiques produits par leur système d'information, sur leur téléphone ou sur leur tablette.

Cet usage est un bon moyen pour sensibiliser le management aux gains apportés par ces solutions et autoriser ainsi d'autres expérimentations du même type.

Une première approche du BYOD

La plupart des employés sont mieux équipés à la maison qu'au bureau. Ordinateur vieillot et poussif dans l'entreprise et tablette Surface Pro 3 performant à la maison.

Le BOYD (*Bring Your Own Device – apporter son propre matériel*), c'est la possibilité offerte aux employés d'utiliser leur propre matériel pour travailler. Moyennant une subvention, l'employé pourrait être propriétaire de son ordinateur de travail qu'il utilisera à la fois dans le cadre de sa vie personnelle et professionnelle.

Le BYOD, c'est simple à expliquer mais c'est beaucoup moins facile à faire. Les questions d'ordre sécuritaire sont énormes, les moyens techniques coûteux (machines virtuelles, ...) et les impacts nombreux sur tous les domaines. Par contre, pour les téléphones intelligents et les tablettes, le sujet est beaucoup plus facile à adresser.

L'intranet mobile, c'est donc un premier pas vers ce BYOD qu'explorent les entreprises. Un moyen plus simple et plus sécurisé de faire une première expérience et d'en mesurer la difficulté.

LES CONTRAINTES

Rien n'est simple en ce bas monde et l'Intranet mobile pas plus que le reste. Déployer des services d'intranet mobile suppose quelques contraintes ou du moins, quelques questions à se poser. Je ne vais ici en aborder que quelques-uns.

Sécurité

L'écueil principal, le frein de l'Intranet mobile au sein des grandes entreprises ce sont avant tout les questions liées à la sécurité.

Offrir l'accès au Système d'Information de l'entreprise depuis un téléphone ou une tablette personnelle, c'est créer une nouvelle porte sur le SI que l'entreprise contrôle un peu moins bien puisque ces services sont accessibles depuis des appareils personnels sur lesquels elle a moins d'emprise.

Pour pallier ce problème, l'entreprise peut être tentée de vouloir imposer des contraintes sur ce fameux appareil personnel (*en déployant des solutions de MDM – Mobile Device Management*) ce qui est désormais possible avec les nouvelles solutions, en créant une bulle professionnelle sans interférence avec les données et applications privées.

Je pourrais vous dire que les RSSI sont paranos et que ces risques sont des leurres, mais ce ne serait pas exact.

Téléphones et tablettes sont des appareils petits, faciles à perdre ou à voler. Ces appareils peuvent très vite se retrouver dans de mauvaises mains.

Le souci c'est que tous les utilisateurs de ces appareils ne font pas l'effort d'en sécuriser l'accès (*avec un mot de passe, un dessin de sécurité, un empreinte digitale, …*). Si les services et données sont en accès libre sans saisie d'un « code PIN » propre, toute personne qui trouve votre smartphone dans le bus peut aller consulter vos mails professionnels ou accéder à votre Intranet mobile.

Sans aller jusqu'au vol, il y a des anecdotes amusantes dans les services informatiques des grandes entreprises, tel cet utilisateur qui avait mobilisé le support bureautique sur un problème de messagerie : ses mails et ses contacts professionnels disparaissaient régulièrement de sa messagerie, sans qu'il ne sache pourquoi. Après investigation, il s'était avéré que cet employé avant acheté un nouvel iPhone et avait donné son précédent téléphone à son jeune fils, en omettant de le réinitialiser totalement. Résultat : le jeune garçon tentait chaque jour de faire du ménage dans les contacts du téléphone en supprimant ces noms qu'il ne connaissait pas mais qui revenaient chaque jour (*son père les rajoutait dans sa liste de contact en parallèle*). Et il supprimait les messages indésirables qu'il voyait dans la boîte de réception de son téléphone : c'étaient en fait les messages électroniques professionnels que son père recevait dans sa boîte de messagerie.

S'il fallait retenir une chose, c'est que la saisie d'un code PIN régulier sur les applications de l'Intranet mobile est une nécessité. Mais elle a un prix : celle de réduire la facilité d'usage.

Design

Design et Intranet mobile vont de pair, pour tout un tas de raison.

La première, c'est que c'est ce qu'attendent vos utilisateurs. Prenez les applications mobiles sur iPad et iPhone : il est très rare de trouver des applications qui ne soient pas soignées graphiquement.

Vos utilisateurs déjà équipés en téléphones et tablettes ont l'habitude de cette qualité graphique sur ces appareils. Si vous ne fournissez pas la même qualité vous allez décevoir d'emblée même si techniquement le service que vous offrez est parfait.

Mon conseil : ne faites pas l'économie sur ce point, et investissez sur l'aspect graphique de vos applications mobiles.

Développement & plateformes

Il existe plusieurs façons de faire de l'intranet mobile : les applications Web ou les applications mobiles.

Les applications Web

Les applications Web ou « Web Apps » sont des applications construites avec les technologies Web « classiques », avec du HTML pour faire simple. Ces applications mobiles Web sont « taillées » (*en dimension, en ergonomie et en fonctionnalités*) pour les téléphones et tablettes.

Elles sont généralement en « responsive design ». Autrement dit la disposition des champs et la structure des pages s'adapte au type d'écran et à tous les modèles : une seule application pour tous les appareils qu'ils soient iOS, Android ou Windows Phone.

L'avantage c'est d'éviter toutes les difficultés du mode « application mobile » dont je vais parler dans le point suivant.

Ce mode laisse aussi ces réalisations mobiles à la portée de votre équipe Web déjà existante, sans les obliger à se spécialiser iOS, Android ou Windows Phone.

Il y a aussi des inconvénients. En particulier, il n'est pas possible « d'embarquer » dans l'application des données qui pourront y être stockées et cryptées, par exemple pour renforcer l'authentification (*mot de passe crypté*) ou pour lire des données en mode déconnecté. En termes d'usage, il y aura également des limites par rapport à une application dédiée.

Les applications mobiles

Pour savoir ce qu'est une application, il vous suffit d'aller dans votre téléphone ou votre tablette. Tout ce que vous installez depuis le magasin en ligne (ou « store ») ce sont des applications qui se téléchargent sur votre appareil et s'installent.

Opter pour des applications mobiles ouvre un champ des possibles fonctionnel beaucoup plus large, avec des fonctions plus riches et des performances d'affichage améliorées.

Mais c'est aussi un vrai investissement. Les compétences techniques requises ne sont pas les mêmes que pour votre intranet classique. Rien d'insurmontable pour un profil développeur expérimenté, mais une montée en compétence sera requise avant d'être pleinement compétent.

Surtout, il faudra créer des versions d'une même application pour chaque système : une version pour iOS (Apple), une version pour Android (de nombreux téléphones et tablettes compatibles), une version pour Windows Phone (Nokia et quelques autres).

Mais ce n'est pas tout : une fois vos applications créées, il faudra les rendre disponibles aux utilisateurs pour qu'ils puissent les installer.

La création d'un magasin privé s'avèrera indispensable pour permettre aux utilisateurs de pouvoir choisir leurs applications intranet mobile et les installer sur leurs appareils mobiles personnels. Pas simple.

En termes de coût de développement et de maintenance, on ne parle plus de la même chose. Mais en termes d'usage, c'est incomparable.

LES OPPORTUNITES DU CLOUD

Si vous pensez digital interne, vous devez penser usages. Si vous pensez usages, vous serez obligé de penser outil. Si vous pensez outil, vous devrez penser hébergement. Si vous pensez hébergement, vous devrez penser Cloud. Ou pas.

Le Cloud a apporté une vraie révolution dans la manière d'aborder les services ou les hébergements d'applications. Il apporte des opportunités sans précédent aux petites, moyennes, grandes et très grandes entreprises.

Le Cloud pose aussi question et nécessite de faire des choix et des compromis sur des choses factuelles et sur d'autres sujets qui relèvent parfois du fantasme.

Il existe des ouvrages complets dédiés au sujet; mon ambition n'est donc pas d'entrer dans les détails mais juste de montrer comment le Cloud peut vous aider dans l'approche du Digital Interne au sein de votre entreprise, notamment au travers d'Office 365, le Cloud professionnel vu par Microsoft.

LE CLOUD, C'EST QUOI ?

Le mot « Cloud » est sur toutes les lèvres dans les DSI du monde entier. Il révolutionne l'architecture informatique des entreprises et des services. Ce n'est pourtant pas quelque chose de nouveau : son concept général est connu depuis 1950. Mais le développement d'internet, des réseaux à haut débit et les innovations techniques ont donné un coup d'accélérateur sans précédent au concept au cours de ces dernières années.

De façon résumée et vulgarisée, le concept du Cloud repose sur la mise à disposition d'infrastructures ou de services « clés en mains » par des opérateurs pour offrir un service, des espaces de stockage ou des environnements d'hébergement d'applications.

Le Cloud pour les infrastructures

Si vous travaillez dans le domaine des intranets en qualité de maîtrise d'œuvre, vous avez du connaître l'angoisse du jour de mise en service de votre nouveau portail Intranet.

Après un « *teasing* » (campagne d'information « aguichante ») aux petits oignons orchestré par une Com'interne décidemment débordante d'idées, vos utilisateurs sont chauds bouillants pour se ruer, le jour J et l'heure H sur le nouveau portail et partir à sa découverte.

Petit problème, votre infrastructure n'est pas forcément dimensionnée pour accueillir tout le monde au même moment. Conséquence : le risque que vos serveurs s'écroulent n'est pas nul et avec eux, votre réputation de maîtrise d'œuvre.

Dans une configuration « normale » d'architecture technique, il est compliqué d'apporter une solution à ce type de problème. Ajouter des serveurs physiques pour tenir la charge, ça demande un certain temps (*de quelques jours à quelques semaines, voire quelques mois selon la réactivité et le bon vouloir des équipes techniques*), un certain coût et un vrai effort de la part de l'équipe en charge des infrastructures. Tout ça pour seulement un besoin d'un jour ou deux.

Aujourd'hui, des opérateurs (Microsoft, Amazon et bien d'autres) proposent des infrastructures « *sur mesure et sur demande*» pour tout type de projet, que ce soit votre petit projet Web ou même tout ou partie d'une infrastructure technique du Système d'Information métier d'une grande entreprise technologique (un opérateur téléphonique, par exemple).

Ces infrastructures apparaissent au sein de votre entreprise comme si elles étaient internalisées, de la même manière que si elles étaient dans vos propres centres de calcul.

Elles reposent sur la « virtualisation », qui permet d'obtenir en quelques minutes et en quelques clics, au travers d'une simple console affichée dans une page Web, de la puissance de traitement supplémentaire ou du stockage.

Vous mettez en ligne votre nouvel Intranet ? Pour éviter des problèmes dus à la charge provoquée par l'effet de découverte, en quelques clics, vous pourrez augmenter la puissance ou le nombre de serveur, le temps de passer l'effet de découverte.

Au-delà des économies d'échelle que l'entreprise fait en « sortant » ses infrastructures de l'entreprise (*plus de centres de données à entretenir, d'équipes pour installer, maintenir, intervenir, …*), ces services offrent une réactivité qu'il est difficile d'égaler.

Le Cloud pour les services

De plus en plus d'applications sont aujourd'hui disponibles au travers d'offres « Cloud » uniquement.

Le plus célèbre d'entre eux et l'un des premiers, c'est Salesforce, précurseur du Cloud Computing, créé en 1999. Ce progiciel qui s'est imposé sur le marché n'est pas un produit qui peut s'installer sur vos machines d'entreprises. L'application fonctionne sur les serveurs de l'éditeur et est accessible via une connexion internet.

Microsoft propose également depuis 2011 son offre Office 365 sous forme d'un service Cloud accessible uniquement via Internet. Sans rien installer dans votre entreprise, vous pouvez bénéficier de SharePoint mais aussi de la messagerie, de Lync. J'en parle dans la suite de ce chapitre.

Le cloud pour les données (fichiers)

Le stockage de fichiers était il y a encore peu la fonctionnalité informatique la plus basique qui soit. Un serveur de fichier, un partage et l'affaire était faite.

Aujourd'hui, le stockage de fichier est un vrai service et c'est même un service de plus en plus riche fonctionnellement, de plus en plus important pour vos employés.

Plusieurs facteurs ont contribué au besoin de proposer un centre de stockage unique, accessible de partout :

- **La multiplicité des appareils** : vos employés ont maintenant plusieurs appareils capables de lire des fichiers (*fichiers bureautique, images*), tels que téléphones, Phablettes, Tablettes, portables, postes fixes, ... Il est bien souvent utile de pouvoir consulter des documents avec certains appareils et les écrire avec d'autres, plus adaptés.

- **La mobilité** : en réunion, en déplacements professionnels (les commerciaux par exemple), pendant le temps de transport ou à la maison, accéder aux documents est souvent bien utile et efficace.

- **Le partage** : il est souvent difficile de partager de lourds fichiers. Le partage d'un dossier privé, via des invitations ou des URL sécurisées rend de grands services.

- **La sauvegarde** : les services bureautiques connaissent la complexité de la gestion des sauvegardes des postes des utilisateurs. Les solutions Cloud de stockage des fichiers apportent une bonne réponse à cette complexité puisque les fichiers sont d'emblée sauvegardés.

- ...

Les solutions de stockage en ligne sont nombreuses et variées. On peut citer DropBox, créé en 2007 par un étudiant qui en avait marre d'oublier sa clé d'USB ou toutes les autres solutions proposées aujourd'hui par les plus grands acteurs : Google (Google Docs), Apple (iCloud), Microsoft (OneDrive), mais aussi la plupart des opérateurs Telecom ou d'autres sociétés.

LE CLOUD, VU PAR MICROSOFT

J'ai hésité à ajouter ce petit paragraphe sur le « Cloud vu par Microsoft », de peur que ça ne soit perçu comme une vulgaire promotion.

Mais plus j'y ai réfléchi et plus je me suis dit qu'il fallait faire un focus sur ce sujet, tout simplement parce que Microsoft est l'un des acteurs les plus impliqués dans la vie digitale des employés des entreprises du monde entier et parce que leur approche du Cloud est intéressante à plus d'un titre.

La stratégie « Cloud first » de Microsoft

Depuis 2011, Microsoft propose une offre « Cloud » appelée Office 365. Cette orientation « Cloud first » devient de plus en plus l'orientation prioritaire de l'entreprise. Cette priorité a encore une fois été rappelée lors des Tech-Days de février 2015.

Cette stratégie se traduit par des priorités affichées pour l'innovation des fonctionnalités dans le Cloud, en priorité.

- Certaines nouvelles fonctionnalités sont donc uniquement accessibles aux offres « Cloud », tel que le portail vidéo interne ou Delve, qui ne pourront pas être installées sur des infrastructures internalisées dans l'entreprise ;

- C'est également le cas pour Yammer, qui reste un outil exclusivement utilisable sur le Cloud, via Internet, et qui est l'orientation actuelle de Microsoft en matière d'outil de Réseau Social d'Entreprise ;

- Cela sous-entend que certaines fonctionnalités natives de SharePoint n'évolueront plus pour laisser le champ libre aux fonctionnalités disponibles avec le Cloud (le flux d'actualité de SharePoint 2013 par exemple)

Cette orientation est importante à connaître et à comprendre, parce qu'elle peut permettre de guider une réflexion sur la stratégie que vous allez choisir pour déployer votre digital interne (pérennité de vos choix par exemple).

L'offre Office 365

L'objet ici n'est pas de vous faire l'article sur Office 365 ; si vous êtes intéressés un minimum, vous prendrez le soin vous-même de regarder les explications sur le site de Microsoft ou sur d'autres sites donnant des conseils et des retours d'expériences sur ces technologies.

La seule chose à retenir, c'est qu'Office 365, ce sont plusieurs offres destinées aux TPE / PME, ou aux grandes entreprises. Selon l'offre retenue, vous pouvez bénéficier des fonctionnalités suivantes:

- **Les applications bureautiques de la suite Office** avec plusieurs licences pour chaque utilisateur, pour ses différents appareils (tablettes, téléphones intelligents, PC), autant pour son usage professionnel que personnel (familial). C'est une orientation intéressante à noter parce que ce choix contribue à combler le fossé digital entre la sphère professionnelle et personnelle. Elle marque l'orientation « mobile first » de la firme.

- **Une offre OneDrive** pour le stockage des fichiers, d'un téra octets de stockage (et bientôt rendue illimitée) pour les fichiers personnels de l'utilisateur qu'il pourra partager facilement avec d'autres utilisateurs ;

- **Des solutions de communication** avec la messagerie, les calendriers, les conférences en ligne, la messagerie instantanée avec Lync, la téléphonie sur IP, la messagerie vocale (*les messages du répondeur intégrés dans des mails*) ;

- **L'outil SharePoint en ligne** (version 2013), pour tous les besoins de sites collaboratifs, pour le partage des documents ou de tout autre type d'informations, mais aussi pour mettre en place des portails Web métier, de direction ou d'équipe ;

- **Un moteur de recherche d'entreprise,** pour chercher dans les sites SharePoint ou dans d'autres ressources hébergées dans Azure ;

- **Une solution de Réseau Social d'Entreprise avec Yammer** intégrée dans l'offre globale ;

- **Un portail vidéo** pour le partage de vidéos internes à l'entreprise, solution idéale pour accompagner la communication interne et les formations ;

- **La solution Delve** pour la découverte de nouveaux contenus et la recherche sociale ;

- **Le décisionnel** avec Power BI pour Office 365, couplé à Excel ;

- …

Le digital interne, intégralement couvert par Office 365

Si j'ai pris le temps ici de balayer rapidement les fonctionnalités couvertes par Office 365, c'est pour montrer une particularité du produit assez unique sur le marché : celui de **couvrir tout le digital interne** tel que je le conçois et tel que je l'ai décrit tout au long de ce livre.

Office 365 couvre toutes les fonctionnalités que j'ai évoquées dans les précédents chapitres :

- *les portails intranet & vidéo (SharePoint et portail vidéo)*
- *le collaboratif (SharePoint, OneDrive, ...)*
- *le Réseau Social d'Entreprise (Yammer)*
- *la recherche d'entreprise (Fast et Delve)*
- *les communications digitales (Lync, téléphonie IP, téléconférence, ...)*
- *la mobilité (téléphones intelligents et tablettes)*

C'est un point important à souligner, parce qu'Office 365 est souvent perçu de façon réducteur comme une solution « en ligne » pour SharePoint par exemple, lui-même considéré comme une seule solution améliorée de serveurs de fichiers.

C'est en fait une solution « clé en main » pour déployer toutes les briques du digital interne, sans s'engager dans des projets techniques de grande ampleur.

Choix d'architecture & accompagnement

Reste que la transition vers le Cloud n'a rien de magique. Une fois la licence acquise, le service ne se déploie pas dans toute l'entreprise et pour tous les collaborateurs en un claquement de doigt.

Passer par exemple de votre ancienne messagerie maison à la messagerie prise en charge par Office 365 n'est pas une étape à prendre à la légère.

Des choix doivent également être faits en termes d'architecture, entre des orientations 100% Cloud ou hybrides, avec des données dans Office 365 ou sur Azure (l'*offre Cloud orientée développement de Microsoft*) ou même OnPremise (*sur votre propre architecture*).

Bref, tout ceci n'est pas simple et l'accompagnement d'un expert peut être d'une grande aide pour accélérer les choses.

Rendre le collaboratif accessible à tous

Je suis bénévole pour une association d'un millier de membres, tous Séniors & retraités. L'association fédère une vingtaine de clubs d'activité et propose différents services aux personnes âgées d'une ville du Nord de la France, Cambrai (ma ville natale).

Un jour, je recherchais une solution pour les aider à gérer le millier de membres. Nous avions acheté un logiciel dédié aux associations, mais il s'est vite avéré trop complexe. Et surtout, installé sur un seul ordinateur, il ne permettait pas à plusieurs personnes de mettre à jour la liste des adhérents.

J'ai alors pensé à Office 365 et en cherchant bien, j'ai découvert qu'il existait une offre spéciale « associations » ; les licences sont offertes pour les associations répondant à des critères bien précis.

J'ai réalisé les démarches et j'ai mis en place un site SharePoint Online avec des listes structurées pour gérer la liste des membres et les documents utilisés par le bureau.

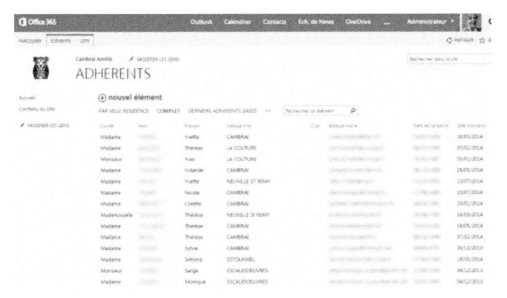

Vue d'un des « affichages » de la liste des adhérents

Désormais, les 3 personnes du bureau (70 ans de moyenne d'âge, donc pas vraiment des Générations Y) utilisent SharePoint pour gérer les membres de l'association et les documents. Elles sont ravies, parce que cette solution est simple, parfaitement adaptée à leurs (simples) besoins et accessible à plusieurs personnes depuis un simple ordinateur sans aucun logiciel à installer.

Cette anecdote fait juste prendre conscience d'une chose : c'est qu'avec Office 365, une toute petite structure est désormais capable de mettre en œuvre des usages jadis réservés aux seules grandes entreprises capables de s'offrir des équipes de spécialistes. C'est bien là une des révolutions des solutions Cloud, comme Office 365.

LA SECURITE

Le Cloud suscite encore de vifs débats sur le thème de la sécurité.

C'est un fait : un système d'information « maison » hébergé dans les murs de l'entreprise, c'est plus rassurant (théoriquement). Ses ressources ne sont accessibles que par des personnes connectées au réseau interne de l'entreprise. Il y a ce côté protecteur, même si c'est souvent très illusoire.

Affaire Snowden et compagnie

Adopter le Cloud, c'est accepter l'idée que les données et les applications de l'entreprise sont « ailleurs », peut-être même dans un autre pays.

L'affaire Snowden en 2013 a semé un gros doute sur la confiance que les entreprises peuvent avoir dans le Cloud. Soudain, on réalisait que potentiellement les Américains peuvent jeter un petit coup d'œil à nos données. Ça peut être troublant si votre entreprise est en concurrence avec des entreprises américaines. Dans le cas contraire, ...

La réaction face au Cloud diffère selon les pays. Patrick Guimonet m'indiquait qu'au Canada, par exemple, il y a de grosses réticences sur ce sujet, en particulier à cause de lois interdisant la sortie de données confidentielles du territoire.

La solution pour vos extranets

Pourtant, le Cloud pourrait apporter un élément de sécurité supplémentaire à celle que votre entreprise pourrait proposer.

Si vous souhaitez proposer, avec votre SharePoint « dans vos locaux » des accès à des utilisateurs externes, mieux vaut avoir de bons experts pour le faire car éviter les failles de sécurité n'est pas chose facile.

La solution Cloud, comme Office 365, offre au moins cette garantie, avec une exigence de sécurité que votre entreprise aurait beaucoup de mal à égaler. Inviter des personnes extérieures sur votre site ou vos documents devient une action simple et sécurisée.

CONDUIRE LA DIGITALISATION

Le nombre de pages de cet ouvrage montre que le sujet de la Digitalisation est riche, dense, complet et parfois complexe, même si paradoxalement les usages se veulent simples.

Le digital interne, qu'on réduit souvent à la simple page d'accueil du portail d'entreprise, s'avère finalement être un ensemble d'outils qui se voudraient cohérents entre eux et orientés productivité.

Justement, je ne voulais pas terminer ce livre sans vous donner un liant entre tous ces chapitres.

Ce dernier chapitre est une synthèse de tout ce que j'ai pu expliquer dans les pages précédentes. J'ai essayé d'y rassembler tous les principaux messages et conseils que je pense être importants.

L'objectif est surtout de montrer l'importance d'aborder le digital interne dans sa globalité et non pas outil par outil.

DEVELOPPEZ UNE VRAIE AMBITION !

Déployer le digital interne au sein d'une entreprise n'a rien de comparable avec le déploiement d'une nouvelle version de messagerie ou de la suite office.

Le digital interne, ce ne sont pas que quelques outils, ce n'est pas qu'un projet IT. C'est surtout un changement dans les habitudes de travail des employés, et c'est ça qui est complexe parce que ces habitudes ont été acquises sur les vingt dernières années.

Ce n'est pas un changement qui touche une seule direction, mais c'est un changement qui touche toute l'entreprise, tous les métiers, à tous les échelons et dans l'idéal, en même temps ; nous en reparlerons dans les pages suivantes.

Avant de bouger quoi que ce soit, mieux vaut donc être bien convaincu des enjeux et des gains que l'entreprise va en tirer pour en accepter les efforts.

Seule une vraie ambition, pleine et sans réserve peut permettre de réussir cette mutation digitale.

Le sponsoring de la direction générale, sur ce sujet, est capital.

ADOPTEZ UNE APPROCHE GLOBALE !

A mon sens, on parle aujourd'hui plus du Réseau Social d'Entreprise qu'on a parlé en son temps du collaboratif lorsque SharePoint a percé dans les entreprises.

Le Réseau social d'entreprise mobilise toute la bande passante des décideurs, séduits par les promesses « d'intelligence collective » et de « transversalité ».

Tout cela, au risque d'oublier que le RSE ne fait pas tout et au risque de croire à tort que les outils collaboratifs comme SharePoint sont dépassés & obsolètes par rapport au RSE, alors qu'en réalité, ils sont complémentaires.

Ce que j'ai essayé de faire tout au long de ce livre c'est de montrer que le digital interne ce n'est pas un outil, mais que ce sont surtout des usages, que plusieurs outils combinés rendent possibles et qui contribuent tous à leur niveau à l'amélioration de l'efficacité de l'entreprise.

Il faut donc envisager la digitalisation d'une entreprise sous l'angle de cette globalité et pas seulement sous l'angle d'un seul outil en vogue, comme pourrait l'être le RSE.

Ces outils du digital interne c'est bien sûr le réseau social d'entreprise, mais c'est aussi SharePoint sous tous ses usages (*et pas uniquement documentaires*). C'est aussi le portail intranet de l'entreprise qui permet de fédérer données et services.

Mais c'est aussi des outils plus "bassement" bureautiques, comme la messagerie, Lync (*messagerie instantanée*), la suite bureautique (O*ffice pour rester dans la gamme Microsoft*). Tout simplement parce que ces outils se connectent à tout le reste et participent au même titre à l'efficacité individuelle et collective.

Mais du coup, c'est compliqué car rares sont les professionnels qui ont une vue globale et une expérience sur tous ces sujets pour réussir à vous accompagner dans cette voie.

Et le vrai problème, c'est que les entreprises ne sont pas organisées pour permettre cette approche globale.

Pour vous en convaincre, regardez votre organisation sur ces sujets. Que voyez-vous ?

- Souvent, vous voyez un responsable bureautique, en charge des outils sur le poste (*pack Office, Lync, messagerie, poste client*, ...), qui est seul maître sur son périmètre de responsabilité.

Par exemple, c'est lui qui décidera unilatéralement qu'Internet Explorer 8 c'est bien suffisant et que le passage à une version plus moderne ne justifie pas les problèmes qu'il aura à régler.

- Vous verrez certainement un responsable SharePoint. C'est souvent un homme (*ou une femme*) de l'IT qui a une vision très orientée infra de SharePoint, sans réelle approche des usages. D'ailleurs il n'est souvent même pas utilisateur lui-même, ou si peu.

  Parfois il existe même plusieurs versions de SharePoint (*on premises, online*), avec un responsable différent par version qui ne se parlent pas forcément. Bonjour l'uniformité.

- Vous verrez sans aucun doute également le responsable de l'Intranet Corporate, ce fameux portail d'entreprise qui est censé apporter une porte d'entrée à tout cet écosystème hétérogène.

  Ce responsable aura probablement une vision Entreprise orientée « *communication interne* » et non productivité personnelle (*ce n'est pas son job après tout*), et jugera que SharePoint, décidemment, ce n'est pas sa tasse de thé.

- Et vous verrez enfin le responsable du réseau social d'entreprise dont l'objectif est de piquer des "parts de marché" aux autres outils intranet, pour prouver que le RSE devaient l'outil incontournable de l'entreprise, et que SharePoint, c'est « has been ».

Ce que j'essaie d'expliquer ici c'est que dans ce type d'organisation, chaque responsable gère son sujet comme une chasse gardée, sans objectif commun avec les autres responsables.

Pire, chacun peut être amené à gérer son propre pré-carré, en compétition parfois avec les autres équipes (*RSE vers SharePoint par exemple*).

Cette organisation, bien entendu, est parfaitement néfaste au déploiement d'un digital interne cohérent et efficace car tout est imbriqué, qu'on le veuille ou non :

- Le Réseau Social d'Entreprise est complémentaire des outils SharePoint. Parfois même, le RSE est porté par SharePoint. L'objet n'est donc pas que le RSE pique des « parts de marché » à SharePoint, ou inversement ;

- Les outils bureautiques du poste s'imbriquent dans les solutions collaboratives et en sont une sorte d'extension, autant dans la production du document que dans les fonctionnalités de communication (Lync). Il est impératif que le poste de travail soit cohérent avec les ambitions digitales. Déployer le digital interne sur Internet Explorer 7 ou 8, ça n'a pas de sens.

- L'intranet d'Entreprise doit être la porte d'entrée à l'ensemble et intégrer des fonctionnalités dans ce sens (*exemple : demande de création d'espace SharePoint ou de communautés RSE depuis la page d'accueil*). C'est le portail qui doit servir de liant entre toutes les briques. Il doit adopter une orientation « productivité personnelle », sans pour autant renier sa mission de communication d'entreprise.

- ...

Pour donner une cohérence à l'ensemble, un nouveau métier est né : le **CDO, Chief Digital Officer**. En théorie, il doit chapeauter tous ces services et leur donner une vraie cohérence.

Dans la réalité, cette vision « unifiée » du digital interne est encore rare dans les grandes entreprises, et le CDO se cantonne bien souvent au déploiement et à la gouvernance du seul Réseau Social d'Entreprise, sans intégrer toutes les autres dimensions que je viens d'évoquer.

TROUVEZ VOTRE EVANGELISTE !

J'avais écrit un billet plein d'humour, dans mon site Projets Informatiques.com sur ce rôle d'évangéliste du digital interne que j'avais dans ma précédente vie professionnelle.

C'est quoi un évangéliste ?

Évangéliste. Le mot n'est pas trop fort pour désigner celui qui tente d'accompagner l'entreprise dans sa rénovation digitale. Car la tâche n'est pas simple.

Par définition, l'évangéliste a la foi dans ce qu'il dit et dans ce qu'il fait. Mais la foi ne suffit pas : il faut qu'il ait l'expérience et la connaissance. Car sa foi repose sur ses propres constats des gains de ces solutions sur l'efficacité individuelle et collective et sur sa conviction bâtie sur ces constats. Il est forcément lui-même un grand utilisateur.

L'évangéliste a un besoin viscéral de partager "*la Bonne Nouvelle*" avec l'ensemble de l'entreprise. Pour cela, il va d'équipe en équipe, se fait inviter dans les réunions de direction. Bref il fait "la messe" sur le digital interne pour tenter de convertir le maximum d'employés.

Au fil des rencontres, il formera des disciples : d'autres personnes convaincues également qui mettront en œuvre les usages et les solutions, et qui en seront les meilleurs ambassadeurs.

Pour qu'une entreprise réussisse sa digitalisation je suis convaincu qu'il faut qu'elle identifie son évangéliste et qu'elle s'appuie sur lui pour ses conseils et son énergie.

L'évangéliste, c'est qui ?

A la base, c'est un utilisateur convaincu qui a su identifier des cas d'usage qui représentent de vrais gains d'efficacité. L'évangéliste est rarement un manager, ce qui pose souci d'ailleurs pour avoir du poids dans l'entreprise.

L'évangéliste doit savoir parler avec la même aisance aussi bien aux équipes opérationnelles qu'aux managers du top management. Il doit savoir inventer des cas d'usage, certes, mais il doit aussi savoir les présenter par la suite et en faire la promotion.

L'évangéliste sait garder le moral ; s'il est apprécié par les uns, il agace aussi ceux qui ne souhaitent pas vraiment que les choses changent.

Il doit être autant intéressé par la petite équipe de dix personnes qui cherchent à se digitaliser, que par la stratégie d'entreprise. Tout simplement parce que c'est en prenant soin des équipes qu'il imagine les usages, qu'il les améliore et qu'il bâtit une stratégie digitale pour l'entreprise.

MISEZ SUR LES USAGES !

Le confort et l'aide que les solutions pourront leur apporter dans leur vie professionnelle de tous les jours, c'est ce qui importe le plus pour vos employés.

N'ayez pas honte d'être très "*terre à terre*" lorsque vous parlez du réseau social d'entreprise, de SharePoint et de tous les usages que ces outils autorisent.

Avant de viser des gains qui n'apparaissent qu'en phase 3 du décollage du RSE (lire en page 203), sachez déjà intégrer ces usages dans le travail concret de tous les jours.

Sachez identifier au sein de votre entreprise les équipes pour lesquelles il sera efficace et pertinent de déployer des premiers cas d'usage. Il y a plusieurs critères qui feront d'une équipe une bonne candidate :

- des managers volontaires, demandeurs de solutions pouvant faciliter le travail de leurs équipes

- des interactions nombreuses de cette équipe avec d'autres équipes mais en mode "anarchique" (beaucoup de mails)

- des équipiers "bien câblés" qui acceptent d'essayer de nouvelles choses

Lancez des premières expérimentations avec des équipes pilotes. Accompagnez-les pour garantir le succès de l'expérience. Puis sachez exploiter cette success story auprès des autres équipes de l'entreprise.

IMPLIQUEZ TOUTE L'ENTREPRISE !

Le déploiement du digital interne au sein de l'entreprise n'est pas de la responsabilité de la seule direction informatique.

Ce ne sont pas des outils réservés aux seuls informaticiens ou aux geeks de l'entreprise. De même que ce n'est pas réservé aux jeunes représentants de la fameuse génération Y, censée comprendre et adopter ces nouveaux usages d'un claquement de doigt. Ce n'est pas non plus des outils réservés aux seuls opérationnels, les employés du fond de l'organigramme.

Le déploiement du digital interne (RSE et autres outils) concerne (vraiment) toute l'entreprise.

Impliquez toutes les directions dans le déploiement

Le succès du déploiement dépend de l'implication de toutes les directions.

La responsabilité de la DSI sur le seul point des infrastructures techniques est finalement très limitée face aux efforts à fournir pour réussir à faire adhérer les employés.

La Direction des Ressources humaines est en première ligne pour comprendre les enjeux et les impacts des usages sur l'entreprise et pour les accompagner (voir en page 226). Elle est également en première ligne pour réfléchir à l'intégration la plus intelligente du RSE dans l'entreprise, via les profils par exemple, mais aussi au travers de la politique RH de façon générale (objectifs individuels, etc.).

Toutes les grandes directions sont également responsables des efforts à fournir pour généraliser les usages au sein des équipes. Si l'ambition affichée des directions est de faciliter la transversalité, cette ambition doit être suivie d'effet, notamment en accompagnant activement le digital interne dans le travail des équipes. Pour cela, chaque top manager doit être lui-même convaincu, ce qui n'est pas toujours automatique.

Impliquez tous les employés

Pour que les usages du digital interne donnent toute leur efficacité, il faut qu'ils soient adoptés par le plus grand nombre. C'est le principe de la masse critique dont je parlais en page 200.

On n'imagine pas, par exemple, une équipe à deux vitesses : d'un côté les "digitaux" qui utiliseraient pleinement les nouveaux usages mis à leur disposition (RSE, sites SharePoint, …) et de l'autre leurs collègues "analogiques" qui refuseraient tout changement et resteraient cantonnés à l'usage exclusif du mail et du serveur de fichiers.

Il ne faut donc pas s'imaginer que l'on puisse privilégier une classe d'âge et en laisser une autre à la traîne, car comme disait Brassens, « le temps ne fait rien à l'affaire ». Il faut avoir une approche globale et bien comprendre que l'adhésion de tous est importante dans ce dispositif.

Impliquez le management pour qu'il soit exemplaire

L'implication des responsables à toutes les strates, depuis les plus hautes jusqu'aux plus basses, est une des clés de réussite du digital interne. Un message d'un haut responsable dans un Réseau Social d'Entreprise vaut mille supports de sensibilisation. Par quelques mots tapés dans une communauté, le dirigeant marque son adhésion à l'outil.

Il y a ensuite un effet domino, car les N-1 ne souhaiteront certainement pas être de reste et vont très probablement suivre l'exemple, ne serait-ce que pour montrer leur adhésion aux idées du chef (c'est humain). Et ainsi de suite.

Mais paradoxalement, ceux qui vont demander à leurs équipes de changer leurs habitudes de travail sont ceux qui ont le plus de mal à le faire pour eux-mêmes.

Il faut donc, comme tout utilisateur normal, qu'ils comprennent le sujet et qu'ils aient un intérêt réel à utiliser l'outil : poster pour poster, sans qu'il n'y ait d'intérêt, ce n'est pas une démarche très productive.

Une sensibilisation particulière des managers est donc à prévoir ainsi qu'un accompagnement spécifique pour définir avec eux les scénarii d'usage qui leur correspondront le mieux (communauté de direction par exemple).

SUSCITEZ L'ENTHOUSIASME !

J'ai pu l'évoquer à plusieurs reprises dans ce livre mais aussi dans mon précédent ouvrage.

Sachez être enthousiasmant dans ce que vous proposez à vos utilisateurs. Osez faire la rupture entre l'ancien mode de travail et le nouveau. Osez passer du vieil intranet moche qui ne ressemble à rien à un écosystème cohérent, simple et en accord avec les codes usuels d'Internet.

Osez surprendre, osez étonner ! Vous devez faire entrer vos utilisateurs dans ce nouvel écosystème digital par la grande porte. De cette manière vous marquerez bien l'entrée dans une nouvelle ère digitale.

Les leviers ? Soignez vos ergonomies, soignez l'aspect graphique de vos applications, simplifiez vos processus, osez le mobile !

Faire bien, ce n'est pas forcément du luxe

Contrairement à ce que vous pourriez penser, ça ne coûte pas forcément plus cher de faire beau et ergonomique.

Un site Intranet moche et mal foutu ne coûte pas forcément moins cher qu'un site bien pensé et esthétiquement agréable. C'est même souvent le contraire, car un site intranet beau et bien pensé est souvent réalisé par des passionnés qui réalisent le projet de manière plus agile, parce qu'ils sont plus impliqués et souvent plus autonomes.

Faire beau, faire ergonomique et simple, ce n'est pas qu'une question de budget, mais c'est surtout une question de posture de ceux qui ont la charge de concevoir et réaliser les solutions intranet. Il faut que ceux qui proposent ces services aient envie de « faire plaisir » à leurs utilisateurs.

Cette posture n'est pas la plus partagée dans les entreprises, sous couvert de processus ou d'économie. C'est pourtant un des leviers de séduction des utilisateurs et d'adoption de vos outils.

Osez la mobilité

J'en ai parlé en détail dans le chapitre consacré à l'Intranet mobile (en page 271) : les usages en mobilité sont aujourd'hui une composante essentielle du digital interne.

Le succès dans le grand public doit vous interpeler, car ces usages ont un fort écho dans votre entreprise sur l'efficacité de vos employés et leur confort de travail.

Les usages montrant l'intérêt des solutions mobiles dans l'entreprise existent. Leur mise en œuvre, si elle est bien orchestrée (agile, réactif, orientée simplicité) n'est pas forcément complexe.

La mise à disposition de ce type de service contribue largement à susciter cet enthousiasme recherché.

Misez sur le confort de travail et le bien être

J'adapte toujours mon discours aux personnes que j'ai en face de moi. Aux responsables, je parle productivité et efficacité. A leurs collaborateurs, je parle plutôt confort de travail et fluidité des échanges. Ce n'est pas de la démagogie, ce sont juste les effets constatés.

Dans le cadre de mes efforts d'évangélisation, j'ai eu l'occasion de rencontrer des employés déprimés par la quantité incroyable de mails à traiter et surtout par le côté « anarchique » de ces échanges.

Le tri des mails dans certaines circonstances extrêmes est un travail sans fin, avec l'impression de ne jamais les trier assez vite : c'est très anxiogène.

Après plusieurs années de travail en mode RSE / SharePoint, j'ai pu constater à quel point cette difficulté pouvait s'estomper, tout simplement parce qu'il n'y a plus de tri à faire.

Bien sûr, je reçois toujours des mails, mais les échanges importants qui touchent mon activité et mon métier transitent en quasi exclusivité par le Réseau Social d'Entreprise, ou par des sites SharePoint.

N'hésitez donc pas à mettre en avant cet aspect positif du digital interne, tout autant que l'amélioration de l'efficacité et de la productivité.

ACCOMPAGNEZ VOS EQUIPES !

La pire des choses à faire est de penser que la digitalisation de l'entreprise c'est avant tout une histoire d'outils et qu'une fois qu'ils sont disponibles, qu'il suffit aux équipes de les utiliser.

Le digital, ce n'est pas inné

Les outils sont une chose mais le plus important ce sont les usages, c'est la "*vie qu'on invente autour*" comme je l'expliquais en page 132.

Mais tout le monde n'a pas forcément la maturité pour identifier les usages et les adopter au sein d'une équipe. Il faut un certain recul sur le sujet, une vraie bonne connaissance des outils.

Ne pas accompagner les équipes c'est prendre le risque de les voir stagner, pendant des mois et des années, sans jamais vraiment faire décoller les usages. C'est surtout prendre le risque que des équipes utilisent mal les outils et les rejettent tout simplement parce qu'ils n'en ont pas trouvé les bons usages.

Enfin, c'est prendre le risque de multiplier les charges de prospection dans toute l'entreprise. Car au lieu d'investir dans quelques experts disponibles pour accompagner toutes les équipes de l'entreprise, chaque équipe missionnera un de ses membres à grand renfort de jours de charge, pour tenter de comprendre comment il faut utiliser ces sacrés nouveaux outils, souvent à pure perte.

De la sensibilisation, encore et toujours

C'est le rôle de l'évangéliste et de ses disciples, de hanter les réunions de direction, de département ou d'équipe.

Ces réunions sont parfaites pour faire passer les messages, parce que les employés sont captifs. Souvent même, ils sont heureux de vous entendre parler de quelque chose de différent, parce qu'ils auront assisté juste avant à une ou deux heures de slides bourrées de graphiques.

L'intervention de l'évangéliste doit arriver en milieu de réunion, comme une sorte d'intermède. Pour marquer les esprits, son intervention doit se démarquer : supports colorés, sobres, « classes », un peu d'humour, de grandes images, discours dynamiques, enthousiasmants.

L'évangéliste doit surtout venir avec des cas concrets, des exemples tirés de la vie réelle de l'entreprise. Il ne faut pas faire théorique, abstrait, compliqué, mais simple, pragmatique et réel.

Des jeux, pourquoi pas

La ludification (terme inspiré de l'anglais « gamification ») c'est le nom que l'on donne au fait d'utiliser les mécaniques du jeu pour présenter des concepts, des usages, qui n'ont pourtant, à la base, rien de ludique.

Des agences sont spécialisées sur ce marché et vous trouveront certainement d'excellentes idées de « jeu d'entreprise » qui auront pour but de faire d'accélérer des prises de conscience, par exemple sur les bienfaits de la collaboration.

Par contre, il faut que ça soit bien fait, bien adapté à la culture d'entreprise et à la population cible. Car l'outil est à double tranchant : mal conçu, le *serious game* pourrait conforter les incrédules dans l'inutilité du digital interne et dans la perte de temps que cela peut générer.

De l'accompagnement, surtout

J'ai déjà rencontré des équipes qui étaient très bien « câblées » (*posture, maturité 2.0, …*) pour intégrer les usages du digital interne dans leurs activités, mais il manquait la « *petite étincelle* » pour passer à la pratique. Cette étincelle, c'était simplement l'art et la manière d'utiliser les outils et de déployer les usages au sein de leur activité.

Je leur avais consacré un peu de mon temps, moins de deux jours, pour comprendre leur contexte et leurs besoins. Au cours de ces deux jours, j'ai créé des communautés pour certaines activités, des sites SharePoint pour d'autres. Avec eux, j'ai positionné les bonnes briques, au bon endroit et j'ai écrit avec eux l'histoire de leur travail de tous les jours avec ces outils.

En 2014, c'est ma talentueuse collaboratrice[33] qui a porté avec passion cette approche de la digitalisation des équipes, en aidant plusieurs dizaines d'équipes candidates. Cet accompagnement a de nombreux avantages :

- Elle met le pied à l'étrier aux équipes, en leur montrant rapidement la voie à suivre ;
- Elle économie aux équipes de trop longues et fastueuses recherches qui n'aboutissent souvent à rien ;
- Elle garantit les bons usages, et donc une meilleure chance d'appropriation ;

Par contre, ce type d'accompagnement ne doit pas être confié à n'importe qui. Je vous recommande le plus grand soin dans votre sélection des personnes qui seront en charge de ce travail.

La connaissance des outils est une condition nécessaire mais non suffisante. Les consultants doivent avoir d'autres talents complémentaires, comme l'écoute des besoins, la capacité de compréhension des contextes métier et une forte maturité collaborative.

Autrement dit, ce n'est pas une mission qu'il faut forcément confier à des débutants (sauf s'ils sont talentueux), qui auront certainement plus de mal qu'une personne plus expérimentée à comprendre les problématiques métier. Le profil recherché n'est pas non plus celui du développeur, ni de l'expert SharePoint côté architecte.

Il faut trouver le profil fonctionnel rare, capable à la fois de parler avec les utilisateurs et de paramétrer l'outil SharePoint de façon efficace.

Du support, aussi

Au-delà des usages, des postures et des modes de travail, il y a aussi les outils, leurs fonctionnalités, leurs modes d'emploi. Le support est aussi un élément indispensable pour aider les utilisateurs et leur donner quelques idées.

Bien évidemment, on privilégiera une communauté de support dans le Réseau Social d'Entreprise, dans laquelle les utilisateurs pourront poser leurs questions et au travers duquel l'équipe pourra pousser des modes d'emploi, des conseils, des informations.

---

[33] Merci Patricia Clément – Ragoo qui a fait un travail formidable

303

SOYEZ AGILE !

Dans ce livre, nous avons essentiellement parlé de digital interne au travers des intranets, des outils collaboratifs, des Réseaux Sociaux d'Entreprise. Mais avant de devenir un service, chaque initiative de ce type commence par être un projet.

Quelle qu'en soit la nature du projet, que ce soit un projet informatique ou pas, son succès dépend essentiellement de la posture de ceux qui le font, de celle de l'entreprise et de la démarche adoptée pour le mener.

J'ai pu évoquer en page 267 l'importance de l'agilité, de la réactivité et de du coût économique léger des projets digitaux.

Savoir faire vite, beau et pas cher, est à mon sens une condition nécessaire pour digitaliser l'entreprise.

J'ai cependant choisi de ne pas aborder ce point dans cet ouvrage, et préfère vous renvoyer vers mon précédent livre qui est consacré entièrement à ce sujet.

SOYEZ PATIENT ET PRAGMATIQUE !

Le digital d'entreprise est avant tout un projet de transformation des modes de travail, avant d'être un projet technique.

Autant un projet technique est "simple" à cadrer et à maîtriser, autant un projet de transformation est plus aléatoir et dépend de quantité de paramètres (humains) qu'on ne contrôle pas. Seules les actions d'accompagnement pourront gommer certaines difficultés et réduire les délais.

Mais pour ne parler que du RSE, comme je l'ai expliqué en page 203 de ce livre, souvenez-vous que le décollage d'un Réseau Social d'Entreprise se fait en trois phases. Il ne faut donc pas être trop impatient et ne pas vouloir griller ces étapes.

Par exemple, vouloir décloisonner toute l'entreprise dès la première semaine, vouloir engager des phénomènes dits "d'intelligence collective" dès le lancement du RSE, c'est comme vouloir placer un avion de ligne à 10 000 mètres d'altitude en sautant les phases de décollage et de montées en altitude. Si c'est votre attente, vous serez forcement déçu.

Il faut donc être patient et il faut surtout être pragmatique.

Être pragmatique c'est identifier des premiers cas d'usage qui permettront aux employés de comprendre ce que ces usages peuvent apporter. C'est par exemple mettre en place des communautés de support pour des outils ou des processus et en faire des passages obligés, comme je l'évoque en page 259.

C'est aussi digitaliser des équipes, progressivement, en leur faisant adopter ces usages d'abord pour travailler et pour les aider dans leur travail de tous les jours.

Basculer vers de nouveaux modes de travail ne se fait donc ni rapidement ni facilement. L'important est de voir une progression régulière dans les usages, et les adoptions par les équipes.

Si le temps de mutation semble long au début, la vitesse s'accélère au fur et à mesure de l'adoption. Souvenez-vous : le digital interne aime se faire attendre !

Rendez-vous sur
http://www.projetsinformatiques.com

www.ingramcontent.com/pod-product-compliance
Lightning Source LLC
LaVergne TN
LVHW080113070326
832902LV00015B/2559